景观重塑

一个西南边陲侨乡的社会文化重构

刘旭临 著

中国社会科学出版社

图书在版编目（CIP）数据

景观重塑：一个西南边陲侨乡的社会文化重构/刘旭临著．—北京：中国社会科学出版社，2020.6
ISBN 978-7-5203-6683-0

Ⅰ.①景… Ⅱ.①刘… Ⅲ.①人文景观—旅游资源开发—研究—西南地区 Ⅳ.①F592.77

中国版本图书馆 CIP 数据核字（2020）第 103387 号

出 版 人	赵剑英
责任编辑	王莎莎
责任校对	张爱华
责任印制	张雪娇

出　　版	中国社会科学出版社
社　　址	北京鼓楼西大街甲 158 号
邮　　编	100720
网　　址	http://www.csspw.cn
发 行 部	010-84083685
门 市 部	010-84029450
经　　销	新华书店及其他书店

印刷装订	环球东方（北京）印务有限公司
版　　次	2020 年 6 月第 1 版
印　　次	2020 年 6 月第 1 次印刷
开　　本	710×1000　1/16
印　　张	17.75
插　　页	2
字　　数	245 千字
定　　价	99.00 元

凡购买中国社会科学出版社图书，如有质量问题请与本社营销中心联系调换
电话：010-84083683
版权所有　侵权必究

序　言

弟子刘旭临的博士论文即将出版，她请我为论文作序，作为她的老师，我欣然答应。

刘旭临的博士论文选择云南边陲的古镇和顺为田野点。那是一个很有意思、很有特色的村落；我去过三次，还在那儿举行过一个暑期的"席明纳"。所以，算是熟悉。和顺有三个特色很明显：宗族结构、跨境商贸、旅游形态，而这些，无论是历史还是当下，它们都是景观，又可以是景观元素。也就是说，它们既可以独立成景，又可作为景观的结构要素重构成新的景观。旭临正是从这样的理路展开她的博士论文。

对于人类学者来说，和顺的宗族很有吸引力。传统的中国是所谓的"宗法社会"，而在社会的基层，宗族自然、必然是特定人群共同体最重要的传袭和继嗣线索。宗族组织成为宗法社会的实践和实现。其实，"宗"就是"祖"的正名和对"宗"的祭祀，表明一个家族的脉络，侧重于纵的线索。我们通常讲"正宗"就是强调"宗"的正统和正名。"族"主要指同宗的一群人，即以"家族"为背景，以"家庭"为单位所建立的社会关系网络，侧重于横的线索。但二者的关系纵横交错，横竖交织。要弄明白中国的传统社会，"宗族"是绕不过的话题。所以，"宗族研究"也因此成为汉人社会研究中的必修课。

在乡土社会中，汉族最有代表性的聚集是村落，村落有两个最基本的要素：宗族—自然。中国村落在建立的缘生形态中，最有代表性的发生模式就是宗族，以及宗族的扩大。具体而言，在一个宗族的历史扩展过程中，原有地方资源不足以供养宗族不断扩大的人口数量，在这种情况下，宗族分支必然发生。当一个分支（房）到一个新的地方建立新的村落时，开创者就成为"开基祖"，一般也把那个聚落之地以宗氏命名。因此，我国许多的汉族村落皆以宗族姓氏为村名。厦门最典型的村落都是姓氏村：黄厝、曾厝、何厝等。"厝"既指古宅、祖屋，也就是"家"的意思，一个村落就是一个宗氏扩大的"家"。而选择一个村落作为一个宗族落脚安生和未来发展的原则，自然形态成为最重要的依据；重要的是，村落的选择要符合自然"风水"形态和足够的土地资源或自然资源。

和顺的吸引力在于：这是个汉族村落，却并不按照上述宗族的基本故事情节推展，而是走另一个套路。和顺村民的主体是明代戍边军屯之遗后，而非由单一宗族分支所形成。那些古代的军屯滞留当地后形成了特殊的人群共同体。但作为来自四面八方的汉人，当他们定居和顺后，他们的承续线索却仍然根据宗族脉系推展，既以八大宗族为主的各自延续，又形成了宗族联盟。这种边疆地区的边陲村落宗族形态虽在历史上的汉人社会历史中并不罕见，毕竟古来戍边非一时一世，只要是边疆大致都有，贵州也有，福建也有。只是，和顺呈现出云南边疆的鲜明特色。同时，和顺村落的八大宗族又与当地原住民（特别是今天的"民族地区"）在历史上存在并置、冲突和涵化过程。因此，和顺可谓是军屯之后村落宗氏存续的难得案例。

和顺作为一个边陲古村镇，由于生态环境的特点，特别是地处边境地区，也决定了和顺人亦农亦商的特点。和顺的土地资源有限，17.4平方公里的土地上总人口达到6000多人，人均耕地面积不足五六分地。山多田少、耕地有限，特别是处于腾冲通往缅甸的交通要道，所以从明代起，和顺人就开始了外出经商谋生的生业行当。当地人称为"走夷方"。尽管历史上的"夷方"蛮烟瘴雨，毒虫瘟疫，兵匪强人，但那时候的和顺人，对"走"总是充满了希望与梦想：翻身发财、成家立业，衣锦还乡，荣归故里，全靠"走"字；"走"成了历史上和顺人的一种生存方式。

序　言

"走"作为生存方式，也形成了这一区域的文化特点。这是与传统的汉人村落相对不同的地方。中国自古就有"父母在，不远游，游必有方"之说，这是古代指喻孝悌常伦的一项指标。在农耕文明的背景中，最理想的状态是安居乐业；相反，"背井离乡"则是最悲惨的遭际和境遇。所以，不能"游走"的最好不要游走，迫不得已的情况才"游走"。同时，游走的理由也被传统伦理所规范，诸如"流浪""浪子""游荡""游手""游侠"皆不被传统的农耕伦理所认同。戍边则是少数被正统认可"旅游"之一种。在中国，"旅"原指军旅行走。"旅"在甲骨文中，表示在军旗的指引下士兵出征的情形，同时也指军队的编制。《说文解字》释："旅，军之五百人为旅。"和顺人为军旅之后，他们擅行旅便属常理；加之生计所迫，地理形态特别，致使和顺人的商旅生涯成为常态，也成为当地的文化景观。

当世之旅游似乎与和顺的商旅传统相默契，在全球化背景下的"大众旅游"如火如荼的今天，和顺成了游客热衷前往的旅游目的地，成为边陲的热络地方：酒店餐馆、客栈相望，商铺成片、矿石翡翠，旅游旺季、人流如织。加上"和顺"两个字颇为符合中国传统文化的追求美意，到过和顺的中央领导人也乐意在当地挥毫留下墨宝。加之和顺人文荟萃，中央电视台曾在当地做了一个节目，和顺成了官方"钦定"的"中国十大名古镇之一"。和顺越是有名，游客越是喜欢前往。和顺于是成了一个"日新"之"古镇"；那些不断变化的元素、因素、要素加入、注入、嵌入景观的重构过程中。

这些元素、因素、要素都成为旭临关注的对象。早在博士学业的第二年下学期，她告诉我她要选择和顺作为博士论文的田野点时，我一口就答应了。原因是，选择和顺为田野点对于今天的人类学者而言，理由是相当充分的，无论是表象的，还是深藏的；无论是某一文化属性的特殊性还是整体文化的多样性，和顺都是好田野点。

和顺的景观显然属于乡土景观的范畴。和顺的村落虽小，景观元素却不少，所谓"麻雀虽小，五脏俱全"，这既是乡土景观的构造形貌，又是人类学田野作业的形制。旭临不仅选到了，而且也做到了。她能够在几年中勤奋学习，扎实田野，取得今日成果已属不易。作为她的老师，我为她所取得的进步感到欣慰。

学术是一个永无止尽的事业，希望弟子朝着既定的方面继续努力。是为序。

彭兆荣
2020 年 4 月 17 日于厦门大学

目　　录

导论 ·· (1)
　第一节　研究缘起 ·· (1)
　第二节　学术史回顾 ·· (5)
　　一　商业化、旅游景观与凝视 ······························ (5)
　　二　景观、地方与空间 ······································· (11)
　　三　和顺古镇之相关研究 ··································· (18)
　第三节　理论框架 ·· (20)
　第四节　叙述结构 ·· (24)
　第五节　研究方法 ·· (25)

第一章　田野点的概述 ·· (31)
　第一节　和顺古镇的社区历程 ································ (32)
　　一　1950年代以前 ··· (32)
　　二　1950年代至今 ··· (35)
　第二节　和顺古镇的聚落环境与空间形态 ·················· (37)
　　一　网状的空间结构 ·· (39)
　　二　重要的建筑景观 ·· (41)

第二章　玉石商铺：传统贸易的复兴与繁荣 ················· (52)
　第一节　流动的地方世界 ····································· (53)
　　一　人的流动 ·· (54)
　　二　物的流动 ·· (58)

— 1 —

三　商道上的马帮 ……………………………………… (60)
　第二节　被"唤醒"的历史记忆 ………………………… (63)
　　一　历史记忆的选择 ……………………………………… (64)
　　二　"养心居"的故事 …………………………………… (69)
　　三　"望山小院"的故事 ………………………………… (75)
　第三节　"说景观"背后的生意经 ……………………… (81)
　　一　边陲上的玉石贸易 …………………………………… (82)
　　二　神秘的玉石场 ………………………………………… (85)
　　三　玉石商铺的故事 ……………………………………… (91)
　小结 ……………………………………………………………… (96)

第三章　客栈：从祖产到消费空间 ……………………… (99)
　第一节　本地人经营的民宿 ……………………………… (100)
　　一　老牌民宿 ……………………………………………… (101)
　　二　新型民宿 ……………………………………………… (104)
　第二节　外地人经营的客栈 ……………………………… (108)
　　一　客栈的优势 …………………………………………… (109)
　　二　悬浮的主体 …………………………………………… (111)
　　三　互为他者 ……………………………………………… (116)
　第三节　出租：竞争后的一种"补偿" ……………… (118)
　　一　激烈的竞争 …………………………………………… (119)
　　二　出租引发的矛盾 ……………………………………… (122)
　　三　出租背后的心态 ……………………………………… (124)
　小结 ……………………………………………………………… (126)

第四章　宗祠：宗族、旅游与现代转型 ………………… (129)
　第一节　宗祠与仪式实践 ………………………………… (131)
　　一　宗祠的归属 …………………………………………… (134)
　　二　仪式的变迁 …………………………………………… (138)
　第二节　宗族的权力结构与社会网络 …………………… (150)

　　　　一　修葺祖坟 …………………………………………（152）
　　　　二　重修宗祠 …………………………………………（154）
　　　　三　重编族谱 …………………………………………（159）
　　　　四　族长的角色 ………………………………………（161）
　　第三节　租与不租：传统与现代间的抉择 ………………（164）
　　　　一　参与旅游的宗祠 …………………………………（165）
　　　　二　半参与旅游的宗祠 ………………………………（170）
　　　　三　拒绝参与旅游的宗祠 ……………………………（173）
　　小结 …………………………………………………………（175）

第五章　乡土景观的"前台化" …………………………………（178）
　　第一节　新一轮景观营造 …………………………………（179）
　　　　一　开发后的新景观 …………………………………（179）
　　　　二　从原生景观到旅游景观 …………………………（185）
　　第二节　旅游景观中的民居博物馆 ………………………（193）
　　　　一　开发商经营 ………………………………………（193）
　　　　二　私人经营 …………………………………………（197）
　　第三节　生产生活与空间重塑 ……………………………（202）
　　　　一　聚落空间 …………………………………………（202）
　　　　二　巷道空间 …………………………………………（204）
　　　　三　私人空间 …………………………………………（209）
　　小结 …………………………………………………………（214）

第六章　重构中的社会关系 ……………………………………（216）
　　第一节　谁的景观？谁的遗产？乡民—政府—开发商 ……（217）
　　　　一　博弈中的妥协 ……………………………………（217）
　　　　二　转变态度 …………………………………………（222）
　　第二节　竞争抑或合作：乡民—玉石商—客栈老板 ………（227）
　　　　一　雇用关系 …………………………………………（228）
　　　　二　生意伙伴 …………………………………………（232）

第三节　玉石交易的"中间人"：乡民—游客 …………（236）
　　　　一　营造氛围 ……………………………………（237）
　　　　二　互惠与信任 …………………………………（241）
　　小结 ……………………………………………………（244）

结论 ……………………………………………………（246）
　　一　景观的资本置换 ……………………………………（247）
　　二　作为方法的景观 ……………………………………（250）

参考文献 ………………………………………………（253）

后记 ……………………………………………………（272）

导　　论

第一节　研究缘起

"罗马的钟、英国的门、捷克的灯罩、德国的盆",这是流传于一个西南边陲乡村的顺口溜。中华人民共和国成立之前,在内地极少见到的相机、缝纫机、自行车、钟表早已成为乡民日常生活习以为常的物品。明洪武十五年(1382),汉族屯军在此开疆拓土、驻守屯田。清顺治十六年(1659),屯军逐渐从军户转为农户,形成了以八大姓氏为主的宗族村落。随着人口增长,迫于生计,当地人开始利用与缅甸毗邻的地缘优势,背井离乡,去往土地肥沃、物产丰富的邻国寻找生存境遇。早期,两地间唯一的交通工具是马匹。由于路途遥远、天气恶劣,加之毒虫猛兽、盗贼兵匪,乡民往往成群结队形成马帮,将物资从西南地区运往缅甸,又将世界各国的货物驮回当地。两地间的商贸往来与人口流动,打开了古镇联结世界的窗口,造就了一个"南方丝绸之路"上的商业重镇。当地乡民世代经商,并以缅甸北部一些城市为中心,建立起联结缅甸和我国西南地区的跨国商号,其中一些乡民成为享誉中缅商界的雄商巨贾。他们通过买房置地、修葺宗祠、捐资助学、筑桥修路,弥补因"出走他乡"带来的身份缺失和情感失落,并借此提高自己在乡间的社会地位和声誉。在经商的过程中,他们不仅追求财富,还期望成为"有文化"的商人,即"儒商",于是乡间形成了重视"乡学庭训",崇尚"亦商亦儒"的民风。明末清初,旧式学堂、私塾遍布乡野。据当地的《两朝科甲题名碑》记载,明代至清道光年间,当地考取进士、举人、贡生、秀才的乡民共计400余人。明末清初,乡间建立了一批"新

| 景观重塑：一个西南边陲侨乡的社会文化重构

学"书馆，其中出现了滇西最早的女子学堂，兼教古文与新学。至民国年间，活跃在乡间的商人、学者积极发展乡村教育事业，传播新思想、新文化。这一时期，很多乡民源源不断地进入缅甸，并以缅甸为中转，去往中国香港、中国台湾以及泰国、美国、加拿大等地区和国家谋生、创业和定居，一个西南边陲的小乡村由此成为著名的侨乡。

  20世纪90年代，旅游作为推动区域经济，特别是中西部地区经济发展的重要推手，成为各级政府投资和建设的重点领域。独特的自然环境及多样的民族文化使云南在旅游开发的热潮中异军突起。在云南省政府提出建设"民族旅游文化大省"口号的推动下，各级政府开始充分挖掘地方的自然及文化资源，大力发展旅游业。本书的研究对象是位于云南省腾冲市的一个侨乡——和顺古镇。这里因为深厚的历史与文化底蕴被地方政府纳入旅游开发的重要议事日程。从1999年至今，和顺共经历了文化生态村建设（1999年）、政府开发（1999—2000年）、政府主导的项目公司开发（2000—2003年）以及旅游开发公司独揽开发经营权（2003年至今）四个旅游开发阶段。早期的旅游开发因政府管理不善，民众态度淡漠，收效甚微。自从旅游开发公司取得独立经营权之后，和顺古镇以一个集聚马帮文化、玉石文化、宗祠文化为一体的边陲侨乡进入公众视野。2005年，在中国"魅力名镇"的评选活动中，和顺因"自然环境优越、历史文化悠久，古老的中原文化与西南少数民族文化和谐共处，与外来的南亚文明碰撞融汇，集中体现了中华文化的博大与宽容"[①] 而荣膺榜首。

  在信息、文化、人口、资本加速流动的现代社会，人们在享受现代性带来的便利同时，也遭遇社会生活带来的种种压力。旅游作为一种休闲方式，已经成为人们日常生活的重要内容。面对城市化扩张和生活节奏加快带来的"疏离感"，"人们对回归自然、回归山野、回归历史产生激切的渴望"[②]。历史文化古镇较为完好地保留了古民居、

---

  ① 2005年《魅力名镇》评选活动中评委会评语。
  ② Graburn, N., "Tourism, Modernity and Nostalgia", in A. Ahmed and C. Shore (eds.), *The Future of Anthropology: Its Relevance to the Contemporary World*, London, Athlone Press: University of London, 1995, pp. 158–178.

宗庙等古建筑，以及传统习俗、节庆和宗教，无疑满足了人们"回归乡土"的心里期望。20 世纪 80 年代，周庄古镇率先发展旅游业，带动了我国"古镇旅游"开发的热潮。各地政府开始以自然景观、建筑形制、人文风情打造特色小镇①。和顺古镇作为云南 60 个旅游小镇②之一，无论从历史缘由、地缘关系、人文生态，还是旅游开发的历程上与其余古镇相比明显有所不同。首先，和顺古镇是历史上由屯军而形成的宗族村落。不同于由一个祖先开枝散叶而形成的单姓村落，这个村落以不同姓氏构成。村落的布局、村落的秩序、村落的文化与宗族紧密相连。其次，和顺地处西南边陲、中缅边境，曾是连接川、滇、缅、印之间的重要商业通道。特殊的地缘关系催生了一个集聚商业传统、儒家文化、侨乡文化为一体的地方人文生态系统。再次，全国古镇的旅游开发主要有以下几种模式：政府主导型模式，即政府成立旅游开发领导小组进行开发；政府主导的项目公司模式，即政府成立相应的旅游开发项目公司，相关资产以政府财政划拨的形式注入项目公司，公司以政府注入的资产作抵押进行贷款；经营权出让，即地方政府将管辖范围内的古镇进行初步开发，而后通过出让旅游开发经营权的方式，吸引投资商介入古镇旅游开发。社区开发模式，即将古镇旅游资源作为个体进行开发建设，从社区的角度通过优化旅游资源结构提高旅游的效率。综合开发模式，即政府处于宏观调控地位，进行战略管理，联合各方力量进行开发③。和顺古镇的旅游开发经历了一个从"政府主导"到"政府主导的项目公司"再到"经营权出让"的动态发展过程。在这十多年的发展历程中，旅游为当地经济发展做出巨大贡献的同时，也对乡民的生活、观念、文化以

---

① 东部集中分布在浙江、江苏、广东、福建、上海、河北；中部分布于安徽、江西、山西、湖北、湖南；西部分布于四川、贵州、云南、重庆、广西、陕西、内蒙古。参见郭文《旅游空间生产：理论探索与古镇实践》，科学出版社 2015 年版，第 18 页。

② 云南 60 个旅游小镇，按主题分类如下："精品古镇（4 个）""茶马古道上的小镇（9 个）""南方丝绸之路上的小镇（6 个）""古代因矿业兴起的小镇（6 个）""历史文化古镇（6 个）""三江并流区域的小镇（5 个）""民族风情小镇（6 个）""休闲旅游小镇（5 个）""风光小镇（4 个）""喀斯特地貌区的小镇（5 个）""口岸小镇（4 个）"。

③ 郭文：《旅游空间生产：理论探索与古镇实践》，科学出版社 2015 年版，第 18 页。

及生态造成了极大的影响。如今，昔日的人文景观正经历着深刻的变化。纵横交错的巷道被商铺、客栈、食肆所占据，这些商铺的经营者大部分是外地人，而遗留乡间的人文景观大部分已经成为旅游开发中的景点。这些景观是和顺古镇自旅游开发之后最突出的变化。

侨乡的人文景观集中体现了与"侨"相关的历史与文化，呈现出流动、互惠、贸易、商号、网络所形成的观念世界。不同时期人们对景观的认知折射出和顺古镇的历史与现实。当人文景观成为文化遗产保护和旅游开发的对象时，不同主体对景观的表述操纵影响着乡民的生存心态、行为实践、社会关系与地方认同。在旅游发展过程中发生的景观重塑，实际上反映了整个古镇人地关系与人人关系的重构，以此可以透视旅游地的社会文化重构。和顺的人文景观呈现出以下特征：1. 和顺是一个由汉人屯军发展起来的村落，经历了戎马生涯、择地而居、跨国流动、社会化改造和旅游开发的不同阶段。复杂的社区历程将有助于我们观察不同历史时期叠加于景观之上的意义以及人在其中的观念和行为。2. 景观呈现出多元杂糅的文化因素。和顺是传统的汉人社会，儒家思想、宗族观念对乡民的影响根深蒂固，这些文化因素集中展现在他们部分的景观之中。此外，和顺人以包容和合的心态吸收了很多东南亚、南亚，甚至欧美等地的异文化元素。少数民族的文化特征也融入景观的建筑与设计之中。这些特征将有利于从多角度研究和顺景观的形成过程以及其中的历史与文化。3. 和顺拥有不同的景观类型。比如，体现汉人传统观念的建筑（宗祠、忠孝坊、贞洁牌坊等）、与日常生活紧密相连的景观（聚落形貌、双虹桥、月台、闾门等）以及与跨国流动相关的侨乡景观（图书馆、民居、洗衣亭等），这些多样性的景观类型有益于从不同侧面观察景观形塑的地方世界。4. 旅游开发后的和顺是一个不同主体交汇的空间，乡民、政府、开发商、宗族、玉石商和客栈老板在景观重塑过程中的作用，将有助于从多层面探讨不同人群对景观的认识与理解，以及如何推动景观重塑。5. 玉石商铺和客栈是旅游开发后景观变化的显著特征，这些景观的出现由诸多因素造成，对此问题的探究将有利于我们将景观的形成置于动态的发展过程加以考察，进而理解人们对景观进行改造的动力因素以及嵌含其中的心态、情感、态度和策略。

有鉴于此，本书对和顺古镇旅游开发与社会变迁进行民族志研究，将景观置于延续的历史中加以考察，从社区历程出发，将之与广阔的区域生态及政治经济相结合，分析在景观重塑过程中的社会文化机制以及人在其中扮演的角色，进而探讨在旅游开发中地方民众的观念、行为以及社会关系经历的重构。因而，以景观的重塑过程为线索，本书将对以下问题展开讨论：和顺是一个由于人们外出经商而形成的"外向型社会"，乡民的思想观念较为开放，面对旅游的到来，传统的经商之道及观念习俗如何渗透到旅游开发之中？与"侨"相关的历史与文化如何被不断地选择、配置、重组以及再造？凝结乡民历史记忆与情感归属的乡土景观如何变成旅游景观？作为地方力量的宗族和跨国网络在文化展演中扮演了何种角色？同时，旅游场域中不仅有政府、乡民、开发商，还有海外华侨和外地人，他们之间构建了怎样的权益关系及社会网络？此外，在旅游开发的过程中，不可阻挡的全球化和本土化使古镇社区出现持续的"脱嵌"和"再嵌入"，两者的联结如何进行"社会文化的再生产"？

第二节 学术史回顾

一 商业化、旅游景观与凝视

历史文化古镇保留着当地社会的历史风貌、传统格局、人文风情，成为现代社会重要的旅游吸引物。作为根植于现代性中的怀旧[①]，这些旅游吸引物是游客体验地方文化真实性的重要载体，但是为了追求文化的商业价值，地方的文化传统被不断地篡改和伪造。在"把文化当作自然资源或商品出售给游客，并认为游客有权购买"的观念逻辑下，传统文化资源被精心设计为旅游产品向游客展示，破坏了文化

---

① Graburn, N., "Tourism, Modernity and Nostalgia", in A. Ahmed and C. Shore (eds.), *The Future of Anthropology: Its Relevance to the Contemporary World*, London, Athlone Press: University of London, 1995, p. 66.

的真实性。格林伍德（Davydd J. Greenwood）对西班牙巴斯克地区的"阿拉德"（Alarde）仪式的研究表明，"地方文化"的促销作为一种旅游商品活动导致原来仪式的内涵和真实性丧失，成为一种为金钱而进行的文化展演。①这样的"文化商品化"引发了人类学关于一系列问题的讨论：如何看待旅游开发与商业化？真实性与商业化之间的内在联系是什么？文化的商品化怎样影响当地人的观念与行为？

随着旅游地的过度开发，旅游开发使一切具有经济价值的地方文化通过符号的形式呈现给游客，一些学者担心旅游的"符号化"，尤其是景观的"符号化"会造成当地文化的流失与变质②。早期关于旅游地的"景观"研究正是在"旅游发展与商业化"的框架下对旅游景观的真实性进行探讨③。这类研究强调如何充分挖掘"景观"作为地方社会旅游吸引物的文化内涵和价值，促进当地旅游业的发展；另一些学者则借用符号学的理论，对旅游景观的形成与演变机制进行分析，探讨景观作为地方社会的象征体系如何体现社会群体的符号意义及共同价值。他们认为，在旅游景观形成与演变的过程中，旅游文化主体不仅把自在景观符号作为一个整体加以改造，形成旅游景观符号的"能指"，并在此基础上赋予它新的文化内涵，形成旅游景观符号的"所指"④。

旅游景观既是自我表达的独立实体，同时又是"游客凝视"的主要对象。"凝视"是一个被福柯、边沁、德里达、拉康等理论家用于讨论后现代相关理论的一个重要概念。在凝视与权力关系的探讨中，福柯将"凝视"理解为作用于凝视对象的权力话语⑤，这一观点被用

---

① [美]戴维·J.格林伍德：《文化能用金钱来衡量吗？——从人类学的角度探讨旅游作为文化商品化问题》，载[美]瓦伦·L.史密斯主编《东道主与游客》，张晓萍等译，云南大学出版社2002年第二版，第185—201页。
② 杨振之、邹积艺：《旅游的"符号化"与符号化旅游——对旅游及旅游开发的符号学审视》，《旅游学刊》2006年第5期。
③ 王林：《"原真性"民俗文化之于古镇旅游的价值——以广西大圩古镇为例》，《青海民族研究》2008年第1期。
④ 陈岗、黄震方：《旅游景观形成与演变机制的符号学解释——兼议符号学视角下的旅游城市化与旅游商业化现象》，《人文地理》2010年第5期。
⑤ [法]米歇尔·福柯：《临床医学的诞生》，刘北成译，译林出版社2011年版；[法]米歇尔·福柯：《权力与话语》，陈怡含编译，华中科技大学出版社2017年版。

于阐释旅游活动的本质，形成了"游客凝视"理论。该理论认为，游客观看与之日常生活经验不同的特定景观，是一种"对'地方'的视觉化过程"（Spectaclization of place），而旅游产业正是建立在凝视对象符号意义的生产之上①。随着研究的深入，以往曾被忽略的个体主体化在凝视中的作用和影响下逐步得到重视。与"医生凝视"单向的、俯视的、权力化和暴力化视野不同，"游客凝视"是通过各种不同的场域合成的视野，包括个体、群体、环境、语境、知识、体验的转换和变化②。对主体性的强调从以下几个方面拓宽了原有旅游景观的相关研究：1. 游客在旅游中的个体是建立在对特别景观和景观的"凝视"之上，它与游客的日常生活经验不同。2. 个性化经验附加于某一特定地方使景观产生新的意义和价值。3. 在实际旅游活动中，特别是在景观中包含大量的互视与互动。4. "游客凝视"创造了旅游与文化互为一体的特殊脉络。5. "游客凝视"理论一方面强调游客在旅游过程中对特殊的景物所做出的选择；另一方面强调东道主对景点的意义和价值做有目的的注入，特定景观也因此产生文化既定中的"新质"与"新姿"③。以上观点表明，游客不再被视为视觉表象的被动者，而是旅游景观的创造者和生产者。换言之，"景"如"镜"，主体与客体、主观与客观、主位与客位相属、相共、相惜，形成"互视结构"，它不仅包括东道主根据游客在旅游动机中的期待，对游客观察、参与部分进行的预期选择，还包含了游客对景观认知的个体性实践，以及游客的背景差异④。"游客凝视"理论从景观之于当地人及游客的符号化意义，拓展到游客主体的多元化认知，无疑加深了我们对景观符号化过程的再思考。

杰克逊认为，景观是一个由人创造或改造的空间的综合体，是人

---

① Urry, J., *Tourist Gaze: Leisure and Travel in Contemporary Societies*, London: Sage, 1990, p. 10; Urry, J., *Consuming Places*, London and New York: Routledge, 1995, p. 139.
② 彭兆荣：《景观》，载彭兆荣主编《文化遗产关键词》（第一辑），贵州人民出版社2013年版，第126页。
③ 彭兆荣：《重建中国乡土景观》，中国社会科学出版社2018年版，第450页。
④ 彭兆荣：《现代旅游景观中的"互视结构"》，《广州社会科学》2012年第5期。

类存在的基础和背景①。景观是一个有形的、三维的、共享的实在，是地球表面的一部分空间。它在一定程度上是永恒的空间，有独特的地理或文化方面的特征，是由一群人共享的空间。自然、地理、空间、人文、群体构成了景观的基本要素，亦即景观是一种综合的空间，一个叠加在地球表面上的、人造的空间系统。一些旅游景观的研究出现了将"社区的生活空间"视为一种"景观"的表达。这一研究转向源于旅游地经历了从生产空间向消费空间的转变，空间转换现象表现出复杂的矛盾与冲突。聚居空间的变迁成为透视旅游地社会转型的重要维度②。吴骁骁、苏勤、姜辽历时性地梳理了周庄旅游商业化导致的空间变迁，探讨了旅游地的社会空间建构及社会变迁③。李鑫、张晓萍对旅游地传统文化丧失、社会关系变化、乡民归属感缺失、乡民角色转换、古镇差异化消失、古镇保护危机、古镇发展瓶颈等一系列问题展开讨论，分析了生活空间置换成旅游空间、商业空间对地方社会造成的负面影响④。20世纪70年代，空间的本体论转向成为社会科学研究领域的核心议题，尤其是列斐伏尔的著作《空间的生产》开启了一场影响深远的思想变革。研究者结合自身的学科从空间生产的视角观察和描绘旅游地的空间变化。一些学者运用列斐伏尔的空间生产理论从"空间本身的生产"转向"空间中的生产"，探讨以往那些被忽略的空间生产过程。宗晓莲以丽江古城为案例，分析旅游地的地方符号应用于商品消费的具体形式，进而阐释公共空间被纳入私人消费之后，旅游地的空间商品化对当地社会文化产生的影响⑤。明庆忠、段

---

① [美]约翰·布林克霍夫·杰克逊：《发现乡土景观》，俞孔坚等译，商务印书馆2015年版，第6—9页。
② 杨兴柱、查艳艳、陆林：《旅游地居聚空间演化过程、驱动机制和社会效应研究进展》，《旅游学刊》2016年第8期。
③ 吴骁骁、苏勤、姜辽：《旅游商业化影响下的古镇居住空间变迁研究——以周庄为例》，《旅游学刊》2015年第7期。
④ 李鑫、张晓萍：《试论旅游地空间商品化与古镇居民生活空间置换的关系及影响》，《旅游研究》2012年第4期。
⑤ 宗晓莲：《旅游地空间商品化的形势与影响研究——以云南省丽江古镇为例》，《旅游学刊》2005年第4期。

超运用"空间生产"的视角,探讨古镇旅游景观物质空间生产与非物质空间生产的过程,揭示了在权力与资本运作的基础上,空间生产如何完成从文化资本到经济资本的转化。他们针对古镇旅游生产中出现的空间变化、人口置换、非均衡等问题,利用"前台与后台"模式重构了古镇的旅游景观发展模式,并将旅游景观空间划分为舞台化空间、过渡性空间和后台保护空间①。郭文等以惠山古镇、周庄古镇、乌镇为案例,分析旅游空间生产过程及其动力机制,并探讨空间重塑后社区居民的体验以及多重主体的认同。他指出,古镇旅游空间的生产使旅游开发前的物质空间、文化空间、社会空间呈现出景观化、多元化、复杂化的特征,这一过程伴随着空间从"内源性自主式本体空间"向"外源性嵌入式构建空间"过渡与转变。在此过程中,旅游的空间生产是全球化背景下的地方怀旧情结、空间生产背后的政治力量博弈以及空间生产中社区精英的示范三重力量共同作用的结果。在《旅游空间生产及社区乡民体验研究——江南水乡周庄古镇案例》一文中,提出了"旅游空间生产""旅游空间生产权能""旅游空间正义"和"旅游空间安全"等概念,以及可操作性的"旅游空间生产"的三维视角,建构了"旅游空间生产"理论分析框架,将马克思主义三维时空观的"时间"(不可逆性)、"空间"(物质在空间中的位置)以及"时空特性"(依赖于运动着的物质特性)等要素内涵纳入分析框架之中②。

与早期旅游景观的研究相比,后期的研究已经超越了景观内涵真实性的探讨,进而转向"景观"中游客的主体性,以及将景观作为空间的综合体。但是,这些研究仍然将景观的讨论建立在主体与客体之间的二元对立的基础之上。无论对景观进行有目的"注入"提升

---

① 明庆忠、段超:《基于空间生产理论的古镇旅游景观空间重构》,《云南师范大学学报》2014年第1期。

② 郭文、王丽、黄震方:《旅游空间生产及社区乡民体验研究——江南水乡周庄古镇案例》,《旅游学刊》2012年第4期。郭文、王丽:《文化遗产旅游地的空间生产与认同研究——以无锡惠山古镇为例》,《地理科学》2015年第6期。郭文、黄震方:《基于场域理论的文化遗产旅游地多维空间生产研究——以江南水乡周庄古镇为例》,《人文地理》2013年第2期。郭文:《旅游空间生产:理论探索与古镇实践》,科学出版社2015年版。

旅游吸引力，还是讨论商业化中景观"原真性"的丧失，均将景观作为一种静止的客体。"游客凝视"理论虽然突破了景观作为客体的单一维度，充分肯定游客自我经验和主观认知在凝视中的作用及影响，但并未从根本上摆脱主体与客体的分析框架。虽然有的学者指出，游客对景观的"观看"不仅仅是个人的心理状态和个人感受，还与形成更大的社会价值和思想体系紧密相连[1]。

近几年来，一些学者开始反思，以往的景观研究究竟在多大程度上有助于我们真正理解"景观"所表达的观念与实践[2]。这些研究力图弥合既往研究中诸多的二元对立，开始从自然边界与社会边界、地方记忆与认同、移动与静止、现代性与传统价值等诸多议题上对景观进行探讨。和顺古镇旅游开发后的景观重塑为我们思考以上问题提供了一个极佳案例。本书对于旅游景观的研究将"游客凝视"视为一个观察维度，但并非聚焦于"游客"本身，而是转为考察当地人或者更确切地说旅游场域中的不同主体为迎合"游客凝视"所做出的"努力"，并阐释这些努力如何形塑了一个地方世界的人地关系和人人关系。"景观"本身是一个语义杂糅的概念，加之译介差异造成不同国家、不同地区，甚至不同学科对"景观"一词的多重解读。本书中的景观主要指乡土社会中的人文景观以及旅游开发过程中形成的新型景观；同时，景观并非是一个孤立的建筑物，这里的景观还指围绕自然景观、人文景观以及生活在其中的人群形成的传统聚落空间，这将有利于我们全面考察旅游地的社会文化再生产。

---

[1] Sopher, D. E., "The Landscape of Home: Myth, Experience, Social Meaning", in D. W. Meining (ed.), *The Interperation of Ordinary Landscapes: Geographical Essays*, New York: Oxford University Press, 1979, p.138.

[2] Knudsen, D. C., Metro-Roland, M. M., Soper, A. K., Greer, C. E. (eds.), *Landscape, Tourism and Meaning*, Burlington: Ashgate, 2008; [美] 纳尔逊·格雷本:《旅游与景观》，葛荣玲译，载刘冰清、徐杰舜、吕志辉主编《旅游与景观:旅游高峰论坛 2010 年卷》，黑龙江人民出版社 2011 年版，第 53 页。彭兆荣:《旅游人类学》，民族出版社 2004 年版。彭兆荣:《现代旅游中的符号经济》，《江西社会科学》2005 年第 10 期。彭兆荣:《现代旅游景观中的"互视结构"》，《广东社会科学》2012 年第 5 期。葛荣玲:《西方人类学视野下的景观与旅游研究》，载刘冰清、徐杰舜、吕志辉主编《旅游与景观:旅游高峰论坛 2010 年卷》，黑龙江人民出版社 2011 年版，第 9 页。

二 景观、地方与空间

"景观"首先源自于荷兰语"landschap",后被翻译为英语"landskip",意为"景观画"。16世纪,景观作为绘画的一种类别广为人知。19世纪,景观研究经历了两次大的转变:第一次与现代主义有关,试图以风景画为基础阅读风景的历史,并把该历史描述成一次走向视觉领域循序渐进的运动;第二次与后现代主义有关,倾向于把绘画和纯粹的"形式视觉性"的作用去中心化,转向一种符号学和阐释学的方法,将景观视为心里或意识形态主体的一个寓言①。这一时期的景观研究,着重强调景观画的美学价值,或从景观画的产生、绘画内容和构图方式来揭示绘画所处的政治、经济背景。随着资本主义经济的萌芽和发展,城市人开始对风景如画的乡村产生了向往和怀旧情绪,联想到借用景观画中的"景观"一词来指代现实生活中的乡村。在英语文献中,Landscape一词最早出现于1958年,直到34年之后才被用于指称现实生活中的自然景观,这一延迟恰好说明景观一词从绘画领域发展成为生活词汇的事实。随着历史的演进和理论的深入,"景观"一词的使用方式和范畴也在发生着改变。

现实生活中的"景观"最早进入地理学的研究范畴,并成为该学科的核心关键词。与早期将"景观"解释为"一个区域的总体特征"不同,之后的人文地理学家则认为景观是经由文化塑造的自然景观,文化是中介,自然区域是介质,文化景观是结果②。景观的概念及相关研究已经从最初地理学的科学实证主义逐渐转向吸收不同领域的概念,关注社群与文化中对地理现象的不同感觉和认知,强调人类在对待自然、空间、地方、景观等地理现象上的复杂经验③。段义孚是从人类经验、情感、价值和意义研究人地关系的重要学者之一。在"地

---

① [美] W. J. T. 米切尔:《风景与权力》,杨丽、万信琼译,译林出版社2014年版,第1页。
② Sauer, C., "The Morphology of Landscape", in J. Leighly (ed.), *Land and Life: A Selection of the Writing of Carl Sauer*, Berkeley: University of California Press, 1963, p. 343.
③ 叶超:《作为中国人文地理学鉴镜的段义孚思想》,《人文地理》2014年第4期。

方感受特性"①的一系列作品中,他突破以往地理学中人与自然、人与世界的探讨,而转向"世界中的人"②。此后,人文地理学开始重视地理活动和地理现象中人的意识特征,从人类的自我意识阐述人类活动对环境的影响,关注由感官机能、情感对环境的感知、体验、评价,并从经验世界理解人与环境形成的空间感和地方感③。段义孚在《空间与地方:经验的视角》一书中指出,"空间"不依赖人的意识而存在,是一个开放、自由和无限的抽象概念,而"地方"是生活经验及感知所赋予的一个具有意义的空间场所。艺术、建筑、典礼和仪式所产生的力量在视觉上使"地方"变得鲜明、可见、真实④。在这里景观扮演着重要的角色,人类对景观的经验、情感、认知是将抽象的"空间"变为具体的"地方"的一种方式。Cresswell 在探讨"地方"与记忆、想象与认同时进一步指出,景观是一个强烈的视觉概念,结合了局部陆地的有形地势(可以观看的事物)和视野观念(观看的方式)。但景观与"空间"和"地方"有所不同,"空间"是缺乏意义的生活事实,与"时间"共同构成人类生活的基本坐标,而"地方"是观者必须置于景观之中,使其产生意义的场所。⑤ Cresswell 的论述着重强调了景观与地方之间的联结是经由人们日常生活经验才得以实现的,这与段义孚对"景观""空间"与"地方"的论述持有一致的观点。

虽然景观的一个原型依据来自地理学,而"地方""空间"这样的概念一直与人类学研究范式相关,比如,传统人类学研究中的"亲

---

① 《恋地情结:对环境感知、态度和价值的研究》《空间与地方:经验的视角》《经验透视中的空间与地方》《空间与地方:人文主义的观点》等作品被称为段义孚的"地方的感受特性"的作品。

② 宋秀葵:《段义孚人文主义地理学生态文化思想研究》,博士学位论文,山东大学,2011 年。

③ Tuan Yi-fu,"Humanistic Geography", *Annals of the Association of American Geographers*, Vol. 66, No. 2, 1976, pp. 266 – 276.

④ [美]段义孚:《空间与地方:经验的视角》,王志标译,中国人民大学出版社 2017 年版,第 147 页。

⑤ [英]Tim Cresswell:《地方:记忆、想象与认同》,徐苔玲、王志弘译,群学出版社有限公司 2006 年版,第 20 页。

属关系"便无法与"土地"分离。"景观"的本义、本色、本性都离不开土地。① 人类生存、生活和生计与土地之间形成的密切关系表明,人类学从一开始就介入其中,特别是一些与之相关的主题。② 早期的人类学著作还出现当地人如何将"土地"视为一种特殊而赋予意义的"景观"③。但是,人类学对景观的研究并未像亲属制度、宗教信仰、婚姻家庭、政治制度等传统议题那样受到重视,人类学的民族志写作一直将"景观"作为场景描写的一个"框架范式"(framing convention)。直到1986年,伦敦政治经济学院召开了一次题为"景观人类学"的学术会议,出版了《景观人类学:关于地方与空间》的论文集,才奠定了景观人类学作为人类学分支领域的学科基础。此后,"景观"这个独特的文化概念和分析框架正式进入人类学的研究领域。人类学中的景观研究通过考察人与环境的互动,透视社会文化和传统习俗在人类社会生活中的意义,以及人类对环境的主观性认知,其中包含文化观念及集体记忆。从这个意义上出发,"景观"是一种地方社会的书写方式和表达系统。景观的形成揭示了人们生活经验与社会关系,甚至景观本身就是地方性仪式的发生地和构建神话意象的主体④。人文地理学打破了传统地理意义上人与环境之间纯粹的互动,强调人与地方的情感联结,对人类学之于景观的研究产生了若干影响。然而,与人文地理学不同的是,景观人类学并非将"景观"仅仅看作解读地方性知识的意义文本,而将景观视为一个不断被建构的文化产物。由此,Hirsch 强调,景观并非是一个独立分析的概念,而应该纳入相关的概念进行分析,比如,前台现实性和后台潜在性

---

① Hirsch, E. and Hanlon, M. (eds.), *The Anthropology of Landscape: Perspectives on Place and Space*, Oxford: Clarendon Press, 1995, pp. 1 – 20.
② 彭兆荣:《重建中国乡土景观》,中国社会科学出版社2018年版,第47页。
③ Barth, F., *Ritual and Knowledge among the Baktaman*, New Haven: Yale University Press, 1975; Turnbull, C., *The Forest People*, London: Jonathan Cape, 1961; Turnbull, C., *The Mbuti Pygmies, Change and Adaptation*, New York: Holt, Rinehart and Winston, 1983.
④ Hanlon, M. and Frankland, L., "Co-present Landscapes: Routes and Rootedness as Sources of Identity in Highlands New Guinea", in P. J. Stewart and A. Strathern (eds.), *Landscape, Memory and History: Anthropological Perspectives*, London: Pluto Press, 2003, pp. 166 – 187.

景观重塑：一个西南边陲侨乡的社会文化重构

(foreground actuality and background potentiality)、空间与地方（space and place）、内在与外在（inside and outside）、意象与表征（image and representation），其中"空间"与"地方"是展开研究的基轴。不同的学科对"空间"与"地方"有不同的认识与理解，但是景观人类学在两者概念的阐释上与段义孚等人文地理学家有诸多相似。从景观人类学的理论视野出发，"地方"是经由人类的经验、感觉、认知所构建的范畴，而"空间"是附加于意识形态的场所。具体而言，"地方"应与前台现实性、外在、意象等概念相联系，而与之相对的"空间"与后台潜在性、外在、表征等概念相关①。因而，景观人类学强调景观的内部与外部双重视角。内部视角关注本地人按照历史文化、传统习俗塑造的认知以及建设出来的"地方"，而从外部视角对地方进行观察、描述及景观意象的塑造形成的"空间"②。

景观人类学在发展的过程中，对"空间"或"地方"的偏重出现了"景观生产论"与"景观建构论"的视角分野。"景观生产论"集中论述景观如何被政治经济性地生产出来，关注景观中"空间"所蕴含的意识形态和权力关系，强调国家话语以及外部他者（民族志作家、媒体、开发商、游客、画家等）对景观的改造、建设、规划以及绘制和描述；与之相反，"景观建构论"关注当地人对景观的主体性体验，以及经验、情感、认知相互交织形成的地方文化与地方感，"地方"融入当地人认同、社会关系和历史记忆的生活范围③。一个典型的案例是Basso对美国印第安部落阿帕契人的景观研究。Basso指出，阿帕契人对景观的表述嵌入人们的日常生活之中，反映出人地关系背后的认知、信仰、价值观以及由此而形成的地方感④和地方依恋。这种地方感不仅仅是一种感觉和认知，同时也是一种行为方式。阿帕

---

① Hirsch, E. and Hanlon, M. (eds.), *The Anthropology of Landscape: Perspectives on Place and Space*, Oxford: Clarendon Press, 1995, p.4.
② 葛荣玲：《景观人类学的概念、范畴与意义》，《国外社会科学》2016年第4期。
③ 河合洋尚：《景观人类学的动向和视野》，《广西民族大学学报》2015年第4期。
④ Basso在"Wisdom Sits in places"一书中，对"地方感"一词用"sence of place"或"sensing places"表述，前者强调的是一种结果，后者强调过程，亦即"感知地方"。

契人在日常对话中对景观的命名、表述、引用，唤醒了人们对过去的经验认识以及蕴含其中的道德训诫，形塑着当下人们的行为方式和道德观念。Basso 的研究表明，景观是"地理实体的文化构建"（cultural construction of geographical realities），人们对土地的认知亦是对自我的认知，两者相互交织，共同建构生活世界的行为模式①。

无论是景观生产论，还是景观建构论的研究倾向均有可能简化景观的形成和发展过程中的复杂性。实际上，外部力量导致的景观生产，抑或当地人建构的景观，"景观"始终处于动态的社会、文化变迁之中，是当地人和外部他者的认知与实践的叠加。一个旅游地的景观，因不同主体参与景观的重塑过程，景观的形成空间与地方，嵌含着诸多复杂的内外因素。倘若从景观形成的历史脉络及其形成的内外因素加以考察，景观因不同行为主体的观察角度不同，"颜色"便会有所不同，形成一种"结构色的景观"。因而，历史性地建构而成的"地方"（当地人的地方感、认同、认知）与其中形成的多样且复数的"现场"（外部他者的认知、空间）②并存于景观不同层次的表达与实践中。近期一些研究开始尝试从景观人类学的视角，探讨旅游地的社会变迁以及文化遗产保护等问题。河合洋尚针对当下土楼、围龙屋等客家传统建筑等文化遗产保护存在的问题指出，土楼、围龙屋与客家人的生活经验与认知方式紧密相连，文化遗产保护不能只注重外部人对景观的文化意象，更应关注内部人的视角，强调客家人本身的环境行为，注重"以人为本"的文化遗产保护③。葛荣玲运用景观人类学的分析框架，考察了贵州安顺屯堡十年来的旅游开发过程，对村落旅游中的空间资本化现象与社区变迁进行探讨。她指出，景观对于地方社会的记忆、认同及社会关系的重构有着重要意义，景观不仅是

---

① Basso, K. H., *Wisdom Sits in Places: Landscape and Language among the Western Apache*, Albuquerque: the University of New Mexico Press, 2000.
② 河合洋尚：《景观人类学的动向和视野》，《广西民族大学学报》2015 年第 4 期。
③ 河合洋尚：《关于围龙屋的传统环境知识及其重叠性——从景观人类学的视角重新探讨客家建筑文化研究》，《嘉应学院学报》2012 年第 9 期。河合洋尚：《景观人类学视角下的客家建筑与文化遗产保护》，《学术研究》2013 年第 4 期。

| 景观重塑：一个西南边陲侨乡的社会文化重构

特定社会文化对居住空间进行重塑的结果，也是一个具有重要实践意义的文化过程①。另一个极佳的案例来自于人类学家郭佩宜对所罗门群岛兰嘎兰嘎人（Langalanga）的个案研究。20世纪70年代，这群居住在祖先建造的人工岛上的兰嘎兰嘎人移居到对面的陆地，开始了新的生活方式。人工岛上的景观已经远离他们的日常生活，然而他们对景观的认知却深深地铭记在他们的记忆之中。这些景观延续着祖辈的经验、认知、行为和信仰，成为兰嘎兰嘎人区别于其他族群的重要的文化标识（cultural marker）。人工岛不仅反映了他们从山区和所罗门其他岛屿迁移到海岸的经历，更代表着他们征服自然、克服困难的精神和智慧。当他们在陆地上开始新生活时，人工岛的叙事成为被用于实现自我认同的一种方式。然而，受到旅游业的影响，人工岛被描述为古老而又带有异域风情的海滨岛屿或是内陆部落之间血腥战争的避难所。为了迎合局外人的凝视（学者、游客、殖民者），兰嘎兰嘎人开始热衷于介绍景观的文化象征。从这个案例中，我们可以看到景观的双重性。一方面，景观凝结着当地人的历史心性，在与过去生活的对比中，兰嘎兰嘎人通过对景观的回忆与叙述构建了体验与经历"历史"的文化形式；另一方面，兰嘎兰嘎人向外部他者描述景观时，景观从人们的经验世界中被抽离出来，变成孤立的文化象征。郭佩宜对兰嘎兰嘎人景观与历史心性的研究不仅将景观作为解读一个地方世界社会文化、地方认同、意识形态、权力话语丰富而多样的"文本"②，同时也强调景观作为一种"文化过程"。

以上从景观人类学的视角对旅游开发与社会变迁的研究，从内部人和外部人的视角探讨了景观的形成过程、旅游中景观的资本化现象，以及随之形成的空间变革和社会关系，进而阐释连接着历史、经验以及认知的景观，在当下的旅游场景中发生不断地变化和重塑。这

---

① 葛荣玲：《景观的生产：一个西南屯堡村落旅游开发的十年》，北京大学出版社2014年版。

② Guo Pei-yi, "Island Builders: Landscape and Historicity Among the Langalanga, Solomon Islands", in P. J. Stewart and A. Strathern (eds.), *Landscape, Memory and History: Anthropological Perspectives*, London: Pluto Press, 2003, pp. 189–209.

些研究为本书的分析侨乡的人文景观提供了极佳的理论支撑及参照。但是，以往的研究更多从宏观上关注景观的历时性变化，而对不同历史时期景观所承载的意义，以及人们对景观的理解与认知并未展开翔实的民族志研究。实际上，不同历史时期的景观呈现出不同的时代特点，人们对景观的理解也随之不同。以往研究对景观的界定也较为宽泛，主要指当地人建立的自然景观、人文景观以及社会生活空间，而对于其他形式的景观着墨不多，比如，旅游开发之后新建的人造景观以原生景观的改造。和顺是一个具有独特人文景观的旅游古镇，地缘生态、历史机缘、商业传统和地域文化造就了丰富的人文景观类型，这些类型不仅包括私人建筑，也包括公共领域的建筑群。与此同时，旅游开发促使一些乡土景观经历着根本性的变化，以商铺及旅游景点的形式出现在乡间。政府及开发商对聚落空间和地方文化的创造和利用也带来了新一轮的景观营造，以新的形貌与乡土景观共存于乡村聚落。多层次的景观使我们避免从模糊笼统的概念上使用景观一词。此外，以往大部分研究将景观重塑的动因归咎于旅游开发的驱动力，但是忽略了旅游开发中的不同人群也是景观重塑的重要力量。诸如和顺这样的地方，旅游开发使多重力量聚焦于一个旅游古镇，除了乡民、当地政府和开发商，还有宗族和外来商，其中外来商占据古镇大约四分之一的人口。多元主体在争夺和分享景观的过程中，他们各自的立场、策略也推动着景观的变化，其间的生存心态、利益旨趣、行为实践以及主观能动性呈现出动态的社会文化图景。Rodman 指出，"空间"应被视为由"他者"间的利益而社会性建构的多样性场所。在"空间"的建构中，多样性的行为者以及相互之间的利益竞争和博弈关系应得到重视[1]。一个旅游地的景观研究，倘若忽略景观中不同的人群，将会降低景观本身所具有的复杂性和丰富性。因而，本书在吸取前人研究的基础上，通过长时间的田野调查，从社区发展历程及具体情境中的政治经济环境出发，探讨景观重塑的过程以及不同历史时

---

[1] Rodman, M., "Empowering Place: Multilocality and Multivocality", *American Anthropologist* (93-3), 1992.

期嵌入当地人日常生活的认知图式和行为模式，并通过当地人的历史记忆和生命故事，进而分析旅游开发过程中乡民的认知、观念、心态、行为如何与其他利益主体对景观的再利用相互交织，共同构建了一个西南边陲侨乡旅游开发后的人地关系与人人关系。

三　和顺古镇之相关研究

　　和顺古镇是西南丝绸之路上的商业重镇，在中缅商贸和族群交往中具有举足轻重的地位。由于特殊的地理环境、历史渊源以及独特的地域文化，曾引起众多学者的关注。就目前学界对和顺古镇的研究而言，大致可以分为地方史以及个案研究。和顺历史上文风蔚然，乡间人才辈出，出现很多地方精英。他们从乡村聚落、侨乡风貌、著名人物、乡土风情等多方面深入细致地介绍和顺人的历史与生活，其中较为有名的是尹文和所著的《云南和顺侨乡史概述》一书。该书讲述了从明朝至20世纪50年代和顺发展的历史沿革，以及重要的历史人物和华侨生活。最为难得的是，书中收集了大量流散于乡间的碑文、石刻、照片和游记。另一套重要著作是杨发恩主编的系列丛书，书中记载了和顺的民风、民俗、人物和商贸。这套丛书与其他撰写和顺的书籍不同，其中收录的文章都是乡民根据自己的亲身经历写成的日记，内容真实、描写生动，是研究和顺重要历史文献。值得一提的是，乡间有地方刊物——《和顺乡》，这本刊物创办于是20世纪二三十年代，原先是华侨宣扬新思想、新文化的主要阵地，之后由于战争及"文化大革命"被迫停办，直到21世纪初得以复刊并延续至今。《和顺乡》内容丰富，取材广泛，其中包括文史源流、人文景观、风土人情及名声掌故，从中既可探寻和顺六百余年的文化踪迹，又能见识今日的和顺风貌。

　　学界以和顺为个案的研究主要集中于以下主题：景观、空间、旅游、宗族、宗教、文化和历史。比如，一些学者结合建筑学、生态学、考古学等学科，对和顺的历史渊源、聚落环境、民居建筑等内容进行多维度的分析，并通过大量的照片与绘图，客观、真实地再现了古镇的人居环境①。从人类学的视野对和顺古镇进行的研究也为理解地方的历史进程与社会变迁提出了新的见解与思考。在《边陲侨乡的历史、记忆与象征：云南腾冲和顺宗族、社会变迁的个案研究》一文中，段颖将宗族的变迁置于不同的历史阶段，讨论宗族变迁的社会动因以及社区的文化历程②。几年以后，当和顺进入旅游开发后，他在另一篇文章中探讨了和顺民居如何通过旅游，重构了乡民的文化自觉与地方认同，并进一步阐释了地方政府、当地居民、开发商三者之间形成的权益关系③。这些研究为我们观察国家与社会的关联与互动、社会行为者的能动回应与实践，以及旅游开发与地方社会发展之间的关系提供了新的研究视角。韩敏将和顺古镇作为汉族文化遗留的典范，探讨汉族地区在旅游驱动下的传统文化再现（culture representation）。研究表明，在旅游与全球化影响下，地方社会的历史、生活方式、民居建筑、记忆会得以复原和再现（restored and represented）。同时，地方政府、旅游企业、地方精英和社区民居是推动地方性（locality）重构的重要力量④。方怡洁从地景的国家象征民间化的视角，考察国家象征的地方实践。研究指出，大多中央王朝试图以儒学作为大传统的思想自上而下来教化和巩固边疆，而边疆社会也会自下而上将国家象征进行创造和利用，形成与国家象征有所不同的民间文化，造成了象征分立的现象。在和顺，民居是实现国家象征民间化的载体，通过人们对景观的谈论，民居实现儒家文化与商业竞争的相互转换。通过这一转换机制，和顺儒家文化的实践因社区内部

---

① 蒋高宸：《乡土中国：和顺》，生活·读书·新知三联书店2003年版。杨大禹、李正：《和顺·环境和顺》《和顺·人居和顺》《和顺·历史和顺》，云南大学出版社2006年版。

② 段颖：《边陲侨乡的历史、记忆与象征：云南腾冲和顺宗族、社会变迁的个案研究》，载陈志明、丁毓玲、王连茂主编《跨国网络与华南侨乡：文化、认同与社会变迁》，香港中文大学香港亚太研究所2006年版。

③ 段颖：《谁的古镇？谁的侨乡——腾冲和顺旅游开发与社会发展的个案研究》，载杨慧主编《旅游·少数民族与多元文化》，云南大学出版社2011年版。

④ Han Min, "Representing Local Culture and Heritage in Heshun, Hometown of the Overseas Chinese in Yunnan", in Han Min, Graburn, N., (eds), *Tourism and Globalization: Perspective on East Asian Societies*, National Museum of Ethnology, 2010, pp. 163 – 175.

的商业竞争而加强，而商业竞争由因有能力实践儒家文化而激烈，两者之间的相辅相成实际上是民间对国家象征的再利用①。方怡洁对景观的内外两套机制的分析，给予本书很大的启发。当景观置于旅游开发的背景中，这两套内在机制将会发生怎样的变化？它又将以何种方式呈现出来？本书将对旅游开发之后，景观呈现出的内外机制展开进一步的探讨。

综上所述，从时间范围来看，以上研究均集中于2006年以前的和顺古镇。那时候，古镇的旅游开发逐刚开始入正轨。一个没落的边境侨乡在地方政府和开发商的积极宣传和打造下焕然一新，很多游客和商家开始瞄准这个新兴的旅游古镇。但是在之后的十多年里，古镇又发生了急剧的变化，聚落空间出现很多的商铺和客栈，透露出很强的商业气息，而居住在这里的人群，已经有大量的外地人。文化再现与地方性重构已不再是简单的文化复兴，这些变化促使我们重新审视侨乡的社会文化变迁。

第三节　理论框架

本书以景观为研究对象，关注的一个西南边陲侨乡在旅游开发之后的社会文化建构。与西南地区其余的景观有所不同，侨乡的人文景观是跨国流动中经济与文化相结合的实践行为，联结着流动中人的社会关系和观念世界。当人文景观成为旅游开发下的文化遗产，作为地方性知识的集中代表，这些人文景观被赋予诸多"意义"。在旅游开发中，乡民逐渐意识到人文景观的价值，原来在跨国流动中形成的民居故事再度回到历史的舞台，成为景观资本化过程中的推动力。但是乡民不再是景观的唯一"拥有者"，其他主体也开始利用景观形成的一套话语实现景观的资本置换。那么，乡民如何通过景观构建过去，这一景观叙事表达出地方社会怎样的历史记忆。他们对景观的认知如

---

①　方怡洁：《云南和顺地景中的国家象征民间化过程》，《中国农业大学学报（社会科学）》2008年第2期。

何形塑当下的情感、观念和行为？景观叙事如何成为当地人和其余主体的营销策略，资本的置换产生的经济利益怎样激发了乡民的文化自觉？新出现的景观，如何与历史记忆、文化传统、边陲贸易、社群关系等因素相互交织和关联？是何种因素，如权力、资本、文化、宗族观念，影响了不同主体的立场、态度和行为？利益主体之间的关系是竞争、妥协，还是"共赢"抑或"零和"？因此，本书将从以下几个方面进行论述：

第一，著名的人文地理学家 Daniels 和 Cosgrove 在其著作中，将"景观"定义为"文化意象"（cultural image），一种对环境的再现与象征①。他们强调景观的社会文化因素，却将景观看成静止的客观存在，忽略了"景观"是一个动态发展的过程。人类学对景观的研究，不仅强调景观产生于一定的社会文化背景，更注重景观与人们的日常观念、认知和行为的密切关系。景观承载的文化意义，不仅是流变的，也具有延续性。其次，景观也是社会性的，社区内的景观作为记忆的物化表现，积淀与承载着这一社区内的各种记忆，不仅过去与现在得以在其中达成联结，多重社会空间也在此实现了交汇②。因而，我们对一个社群记忆的了解，应当把当事人的行为归为到他们的生活史中，再把他们的行为归位到他们所属的那个社会场景下的历史，才能理解个人的行为，从而呈现出社会决定的不同记忆结构③。"景观"是一种持久价值观（enduring values）和世界观的表达，要深入挖掘景观的复杂性需要将景观置于社区的发展历程来考察人们对景观认知发生的变化④。本书并非将景观视为一组静止的集合体，而是将时间

---

① Daniels, S. and Cosgrove, D., "Introduction: Iconography and Landscape", in D. Cosgrove, S. Deniels (eds.), *The Iconography of Landscapes: Essays on the Symbolic Representation, Design and Use of Past Environments*, Cambridge: Cambridge University Press, 1988, p. 1.

② 汤芸：《社会记忆·景观·叙事》，载王铭铭编《中国人类学评论》（第2辑），世界图书出版公司北京公司2007年版，第245—255页。

③ [美] 保罗·康纳顿：《社会如何记忆》，纳日碧力戈译，上海人民出版社2000年版，第18页。

④ Stewart, P. J. and Strathern, A. (eds.), *Landscape, Memory and History: Anthropological Perspectives*, London: Pluto Press, 2003, p. 10.

景观重塑：一个西南边陲侨乡的社会文化重构

和空间整合进同一分析框架，强调景观的时间维度①，阐释景观作为"物"的流变所承载的社会文化意义。对此，我将采用景观人类学的相关理论以及波兰尼在讨论资本主义自由市场与社会之间关系时所使用的"脱嵌"（disembedded）与"再嵌"（embedded）这组概念，分析景观重塑的过程及其所带来的社会文化变迁。

在《巨变：当代政治与经济的起源》一书中，波兰尼指出，19世纪以前，经济行为嵌入社会关系，经济的根源和动机不止是谋利，而是由诸多的非经济因素诸如文化、宗教和社会关系促成。但19世纪以后，现代市场从社会中逐渐分离出来，按照自己的内在逻辑运行。现代市场、技术和经济作为一个独立的整体对传统社会构成了冲击，引起社区的反应。这一过程被波兰尼称作"脱嵌"与"再嵌"，两股力量在社会生活中，相互交织，相互作用，从而形成了新的经济—社会秩序②。本书将和顺的跨国流动、马帮、玉石贸易等视为独立于地方社会经济发展的"脱嵌"力量，叙述、分析这些社会文化因素如何在旅游的刺激下再度"植入"，并探讨这一过程形成的动力机制、表现方式以及影响。因而，我将结合本文的主题，于历史发展的脉络中首先阐释景观形成的政治、经济及社会文化背景，然后对沉淀于景观之中的历史记忆展开探讨，进而分析经由景观将经验世界与意义世界联结起来的实践方式。本书关注的重点是从人们日常生活中"脱嵌"的社会文化因素如何在旅游的刺激被再度"唤醒"，进入新一轮的表述方式之中，并分析景观在不同时期的文化内涵及其价值，以及乡民在旅游开发中的生存心态、外来商的谋利动机和文化策略。

第二，旅游产业作为现代性的一种趋力，将外来产品、流动人群、消费观念、现代生活等全球化表现方式整合到地方文化之中。伴随着嵌入的过程，本地文化在更广阔的意义上也嵌入全球化之中，成为一种相互交融的"互嵌"。我将通过对和顺老牌民宿的消失、新型

---

① Bender, B., "Time and Landscape", *Current Anthropology*, Vol. 43, No. S4, Special Issue Repertoires of Timekeeping in Anthropology, 2002.
② ［英］卡尔·波兰尼：《巨变：当代政治与经济的起源》，黄树民译，社会科学文献出版社2017年版，第25页。

民宿的出现以及精品客栈的兴起探讨传统与现代的"互嵌过程"①，进而分析本地人与外地人之间的激烈竞争、认同形构、生活差异。此外，我还将出租房（土地）的盛行视为一种竞争中失利的"补偿"，讨论本地人出租行为背后的观念、策略以及动因。

第三，"前台"和"后台"是社会学家 Goffman 在《日常生活的自我呈现》中提出的概念，用于讨论"情景定义"（the definition of the situation）之下的人们在舞台的不同空间的具体表现。他指出，"前台"与"后台"是处于相对静止的社会结构之中的角色表演与真实状态。前台、后台并没有严格的区分，并在一定的情形下能相互转换②。MacCannell 借用这一组概念讨论文化商品化中，那些被东道主或开发商包装后的文化展演。"前台"是文化展演的舞台，游客通过舞台参与到文化互动中，获得表象化的认知，体验一种"舞台真实"，而"后台"则是东道主隐匿在"前台"中的真实生活。在和顺，吸引游客的是散落乡间的人文景观，这些景观在旅游开发之后自觉或不自觉地成为文化展演的空间场所，甚至一些建筑物本身就是一种文化展演。作为文化消费的"前台"，很多景观已经渐渐脱离社区民众的真实"后台"。MacCannell 指出，"前台"与"后台"是一个连续统一体理想情状中的"两极"或者变量，两者之间可以互相转换③。本书虽然将旅游场景下的社区生活也作"前台"与"后台"的划分，但重点不仅在于呈现两者的具体内容，更加注重两者之间的联结，即"后台"如何演变为"前台"。因此，本书试图回答以下问题：是什么力量促成了景观的"前台化"？这对聚落空间、巷道空间和私人空间将产生怎样的影响？在此过程中，不同主体表现出怎样的心理、情感和态度？在此部分的论述中，我将根据乡民在景观"前台化"的过程中是否具有话语权，将景观大致分为三种类型：第一类是代表群体利益的宗祠；第二类是乡间的公共空间和重要建筑；第三类

---

① 王宁：《消费全球化：视野分歧与理论重构》，《学术研究》2012 年第 8 期。
② Goffman, E., *The Presentation of Self in Everyday Life*, Hamondsworth, 1959, pp. 66-86.
③ MacCannell, D., *The Tourist: A New Theory of the Leisure Class*, Berkeley: University of California Press, 1999, p. 589.

是新建的人造景观。

综上所述,本书力图结合景观人类学与旅游人类学的相关理论,以及"脱嵌"与"再嵌"、"前台"与"后台"等概念,通过对乡土景观的重塑以及新型景观(玉石商铺、客栈)的出现进行民族志写作,叙述、分析这一过程的动力因素、表现方式以及社会关系。本书试图阐明,景观并非是独立、静止的,也不仅仅是游客凝视的对象,而是随着历史脉络的变化,经由多重主体的表述和改造赋予新的意义和内涵的过程,景观意义的叠加本身是社会变迁的一种表现形式。此外,景观的变化并非仅仅是停留在文化意义上,新型景观的出现、乡土景观的"前台化",嵌含着多元、复杂的利益主体和社会关系。

第四节 叙述结构

通过民族志阐释,我将把旅游地社会变迁的研究放置在两个维度中加入讨论,一是人地关系,即不同主体对景观的认知、表述与实践;二是人人关系,即景观争夺与重塑中的形成的关系网络。因而,章节的安排并非以旅游开发的时间为序,而是以视觉上凸显的重要景观为论述的线索和章节的主题。全书共分为两个部分:第一章至第三章为第一部分,通过追溯跨国流动、边陲贸易、地方传统等社会文化因素分析景观形成的政治经济背景及新型景观出现的原因;第四章至第六章为第二部分,主要集中论述乡土景观"前台化"的过程、动因和影响,以及由此而形成的社会关系。

本书共分为六章,其中"导论"主要阐明本研究的原因以及研究问题,并以研究主题为线索,梳理当前学术界对景观研究的相关文献,结合景观人类学、旅游人类学的相关理论,以及"脱嵌"与"再嵌"、"前台"与"后台"等概念,提出论述的主要理论框架和研究方法。第一章主要对田野点的历史与现状、聚落空间及重要的建筑景观作详细说明,将之后讨论的话题以及构成和顺侨乡社会整体的诸多要素纳入其中,以作铺垫。第二章"玉石商铺:传统贸易的复兴与繁荣",集中探讨玉石商铺遍布古镇的根本原因。通过对滇缅贸易的历史渊源和地缘生态进行概述,分析"流动的地方世界"形成的政治经济背景和社会构成。在此基础上,笔者将结合乡民的个体生命故事和历史记忆,探讨附着情感与记忆的景观叙事如何成为乡民和商家的"生意经"(脱嵌—再嵌)。第三章"客栈:从祖产到消费空间",重点论述重塑村落形貌的另一重要景观——客栈。以老牌民宿消失、新型民宿出现,以及外地人的精品客栈兴起为线索,分析导致这一过程的动力因素,以及围绕"客栈"形成的激烈竞争、经济依赖、观念差异以及相互关系。本章还将进一步讨论地方性与现代性的相互交织,以及活在其中的人的认知与实践。第四章"宗祠:宗族、旅游与现代转型",试图通过分析现代社会中的宗族观念、仪式实践、权力结构和社会网络,阐明在宗祠"前台化"的过程中族人在宗族的传统与现代的抉择中表现出的复杂心态,并以此分析族人在宗祠"租"与"不租"中的不同立场、利益诉求和行为策略。第五章"乡土景观的'前台化'",分析新一轮的景观营造和重要建筑"前台化"的过程,以及由此造成的聚落空间、巷道空间和私人空间的变化,进而阐释乡民生产生活、观念、态度的转变,以及他们参与旅游开发过程中表现出来的生存心态与主体能动性。第六章"重构中的社会关系",主要论述和分析景观重塑过程中不同主体间的相互关系,并试图回答"在景观争夺和资本置换过程中,谁掌握了话语权?谁支配着景观的再生产?"以及"多重主体之间形成怎样的社会关系?""结论"部分是对"导论"的研究问题做出回应,试图强调景观并非仅仅是视觉呈现的客观之物,而是处于不断变化和重塑的动态过程之中,这个动态过程除了东道主与游客,还牵涉旅游场域中更多的主体,这为我们观察旅游开发与社会变迁提供了一个极佳的微观镜像。

第五节　研究方法

本书以人类学的田野调查及社区研究为基础,采用参与观察、深度访谈为主要研究方法。2001年,笔者曾去过和顺古镇旅游。当时,

景观重塑：一个西南边陲侨乡的社会文化重构

古镇刚进入旅游开发，很多在"文化大革命"时期被毁的人文景观，已经得到修缮和恢复。对于一个出生于云南少数民族聚居区的游客来说，当我看到众多的宗祠、牌坊、月台、照壁、楹联、牌匾、民居等体现传统文化与异域风情的建筑景观时，无疑经历了一次不小的"文化震撼"。当时古镇给我的印象是古朴、宁静、优雅、干净，尤其是景观中所透露出的文化底蕴深深地映入了脑海。2015 年，我再次造访腾冲，想去感受古镇宁静古朴、文化浓郁的氛围时，却发现古镇已经与记忆中昔日的景象相去甚远。时隔十多年，古镇大街小巷到处都是客栈和玉石商铺，宁静的古镇已经成为热闹非凡的商业街。视觉上的强烈冲击令我至今还记忆犹新，我对古镇的研究便源于这两次印象的极大反差。2016 年 10—12 月，我第一次进入和顺开展田野调查，因为是云南人，便能很快适应当地的语言、气候和饮食，加之朋友引荐，顺利与当地人建立了良好关系。正如所有人类学者进入田野一样，最初的田野也会遭遇一些突如其来的事件。就在我准备出发去和顺的前一天，突然接到住家的电话，告知我即将入住的房间已经出租了，嘱我另寻住处。情急之下，我四处联系腾冲的朋友，希望他们能尽快帮我找到合适的住所。到达和顺后，一位朋友带我参观了几家由当地人经营的民宿。这是我对朋友提出的唯一要求，住在当地人经营的民宿以便我能观察他们在旅游活动中的想法、态度和行为。当我踏入一间"四合五天井"的传统民居时，颇为震惊，瞬间被房屋典雅的格调、精美的设计所深深吸引。这间老房子虽然因年代久远，略显破旧，却不失干净整洁，清幽古朴。民居正堂、客厅、花厅刻有诗词楹联，厅堂一前一后两道门额上悬挂清朝年间的牌匾，书房正面墙壁挂满了祖辈遗留的照片，墙角书柜中收藏了很多地方文献材料，包括几本泛黄的族谱，这些物件无一不透露出和顺的历史与文化。我当时就立即决定在此住下。事后证明，这次选择对我以后田野调查的顺利开展起到至关重要的作用。

住家刘长民[①]，70 多岁，精神矍铄、善于言辞，讲起故事来滔滔

---

① 化名。

不绝。平时他经常外出，喜欢去寸家湾凉亭与几位老者闲聊，直到饭点才回家。有时隔上几日，他独自一人驾车去高黎贡山，一去便是一整日，回家时手里总是提着牛肉、蜂蜜或皂角米等农产品，笑着对我夸耀说，这是他在山上买到的绿色食品。住家祖辈书香门第，历史上出过举人，外出经商者众多。他出生于缅甸，十多岁被带回和顺，但经常听老辈讲起在缅甸经商的经历，便对那段历史记忆犹新。只要在家，他便向我津津乐道地讲述老房子的历史和祖辈在缅甸的生活。可以说，我对和顺历史的认识与体悟是从与刘长民的相识开始的。刘长民家位于一条狭长小巷的尽头，原先这条巷道共有11座民居，大部分是祖辈所建的传统民居。这些民居与住家的房子在空间布局与建造风格上极为相似。现在很多民居已经出租，只有为数不多的几家是当地人居住。在巷子里住的时间一长，我便与周围的乡民渐渐熟络起来。1980年代以后，出入和顺的专家、学者、学生、记者众多，他们经常住在乡民家中，早已习以为常。在与他们的相处中，原先从文献中获取的印象不断地被解构，他们的故事立体而生动地展现在我眼前。这些故事背后跌宕起伏的生命故事总与国家、地方的政治经济环境和社会事件紧密相连。透过这些故事，我们可以发现和顺人从屯军戍边、外出经商，到分隔两地、重新团聚，再到旅游开发，从一个家庭的故事便可折射出和顺的历史与现实。

刘长民是我的关键报道人，经常带我去寸家湾凉亭与老人们闲聊，关于和顺历史记忆的访谈大多在此进行。他也是地方精英，平时爱收集地方文献，很多地方史料都由他提供的。因为之前他接触过很多学者，自己也喜欢阅读地方史料，总爱询问我的研究主题，然后他便围绕着我告诉他的关键词寻找相关材料。但是后来他发现我对很多历史都感兴趣，就索性拿出以前家里留下的物件，包括来往于缅甸的书信、分家文书、边民通行证、民国时期的结婚证、图书馆的借书证等让我翻阅，并向我讲述它们的来历。在田野期间，他介绍我认识了很多当地人，其中有和顺图书馆的管理员，由此我得以自由进出图书馆查阅相关资料和书籍。刘长民曾是刘氏宗祠的理事会成员，由于身份便利，他带我参观了和顺八大宗祠和始祖墓地，介绍我认识所有宗祠的族长。在与他们的访谈中，我了解到宗族的由来、宗祠的修建、族谱的编撰，同时收集到各大宗族的族谱。我的人际网络由此打开，而乡民对我的认识，也正如刘长民介绍的："这是他在昆明的一个侄女，来和顺做研究。"

第二次进入田野是2017年3—5月，正值各大宗族准备清明节祭祖仪式（春祭），使我有机会对宗族进行深入细致的调查研究。我走访过所有宗族的祭祀活动，并跟踪了当地最有声望的李氏家族及寸氏家族的整个仪式过程，细致地观察并对仪式的程序进行了详细记录。仪式无疑是考察宗族日常运作及现代转型的一个良好契机。透过仪式，我了解到宗族的权力结构、族人之间的互动、区域性的跨国网络、汉族与少数民族的融合等重要内容。清明节期间，来自中国台湾地区、美国以及缅甸的华侨回乡祭祖，我结识了几位华侨。在与他们的交谈中，谈到他们祖辈闯荡缅甸的经历以及现在侨居海外的生活，言语之间表露出对国家和家乡这些年变化的惊叹。从中我了解到华侨眼中的和顺，以及他们认祖归宗的观念和动机。这一期的田野调查，我还认识了另一个关键报道人——寸族长。他热情好客，善于表达，既会写诗做赋，又有很强的组织能力，在乡间赢得很高威望。3—5月，寸氏宗祠正在重修，在跟踪重修的几个月里，寸族长向我细致讲述了宗族日常管理中的细枝末节，并把宗族活动涉及的重要记录，比如购买墓地的合同、修建宗祠的倡议、捐款记录、祭祖仪式的致辞、祭文等重要文件，让我翻阅，使我对宗族管理和日常运作有了更为深刻的认识。田野中，他还介绍我认识了缅甸的族人、当地的精英、旅游公司以及地方政府的工作人员，这让我的研究在更广的范围内展开。此后每年的祭祖仪式，他也会邀请我参加，这使我有机会对宗族的仪式过程进行回访和跟踪。

第三次进入田野是2017年7—8月，我跟随彭兆荣教授组建的一个研究团队进入和顺进行考察。该团队的目的是对和顺的乡土"原景"进行调查，并以和顺的乡土景观为案例构建"乡土景观村落模型"，最终编列一个具有传统特色的"中国乡土景观的保留细目"。在团队开展调查之前，我已经在和顺做了几个月的田野调查，因为我对和顺熟悉，加之良好的社会关系，这次调查由我负责联络。根据调研需要，寸族长为我们联系了相关人员，这让我接触到更多的当地人，得以进入他们生活的各个领域了解他们的日常生活。同年11月，一次偶然的机会我接触到一个来和顺召开年会的公司业务主管，之后我们成了很好的朋友。她们在和顺开会期间，一次看似普通的玉石消费却牵扯出客栈老板、乡民、玉石商之间的利益纠葛，这促使我后期的田野调查开始关注旅游场景下不同行动者之间形成的利益网络。我的研究也从最初模糊、混沌的状态中逐渐明朗起来。

最后一次田野调查分别在2018年1—2月、7—8月完成，主要以经营客栈与玉石商铺的老板为调查对象，旨在了解他们在古镇的生活状态以及与当地人的互动与交流。在朋友的引荐下，我认识了很多客栈老板和玉石商，我的访谈大部分在他们店铺里完成。在我认识的客栈老板和玉石商中，大多数是外地人，他们虽然熟悉地方文化、懂得经商之道，但他们的生活方式和价值理念与当地人保持着一定的距离。这些不同的人群在古镇的生活状态引起了我的关注，在之后的调查中，我对商家与游客、本地人与外地人以及本地人之间的关系作了深入调查。同年7—8月，我再次回到古镇，改变了住所。我住在一家正在经营民宿的乡民家里，以便近距离地观察游客与乡民之间的交流，以及乡民如何参与旅游。这家民宿位于一个小巷道，无一例外都是客栈，其中一部分是外地人经营；另一部分是当地人。如此，我便能在一个相对"狭小"的空间观察他们之间的互动以及生活状态。

2016—2018年我在不同时段陆续进入田野点调查，完成了对和顺长时间的观察和记录。虽然调查时间略有中断，但每次进入田野都会有更深的体会和认识，而这些感悟使我不断调整研究计划，加深我对整个古镇旅游开发后社会变化的思考。与此同时，通过关键报道人，我与乡民建立了友好关系。在与他们朝夕相处的日子，我得以走进他们的日常生活，参与各种仪式及家庭活动，使我真正的浸润在他者的文化场景，从他们生活的各个层面去了解他们的文化习俗、传统观念、认知结构以及旅游开发中的生存心态和行为实践。作为一个研究者，我也曾遭遇过观念冲击和文化震撼，有时也会被报道人的生活境遇带入情景，感受他们的喜怒哀乐，而这一切正是人类学研究者进入田野，从陌生到熟悉的必经之路。

第一章　田野点的概述

和顺古镇包括十字路村、水碓村以及大庄村3个行政村。十字路村与水碓村相互连接,位于整个古镇的北部,而大庄村位于古镇的西部。从空间布局上看,两者形成独立的两个部分。十字路村与水碓村在历史上外出经商者居多,而大庄村主要以农业为生计模式。如今,十字路村与水碓村被列为古镇的旅游核心开发区,只有通过门票才能进入,而大庄村因自然及人文景观远远不及其余两村,尚未进入旅游开发,仍然以传统的农业为主。当地人习惯将核心开发区用以指称整个古镇,本书的研究主要在古镇的旅游核心开发区展开,因而所使用的"和顺古镇""和顺"或"古镇"等词语也主要指这一区域,对古镇的聚落环境及空间形态的描述也集中于此。

本章聚焦于和顺古镇的历史与现状、聚落形貌以及村落中重要的建筑景观。第一部分主要通过历史性的梳理,将和顺特殊的地缘生态、迁移历史、宗族形成、跨国实践与更大的区域联系起来,并将之后对景观的讨论置于民族国家、边陲贸易、跨国网络、全球化、现代化等语境之中。古镇的乡土景观是本书的重点研究对象,第二部分将从外观形貌以及历史文化特征两个角度,详细描述和顺的聚落环境、空间格局以及闾门、月台、照壁、民居、洗衣亭、宗庙等重要建筑景观。这些景观不仅是和顺乡土景观中的典型代表,也是旅游开发中景观重塑的具体表现。

第一节 和顺古镇的社区历程

一 1950年代以前

云南省腾冲市位于我国的西南边陲，地处东经98°05′—98°46′，北纬24°38′—25°52′，面积5692.86平方公里，东邻保山，南接龙陵，西南与梁河、盈江相连，东北与泸水接壤，北部、西北部与缅甸毗邻，国境线长148.075公里。腾冲是西南边陲的军事重镇，为历代兵家必争之地。明清时期，腾冲设置八关九隘，以重兵把守，史称为"三宣门户，八关锁钥"①。腾冲开发较早，早在公元前4世纪，一条北起成都经过腾冲去往缅甸、印度、伊朗、阿富汗的南方丝绸之路②，即"蜀身毒道"就已存在。丝织品、金银手工艺、工产品等商品通过这条商业通道源源不断输入缅甸、印度等国家，国外的珍奇异兽、山货药材、珠宝玉石从缅甸经由腾冲运至国内，腾冲成为各国商品交易的集散地。《腾越州志》记载："今商客之贾于腾越者，上则珠宝，次则棉花，宝以璞来，棉以包载，骡驮马运，充路塞道，今省会解玉坊甚多，磨沙之声，昼夜不歇，皆自腾冲至者。"③腾冲商业兴旺繁荣的景象为其赢得了"极边第一城""大聚落""大都会"之美誉。从这一时期开始，腾冲人的足迹遍布南亚及东南亚国家，腾冲也因此成为云南省华侨、归侨和侨眷最多的地方，其中有和顺和绮罗两个著名的侨乡。

和顺古镇距腾冲市区四公里，东经98°28′，北纬25°01′，古名阳温暾，有不冷不热之意。明代《徐霞客游记》中记为"河上屯"，后因"河顺乡，乡顺河，河往乡前过"，称为"河顺"，之后雅化为和顺④，有"云涌吉祥，风吹和顺"之意。和顺最早的原住民是佤族。

---

① 腾冲县志编纂委员会编：《腾冲县志》，中华书局1995年版，第2—3页。
② 南方丝绸之路即历史上的蜀身毒道，从成都到达印度的通道。此丝绸之路比北方丝绸之路早两个世纪。南方丝路之路由四条道组成，即灵关道、五尺道、黔中古道和永昌道。前三条道起点分别是成都、宜宾、重庆，最后汇聚于大理。从大理出发经过保山、腾冲，到达缅甸和印度称之为永昌道。
③ （清）屠述濂编纂，刘志芳主编：《腾越州志》，云南美术出版社2007年版。
④ 腾冲县人民政府编：《云南省腾冲县地名志》，内部资料，出版社不详。

第一章 田野点的概述

明洪武十五年（1382）以降，朱元璋派军攻克滇西，和顺被汉人屯军所占据。《明史·太祖本纪》载：明洪武十五年，蓝玉、沐英攻打大理，分兵鹤庆、丽江、金齿①，俱下。战事结束后，这些将士留守腾冲戍边，后来发现和顺风景秀丽、阳光和煦，适宜居住，于是将当地的佤族驱赶至五公里之外的甘蔗寨，并在此土地上繁衍生息。至今，和顺人常说"以前这里是佤族的地方，他们祖坟曾在和顺张家坡的马头山"。《张氏宗谱》也有此类记载："……唯志云祖卜地迁移，又移于和顺李蒲蛮之地，家人父子，生长于斯，一名贾家坝，一名张家坡。"② 证明此地原来确为"蒲蛮"的分支佤族所居住③。最早来到和顺的屯军有寸、刘、李、尹、贾五大姓氏的始祖及其家眷，他们原籍均为四川巴县。此后相继而来的还有湖南的张姓、南京的钏姓，湖南、江西的杨姓以及河南的许姓。

表1-1　　　　　　　　和顺姓氏来源表

序号	姓氏	始祖	来源地	备注
1	寸	寸 庆	四川巴县	率三百户以军职
2	刘	刘继宗	四川巴县	率七十户以千户
3	李	李波明	四川巴县	率三百户以军职
4	尹	尹图功	四川巴县	率六十户以千户
5	贾	贾寿春	四川巴县	率二十户以千户
6	张	张 正	湖南	洪武年间以军职
7	钏	钏长任	南京	居住在和顺乡大庄村
8	杨	杨 庆	湖南、江西	明万历年间到此
9	段	段 勤	南京	洪武年间经商而来
10	许	许 彬	南京	正统初年随王骥征麓川而来

资料来源：李根源、刘楚湘编，许秋芳点校：《民国腾冲县志稿》，云南美术出版社2004年版。

---

① 明朝时，腾冲称为腾越，属于金齿司，直隶布政司，后在腾越设置腾冲卫。
② 《张氏族谱》，2017年第四次续编。
③ 尹文和：《云南和顺侨乡史概述》，云南美术出版社2003年版，第4页。

景观重塑：一个西南边陲侨乡的社会文化重构

据《寸氏宗谱》载："我寸氏始祖讳庆，其原籍系四川重庆府巴县梁滩里寸家湾人氏，自明洪武二十三年（1390）奉旨钦调来滇，随至永昌腾冲守御千户所。"①《刘氏宗谱》又云："我刘氏始祖继宗公者，原籍为四川重庆府巴县梁滩里刘家坡。乃与明洪武二十三年（1390）奉命从征，选充总旗。"②和顺的各大族谱详细记载了祖先的来源地、迁移原因以及屯军官职。宗族在和顺的在地化经历了一个漫长的演进过程。从人口的数量上来看，从最初的16个姓氏，到民国年间10个姓氏，最后演化为八大宗族。据"和顺乡土主庙明成化大钟具名录"统计，明成化年间（1480）总计16姓，共142人，其中尹姓18人，刘姓22人，杨姓5人，寸姓30人，张姓6人，李姓45人，钏姓1人，贾姓2人，番姓2人，丘姓2人，冯姓2人，赵姓2人，文姓2人，阮姓1人，王姓1人，□姓1人③。据此推测，明成化年间宗族尚未形成，只有家庭的聚合体或小规模家族的雏形，但人口数量已经明显增加，还出现同名现象，同时"具名录"中见于各姓《宗谱》者，也多为第三、四、五代，而始祖于1382年定居和顺，时间相距百年，与宗谱上的记载大致吻合。后期，和顺已无番、丘、冯和文等姓氏，随着人口的繁衍，家支扩大，和顺逐渐形成了寸、刘、李、尹、贾、张、杨、钏八大宗族，成为一个以父系世系认定成员关系的多宗族村落。腾冲与缅甸山河相连，山川相接，人群的迁移和流动早于民族国家的形成，其中走出国门的和顺人不计其数，产生了众多通晓缅语、识汉文、又供职于中缅两国朝廷的人才。《腾越州志》记载："和顺乡，周围不满十里，离城七八里，乡民稠密，通事熟夷话者，皆处于期间也。"④这"夷话"指的就是缅语，由此可以推断两地之间的交往尤为频繁。最著名的是明正德年间在朝廷四夷馆担任通事、序班的寸玉祖孙，一共六人。他们在培养中缅外交人才和促进两国交往方面起到了极其重要的作用。清道光年间，和顺还出现了名

---

① 《寸氏族谱》之重修宗谱序，中华民国六年编纂。
② 《刘氏族谱》之重修宗谱序，年代不详。
③ 尹文和：《云南和顺侨乡史概述》，云南美术出版社2003年版，第407—409页。
④ （清）屠述濂编纂，刘志芳主编：《腾越州志》，云南美术出版社2007年版。

震中缅的"缅王四朝国师"尹蓉。作为缅甸华侨的首领和缅甸国师，他对中缅贸易的发展和中缅友好关系的建立功不可没。

清顺治十六年（1659），清军平定腾冲，在腾冲的明室官兵几乎归农为民。"屯田制"废除以后，和顺人主要以农业为生。由于人多地少，人们不得已离开故土到缅甸谋生，"走夷方"发展成为当地的传统习俗。滇缅两地之间互通有无，此种情形在缅甸作为英属殖民地以后更加频繁。一些来自英国等发达资本主义国家的花纱布、煤油等大批进口物资充斥着整个腾冲市场，很多洋货开始进入和顺人的日常生活。清乾隆嘉庆、道光年间，和顺的经济、文化达到了鼎盛时期。历史上，和顺人出国人数众多，他们历尽艰辛，闯荡他乡，在缅甸做帮工、当学徒，出现了一批批商业巨贾。他们凭借自己的实力和进取精神创办了众多著名的跨国商号，遍及缅甸曼德勒、仰光以及腾冲、保山、下关、昆明、广州和香港等地。和顺人尹梓鉴在《先伯尹为赏先生传》中记载："腾郡游缅者，惟吾乡独多，而称豪富者，亦以吾乡为最。"和顺人在滇缅商贸中的地位可见一斑。和顺商贸发达、人才辈出，故有"南州冠冕古名乡"之称。

二 1950 年代至今

1950 年代以后，特殊的历史原因和复杂的政治因素使"走夷方"的传统习俗几近中断。虽然这一时期利用亲属网络和特殊关系逃往缅甸的不乏其人，但是两地间人口流动受到极大的限制。1950—1952 年，腾冲外出缅甸的人数仅有 2000 人。1954—1955 年年初，经地方公安部门批准出国人数为 127 人。"大跃进"和"文化大革命"期间，还有很少一部分人逃往缅甸。1979—1985 年，由于国内经济发展，人民生活改善，腾冲去往缅甸的人数愈发减少[①]。作为一个国家的基层社区，国家权力和意识形态对乡土社会的渗透也发生在和顺。解放后的和顺与国家其余乡村一样，被纳入现代民族国家的权力体系之中，经历了土地改革、公社化运动、"文化大革命"等一系列政治

---

① 腾冲县志编纂委员会编：《腾冲县志》，中华书局 1995 年版，第 683 页。

经济改革。原来依赖血缘关系建立起来的宗族也受到人民公社、生产队、集体、全民等社会主义现代化建设的冲击，宗族组织在乡间的作用日渐式微。1979年以后，国家废除了人民公社，实行家庭联产承包责任制，极大地提高了乡民的生产积极性，以血缘和姻亲为中心的传统生产方式再次得以加强。1980年代以后，滇缅两地交往日渐恢复，为宗族的复兴注入了动力，从此和顺成为著名的侨乡。在跨国流动兴盛时期，和顺人在缅甸重组家庭，或落籍缅甸，成为和顺的"华侨先驱"。早在1985年，腾冲华侨共23 855人，外籍华人12 916人，国内有归侨1546人，侨眷3195人，分布在世界19个国家，占在外华侨总数的96%。归侨、侨眷在全国各地均有分布。①

据《腾越州志》《腾越厅志》记载，和顺古镇在清初为和顺乡，清末为和顺练，分为7甲。民国时期隶属腾冲县为和顺乡，下设7个保。解放后为腾冲县一区和顺乡，辖9里，后为行政村。1956年辖7个高级社，1958年为东方红公社和顺营，1959年设置和顺公社②。如今，和顺是腾冲市下辖的古镇，面积为17.4平方公里，由水碓村、十字路村、大庄村3个行政村组成，分别下辖5个、11个、5个村民小组。整个坝子又由东三脚、水碓、尹家坡、上村、小街子、张家坡、上庄、下庄8个自然村组成。截至2018年7月，古镇共有2243户居民，常住人口7041人。据不完全统计，侨居海外的华侨达到3万余人，侨居美国、英国、加拿大、法国、澳大利亚、印度尼西亚等国家以及中国港、澳、台等地区，但主要以缅甸和泰国等国家居多。和顺是一个汉族为主聚居的村落，汉族共有6561人，占总人口的93.18%，回、彝、白、傣、傈僳、阿昌6个民族杂居其间，共480人，占总人口的6.82%。少数民族中回族人口居多，共有113人，其余少数民族与汉族通婚成为和顺的长久乡民③。

21世纪初，在全省推动旅游发展，在促进地方经济发展的热潮

---

① 腾冲县志编纂委员会编：《腾冲县志》，中华书局1995年版，第10页。
② 腾冲县人民政府编：《云南省腾冲县地名志》，内部资料，出版社不详，1982年版。
③ 数据截至2018年7月23日，由腾冲市公安局和顺中队提供。

中，腾冲市政府及相关部门投入大量资金对和顺进行基础设施建设，并修缮重要的人文景观。同时，成立了政府主导的项目公司，开始对和顺的旅游发展进行规划和管理。但由于经营不善，2003 年遂将投资开发和经营管理权转让给了 BL 公司，和顺由此进入新一轮的旅游开发阶段。近十年以来，和顺古镇荣获中国第一魅力名镇（2005 年），全国环境优美镇（2006 年），国家级历史文化名镇、中国十佳古镇（2007 年），全国首批美丽宜居示范小镇、第三批中国传统建筑文化旅游目的地、中国最美丽的十大乡村（2013 年），森林文化小镇（2018 年）等诸多殊荣。和顺的旅游开发带动了整个古镇的经济发展，涌现出一大批精品客栈和民宿、食肆和玉石商铺。2016 年，和顺古镇接待游客 68 万人次，实现旅游总收入 9000 万元，旅游净收入 4300 万元。旅游从业人员 2900 余名，旅游收入占乡民人均纯收入的 70%。① 旅游所带来的直接或间接收益已经成为大部分乡民的主要经济来源。

第二节 和顺古镇的聚落环境与空间形态

短岸杨柳含烟翠，隔岸荷花映日红；
行也坡陀回守望，人家尽在画图中。

——黄绮裹②

和顺古镇集中体现了山地、农耕、宗族和屯田等聚落特征③。古镇四周火山环绕，背靠黑龙山，面朝扑锅山、老龟坡，西向来凤山，东临石头山、马鞍山。乡间两条公路贯穿整个古镇，一条通往由十字路村及水碓村组成的旅游核心开发区；另一条通往大庄村，一直延伸至缅甸。古镇有丰富的水系，一条是由陷河、酸水沟、龙潭汇聚而成的三合河，这条河流沿环村主道向南流淌，最终与另一条河流大盈河

---

① 数字来源于 2016 年和顺镇镇政府工作报告，由和顺镇镇政府提供。
② 许秋芳：《腾冲华侨诗文选》，云南民族出版社 2001 年版。
③ 杨大禹、李正：《和顺·环境和顺》，云南大学出版社 2006 年版，第 1—15 页。

汇聚于乡之尾。乡间有乡谚云："只见盈（银）水进，不见盈（银）水出。"两条河流是全乡灌溉良田的主要动脉，被乡民认为是富庶的象征①。一个村落的聚落形态由外部空间和内部空间组成。古镇的山峦树林、农耕良田、山川水系等自然景观为人居环境和生产生活提供了先决条件和客观基础，同时构成了聚落的外部空间。道路街巷、广场集市、祭祀场所、民居、宗庙以及公共场所等建筑是经由人们的行为实践所形成的内部空间。

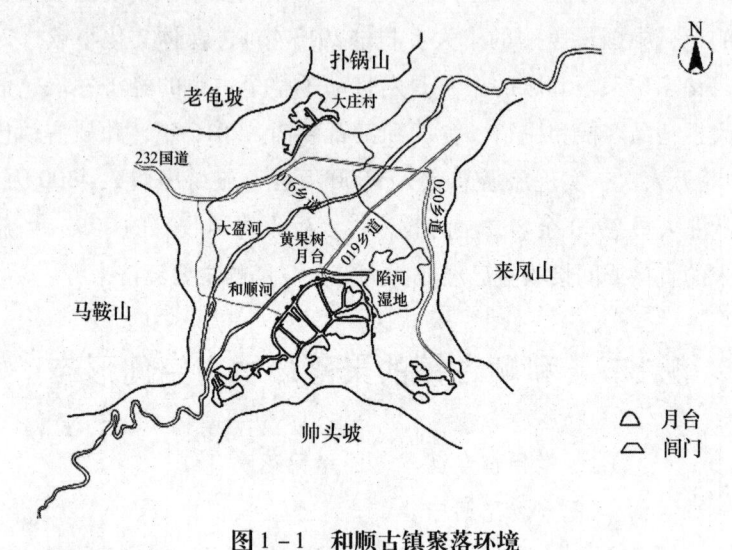

图 1-1　和顺古镇聚落环境

资料来源：曹碧莲绘制，2017 年 11 月。

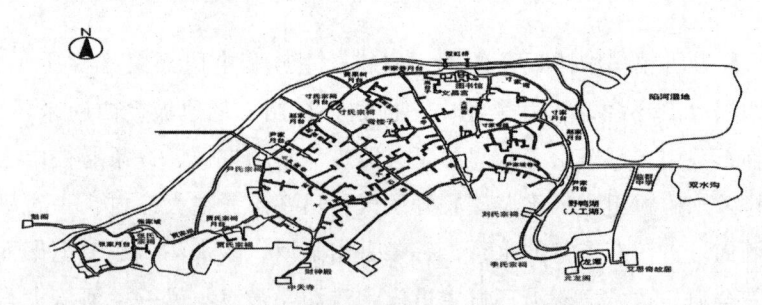

图 1-2　和顺古镇旅游核心开发区全貌

资料来源：曹碧莲绘制，2017 年 11 月。

---

①　尹文和：《云南和顺侨乡史概述》，云南美术出版社 2003 年版，第 3 页。

第一章　田野点的概述

一　网状的空间结构

《管子·乘马》载："凡立国都，非于大山之下，必于广川之上，高毋近旱而水足，下毋近水而沟防省。因天才，就地利，古城郭不必中规矩，道路不必中准绳。"中国村落的建制自古遵循天地之利、崇尚自然、人地和谐、因地制宜的理念。和顺古镇坐落于黑龙山北麓的山坡上，居山而不登高埠，临水而不陷泽国，其聚落特点和空间分布反映了人们对自然环境的选择和有效利用[①]。古镇由一条环村主道和与主道纵向相接的巷道组成，主巷与里巷纵横交错，构成了聚落的网状结构。和顺的整个聚落环境形态各异，或有序或无序，有序者格局井然，内涵深远，无序者相聚随意，更显自然[②]。李家巷、大石巷、大尹家巷三条主巷贯穿南北，从高往低向下延伸，北与环村主道相接，南与横向的里巷相连。寸家湾、尹家坡，以及张家坡、贾家坝分别位于古镇的东西两端，布局相对松散。古镇的"十字路街"是聚落布局的中心节点，联结着不同的巷道，古时曾是马帮通往腾冲城的重要通道。如今，这里除了晨间菜市，古镇最大的超市、药店、餐馆、杂货店和玉石商铺汇聚于此。

聚族而居是传统聚落中常见的居住方式，靠血缘关系维系的村落既有对外一致的宗法观念，也有强化聚落认同感和责任感的建设意图。宗族及其下属分支划分空间领域的方式，以及组织空间生活的模式影响着聚落的布局和空间关系。中国古代的宗族聚落一般具有以下几个特征：1. 以家庭、宗族构成的同族聚落是最普遍的形态；2. 强势的家族主导着宗族和聚落的发展和兴衰；3. 聚落中的宗庙或家祠，表征着周礼中"同姓于宗庙，同宗于祖庙，同祖于家庙"的规制；4. 家庭或宗族成员，生时聚族而居，死后则聚族而葬；5. 家族、宗族聚落不仅是社会和经济的基本单位，而且在军事上构成了民防的基

[①] 刘旭临：《"有形"与"无形"：和顺古镇之宗族景观》，《中南民族大学学报》2017年第5期。

[②] 杨大禹、李正：《和顺·环境和顺》，云南大学出版社2006年版，第62页。

景观重塑：一个西南边陲侨乡的社会文化重构

本单位。① 和顺古镇是一个典型的宗族聚落，存在"严格有序的巷道"和"组团式的聚居"两种形态，并以两种方式来命名：其一是以"开基祖"的姓氏命名，显见血缘与地缘相重合的聚居方式，如李家巷、刘家巷、尹家坡；其二是以祖先来源地命名，表明迁徙人群遥望桑梓的恋乡之情，如"大石巷""寸家湾"。地域上的靠近可以说是血缘上亲疏的一种反映②。村落建设之初，聚落形态基本是"同枝共派"的生活空间，鲜有其他宗族掺杂其间，这样的聚落布局实际上在"我者"与"他者"之间划定了一条地理边界，突出不同宗族在空间上的分布。聚落空间与宗族的相互重叠，体现了两者相互交融的特殊关系，亦即空间孕育了宗族，宗族限定了空间。此外，和顺古镇巷道的设置基本是一条活巷与一条死巷③交替相接，这样的聚落布局与军事防卫密不可分。人们既可以通过活巷来布防，又可以通过死巷来制敌。巷道的军事化建制与血缘性（以姓置巷、以姓组团）和地域性（以来源地命名）的聚居方式构成了和顺古镇聚落的显著特征。

  中国传统聚落的特点在于人类对赖以生存的物质空间的选择和利用。聚落建设首先考虑选址是否符合枕山、环水、面屏的风水理念，其次是自然环境能否给人们的日常生活带来便利。因而，依山傍水是众多聚落选址的首要条件，然后是人们对自然环境的利用与改造，以期达到尊重自然、融于自然的理想居住环境。和顺的聚落空间布局以及其中街巷的构成、走向、入口和节点都反映出人与自然和谐共处的居住模式。古镇的旅游核心区呈扇形分布，主巷从南至北顺势而下，与里巷纵横交错，形成了独特的空间格局。巷与巷、巷与街的交接处出现了众多的空间节点，在空间和视觉上起到缓冲、转折、过渡的作用。每个主要巷口均建有闾门，做一个视觉上的隔断与分割，而正对闾门的是月台和照壁，从空间上遏制了巷道向下、向外的态势，起到

---

① 杨大禹、李正：《和顺·环境和顺》，云南大学出版社2006年版，第4页。
② 费孝通：《乡土中国》，生活·读书·新知三联书店1986年版，第72页。
③ 活巷和死巷仅是一种比喻，所谓活巷指巷道首尾均有出口和入口，并与其他巷道相连；而死巷只有入口而没有出口。活巷大多是主要巷道，死巷一般多为里巷。

接收、合纳、聚拢的效果，总体上达到一个动静与开合的平衡状态。除了闾门、月台和照壁，乡间还有很多重要的人文景观。宗庙位于环村主道的核心位置，是聚落空间格局上主与次、中心与边缘均衡的最佳体现。民居沿着巷道顺势而建，依次排列在各个巷道。其余一些建筑景观，如图书馆、洗衣亭、桥梁、牌坊，则与自然景观相结合，共同构成了环境优美、清幽宁静的人居空间。

二 重要的建筑景观

1. 闾门、月台与照壁

聚落中每条顺势而下的巷道，至环村主道的交接处，均设有一道闾门。作为古代的一种建筑形制，全国很多地方都保留了这种建筑，但是从规模和布局上看，和顺的闾门在全国实属罕见。这种建筑遗存，不仅是汉人栖居少数民族地区的历史记忆，也是古代乡土智慧的一种反映。在和顺，闾门的建筑材料各不相同，既有气宇轩昂的气势，也有古朴内敛的格调，其中渗透了南亚、东南亚的建筑风格。在李家巷、大石巷、大尹家巷三条主巷，巷道首尾均设有闾门，闾门两侧则是题词、楹联和碑记。这种建筑风格既符合中国建筑寓情于景的手法，又体现景物教化的传统风格。里坊格局的框架制约、儒化教育的道德规范营造出一种空间关系和邻里关系的秩序感。

闾门与中国古代的"里坊制"有着密切关系。里坊制由西周时期的闾里制度演变而来，是中国古代城市和乡村规划的基本单位与居住管理制度。《说文》载："闾，里门，从门，吕声。""闾"是"里"和"巷"的大门。孙诒让《正义》记载："闾中有巷，巷首则有门。闾也是一种古代户籍编制单位。"《周礼·地官·大司徒》："令五家为比，使之相保；五比为闾，使之相受。"《广雅·释诂二》："闾，居也。"又《释宫》："闾，里也。"清段玉裁《说文解字注·门部》："周制二十五家称里，其后则人聚居为里，不限二十五家。"古时统治阶级将城市里的居民区以"坊"为单位进行划分，按照方格形布局，通过开启和关闭闾门实行封闭式管理。里坊制萌芽于原始社会向奴隶社会过渡中社会分层的产生，并经历了漫长的发展时期。战国时期的文献典籍《考工记》记载："匠人营国。方九里，旁三门。国中九经九纬，经涂九轨。左祖右社，面朝后市，市朝一夫。"整个城市的建设按照经纬为坐标组成一个网格，这样的城市规划理念奠定了"里坊制"的形成与发展。春秋至两汉时期是里坊制的雏形期，以汉代的棋盘式街道为主要特征。三国两晋南北朝时期是里坊制的发展时期，也是里坊制最终形成的重要阶段。三国时期，曹魏的都城将"坊"和"市"按照棋盘式进行分割，将居民及街市安置在整齐划一的方格之中，达到美观、规律、便于管理的效果。北魏的洛阳城按照里坊制对整个内城、外郭进行了严格的布局和管理，开创了里坊制的新局面。到了唐朝，统治者对长安城实行了严格的里坊制管理，在规模和内部结构上都极大地超越了历代都城。"里坊"的设置，表面上形成一个封闭的公共空间，实际上是统治者在清晰可见、便于管理的布局中实施控制。换言之，里坊制是政治权力在城市建制上的反映，用以标识统治者权力的合法性，是区分王化之内与王化之外的象征符号。唐代中晚期至北宋时期，随着社会生产力的提高、经济的迅速发展，里坊制已经不能满足人们日常生活的需要，最终导致了里坊制的土崩瓦解。"里坊制"的消亡，打破了"权力制造城市，制度安排空间的结构"①。然而，作为这种制度的重要物件，"里巷"和"闾门"成为中央王朝权威的象征符号被保留下来。

和顺没有严格按照里坊制的要求来布局，迁移到和顺的汉族屯军以血缘关系或虚拟血缘关系聚族而居，并以"巷"为单位形成不同群体。和顺的"巷道设置"和"闾门"，虽然不再是统治阶级藉以空间控制获取政治权力的手段，但可以理解为作为国家官僚体系的屯军对中央王朝权威的敬仰和社会记忆，也是连接中心与边缘的想象②。风水学上房屋的出入口是重要气口之一，纳气、出煞，全赖乎于此，是住宅第一重要的部位③。闾门作为一道特殊的门，一旦关闭便形成

---

① 鲁西奇：《中国历史的空间结构》，广西师范大学出版社2014年版，第339页。
② 刘旭临：《闾间之望：和顺古镇的记忆与认同》，《贵州社会科学》2016年第3期。
③ 余易：《实用建筑风水》，北京科学技术出版社2008年版，第190页。

封闭的空间,与外部空间相隔离。最初闾门之内居住的人群来自于同一宗族,因而在族人眼里,闾门既可通天地,又可防一族之气外泄。每逢立冬之日,族人在门口放鞭炮、烧香、粘花纸、供斋食以祈求上苍的福泽与恩惠。通过这样的周期性祭祀活动,闾门之内的族人加强了以血缘和地缘为纽带的情感交流,同时唤起共同的地域意识和宗族意识①。

闾门正对面是月台,两者由环村主道隔开。古镇共有 20 多处月台,除了在巷道口,在宗祠或民居中也能见到。月台呈半月形或圆形,中间种植大树,四周围以石栏,台边建有照壁。月台作为巷道的入口和转折,对向下延伸的巷道起到缓冲和收纳的视觉效果。整体上而言,巷道、闾门与月台,不仅在空间上有开合缓冲的作用,直线与弧线很好地完成了巷道的起承转合。一位研究和顺建筑景观的学者写道:"在《阳宅会心集》中记载:'城门者,关系一方居民,不可不辩,总要以迎山接水主……故其,如有月城者(瓮城),则以外门(瓮城门)收之,无月城者,则以城外,建一亭或做一阁,以收之。'瓮城是宋初以来于城池各门之外再添建的小城,月台貌如去掉城墙的瓮城(月城)。"②可见,月台的"收、接、纳"的视觉效果,与巷道"放、散、开"的特点,构成了和顺最具特色的聚落景观。除了视觉上的效果,月台还反映了一定的风水观。月台不仅挡住了巷道从上而下的风水,还具有"聚财"之意,避免各家的"财气"被穿流而过的三合河冲走。此外,月台还是乡民聚集、闲谈、交换信息的公共空间。很多月台都建有照壁,照壁通常施以彩绘、配以诗歌、楹联,表达人们的良好意愿。从建筑风格上看,照壁不仅美观,兼有挡风、聚气功能,还进一步强化了月台的风水寓意。

2. 宗祠庙宇

一般的传统聚落以农耕为主,大型的公共建筑主要是宗祠庙宇,

---

① 刘旭临:《门闾之望:和顺古镇的记忆与认同》,《贵州社会科学》2016 年第 3 期。
② 季富政:《大雅和顺——来自一个古典聚落的报告》,《和顺乡》2006—2008 年合刊,2008 年 7 月。

景观重塑：一个西南边陲侨乡的社会文化重构

这是居民聚会或开展集体活动的重要场所。在和顺，分布于聚落中众多的宗祠、庙宇与四周自然环境以及空间中的人文景观交相辉映，共同构建了聚落的多重空间。"凡立宫室，宗庙为先"。传统聚落精神空间的形成以礼制为基础，礼制又以秩序化为本，要求社区集体中的每一个人，都要严格地遵守社会规范和道德约束[①]。和顺古镇的宗庙布局恰好反映了传统聚落的礼制，位于环村主道上的重要位置。

和顺有着深厚的历史渊源和文化底蕴，汉族在与当地民族融合的过程中创造了独特的宗教体系，较为完整地涵括了佛教、道教、伊斯兰教三大制度性宗教，以及自然崇拜、风水信仰、祖先崇拜、神灵崇拜、村落集体信仰等丰富多彩的民间宗教，呈现出儒释道合一、制度性宗教与民间信仰杂糅的特征。乡间保存较为完整的宗教景观，共有中天寺、三官殿、魁星阁、元龙阁、三圣殿、关圣殿、观音殿、财神殿八个庙宇，其中核心区的主要庙宇为中天寺、元龙阁和财神殿。中天寺相对较大，掩映在古镇西面的参天大树之中，这里是乡民初一、十五或是重要节庆举行佛事活动的宗教场所。财神殿与中天寺相距不远，以前乡民去缅甸之前，通常在这里烧香祈愿，期望在缅甸发财致富后，能够衣锦还乡，回归桑梓。"走夷方"中断后，财神殿日渐衰落，加之没有足够的资金进行维修，外观已经显得十分破旧。元龙阁位于和顺古镇的东面，与龙潭相邻，这里风景秀丽，景色宜人，也是旅游路线的必经之路。

宗祠是开展祭祖仪式的重要场所，一般建于族人聚居地的附近。宗祠关乎宗族的命运，被视为凝聚宗族，强化血缘观念的重要象征。因而，宗祠的地位高于一切，神圣而不可侵犯。和顺古镇有八大宗族，每个宗族都建有宗祠，其中寸、刘、李、尹、张、贾姓宗祠位于核心开发区，其余杨姓与钏姓，位于大庄村。核心开发区的六大宗祠主要分布于环村主道，以和顺图书馆为中心，向东西延展。宗祠在建筑外观和布局上有相应的规范和要求，一般从宗祠的外观就能判断宗族的经济实力。和顺的宗祠规模不一，建筑风格各异，一般包含月

---

① 杨大禹、李正：《和顺·人居和顺》，云南大学出版社2006年版，第108页。

第一章 田野点的概述

台、大门、庭院、厢房、祭堂等建筑,其中规模较大的宗祠有后花园,院内种植花草树木。和顺的各大宗祠历经几代修缮,才形成了今天的规模。其中,李氏宗族的建祠时间最晚。早在清光绪年间,李氏族人曾在水碓龙潭东面,隔路斜坡上的三角地带修建过正殿,但因地势狭隘,施工难度较大,故而停顿另选地址,族人对此颇有意见,建祠之事一度停歇。民国初年,李氏族人十七代裔孙李曰垓(艾思奇的父亲)时任云南第一殖边督办,清明节回乡祭祖,表达未见祠堂的遗憾。族间遂开始慎重考虑选址建祠一事,便从赵姓手中高价购得一块依山傍水、地势高峻的风水宝地,并向旅缅同胞筹集资金修建宗祠,最终于1920年开始破土动工。1923年,完成第一期工程,包括全部石脚围墙、正殿。1925年,完成西殿及大门、二门、拱门等建设。1926年,整个宗祠才初见规模。李氏宗祠的石料取自当地的火山石,用料两千余立方米,木料千多立方米,均为楸木,占地约四千平方米。李氏宗祠虽然建祠年代最晚,却是乡间较有代表性的建筑景观。宗祠的两月拱门、大门、二门、东西厢楼、左右配间、正殿、石阶、楼阁等建筑,与四周的楹联、牌匾、树木、花卉相配,营造出宗祠古朴、清幽、高雅的意境。

李氏宗祠背靠黑龙山,面朝来凤山。就风水而言,有靠(黑龙山)、有案(二台山),有朝(来凤山),是一块极佳的风水宝地。整个建筑群地势相对较高,中分两路拾级而上,左右两边为拱门,眉额分别上书"登龙""望凤",意即"登上黑龙岭,遥望来凤山"。穿过拱门是半圆形月台,四周围以石栏,从此远眺,四周美景尽收眼底。台阶之上是具有中国传统建筑特色的宗祠大门,飞檐翘角,气势磅礴,建筑框架是木材,左右两边墙壁为砖瓦结构,墙垣呈扇形展开。大门为三开间,中间门额悬挂"李氏宗祠",两边配有一幅楹联:

　　派衍阳温暾,正昔日,彩云南现;门迎高黎贡,看吾家,紫气东来。

左侧门配联：

> 型族型宗，排启礼门义路；
> 乐山乐水，放开智眼仁眸。

右侧门配联：

> 后裔循规，止孝止慈止敬；
> 先民有则，立德立功立言。

进入大门，有一宽敞的庭院通往二门，门的左侧石壁上镌刻着族人的捐款芳名录。通过庭院正中间的一组九级石阶便是二门，二门是高墙之上开设的圆拱门，石阶两侧各有一对栩栩如生的石狮，两侧各种植一棵梧桐树，树木枝繁叶茂，象征子孙繁荣昌盛。通过二门是宗祠的核心空间，正中间台阶之上矗立着一座三开间单檐屋顶的大殿，甚为壮观。中间前檐梁悬挂"道德开基"，两旁檐柱附有楹联云：

> 绝徼始开基，看万里云山，郁为观音倒座；大宗系收族，原一堂香火，延到弥勒下生。

中堂正门悬挂"声垂无穷"，两侧配联云：

> 凤岭龙潭，龟坡马岫气佳哉，固宜赢育奥区，历汉唐宋元几朝，犹在羁縻，间谁蓝缕启疆，禴祠尝蒸，报腾冲卫功德，亦为祖考。
> 士师藏史，飞将谪仙族大矣，且慢攀援往哲，计寸刘尹贾五姓，同来谛造，即今闾阎扑间接地，睦姻任卹，有和顺乡声名，以御于家邦。

第一章　田野点的概述

左侧门配联：

> 闻先世有大英雄，斩此蓬蒿成宅宇；
> 受累叶多魁梧士，肃将萍藻荐馨香。

右侧门配联：

> 潭自拓蕉溪，吾祖犹龙见处，好参得一理；
> 山宜辟桐圃，他年有凤来时，最近第三枝。

大殿中堂是家堂暖阁，气势辉煌，供奉着祖先牌位，中间为"大明从征卫所千户始祖黑斯波李公之神位"，左右两边分别供奉繁衍世系的祖先牌位。大殿之外的台阶之下有一个半月形月台，月台之下是水塘，中间有"龙吐水"的石雕。大殿两侧是回廊歇山式厢楼，共有两层，这里曾是聚首议事、接待客人的重要场所，动荡时期改为乡村教室。厢楼后院设有花园，围墙建成三叠式照壁，照壁之上写有书法，与四周的壁画相得益彰。作为宗祠的三进院落，大殿、厢房、照壁、花园、树木相映成趣，浑然一体。

李氏宗祠的建筑风格是中国传统文化在建筑上的最佳体现。整个建筑群沿中轴线分布，依山而建，最高处为祭祀祖先的大殿。这样的建筑风格体现了以"祖先"为尊，施以"忠""孝"，祈求祖先庇佑的观念。《汉书·五行志》记载，"简宗祠，不祷祠，废祭祀，逆天时，则水不润下"，因此可见族人将宗祠修建一事置于族间事务的首位。和顺的其余宗祠与李氏宗祠的建筑风格大抵相似，但是从建筑规模、空间布局、文化底蕴而言，李氏宗祠无疑是最具特色的建筑景观之一。

3. 洗衣亭、民居、图书馆

和顺古镇四周环山，耕地有限，难以承载不断增长的人口，人口增长迫使乡民离家出走，到空间较为广阔的缅甸谋生活。从明代中后期开始，和顺人陆续进出缅甸。他们大部分在缅甸谋生，也有一些经由缅甸去往其他国家，跨国流动促进了地方社会的经济发展。他们将农耕、商业、重教发展出来的文化生态归结为"亦农亦商亦儒"。一些和顺人在缅甸积累了资本,回乡投资,将恋乡情结注入民居、祠堂、庙宇、学校等家乡建筑之中。聚落内的各种建筑是整条文化生态链上相互紧扣的铁环,成为和顺历史文化的物质载体。通过这一载体,我们感受到的和顺,不是简单的建筑材料的组合,而是汉民族物质文化和精神文化在边疆的聚焦与亮点①。在和顺,"跨国流动"造就了很多与"侨"相关的建筑景观,比如,洗衣亭、民居以及和顺图书馆。

  乡间民谚云:"有女莫嫁和顺郎,才当新娘便成孀。异国黄土埋骨肉,门口巷子立牌坊。"这曾是和顺女性人生境遇的真实写照。"走夷方"时期,缅甸路途遥远,道路险恶,出国谋生意味着艰难困苦,很多和顺人一去不复返,甚至客死他乡。乡间造型各异的贞洁牌坊是这一时期的产物。洗衣亭被认为是在外闯荡的男性为体谅留守家中的老人和妻子所建,洗衣亭临河而建,散落在环村主干道的三合河边上。一般而言,洗衣亭呈正方形或长方形,建造风格极为简单。屋顶飞檐翘角,用瓦片铺就而成,四周石柱作为整体建筑的主体构架,亭子底部深入水中,纵横交错的石板露出水面,把底部分隔成整齐划一的正方形格子。洗衣亭与散落在周围的凉亭、桥梁、牌坊,构成了聚落主体景观的重要补充。

  民居作为一种文化的物质载体,从不同的层面展现出一个地方、一个民族所特有的文化心理结构,包括伦理道德、审美追求、价值取向、民族性格、宗教信仰、起居习俗等方面的深层文化心理。民居不仅仅是一个简单的构架,而是由一连串复杂目的连缀组成的系统,以空间的语汇直接体现变动的价值、观念意象和生活方式。② 和顺的民居是规模最大的建筑群,这些民居多建于晚清、民国时期,由侨居海外的和顺人所建,现存千余座,其中挂牌保护的古民居有172户③。大多

---

① 杨大禹、李正:《和顺·环境和顺》,云南大学出版社2006年版,第19页。
② 杨大禹、李正:《和顺·人居和顺》,云南大学出版社2006年版,第1页。
③ 数字来源于腾冲市公安局和顺中队。

第一章 田野点的概述

数民居属于典型的中国传统建筑，但在建筑要件和装修风格上融入了东南亚、南亚，乃至西方的文化元素。英国的铁窗、门扣等物件是民居中常见的装饰。中西合璧是和顺人文建筑景观中最突出的特点。

和顺旅游核心区位于半山坡，民居外观与内部空间受地形限制，依山而建，一些民居的外墙随着山形的走势自然弯曲。与云南其余传统村落的民居有所不同，和顺的民居不仅住宅空间大，而且用材精良、装饰精美、工艺精巧、古朴典雅。建筑风格上除了有中西文化的融合，还在房梁、门窗上进行精雕细琢，堂屋和书房也挂满了牌匾、楹联和绘画。总体而言，和顺民居由正房、厢房、花厅、倒厅、照壁、入口与围墙构成，大致可以分为"一正两厢""四合院""一正两厢带花厅"三种类型。"一正两厢"是由正房，左右厢房，照壁、围墙、天井为中心建造而成。正房为三开间，居中为堂屋，堂屋正面是六扇雕花格子门，室内中间设有香案、供台，这是家中的核心空间。正房台阶之下左右为二至三开间厢房，中间为天井庭院，以条形或方形石板铺砌，平坦整洁，院内广置盆景花卉。正堂对面是照壁或会客厅。室内为木质结构，不施彩绘，朴实无华。"四合院"由正房、左右厢房和倒厅组成，整体沿中轴线分布。正房、厢房与第一种类型相似，只是将照壁换成倒厅，其中进深略小于正房，以确保正房的主体地位。入口处的大门常位于倒厅的左侧或右侧。"一正两厢带花厅"在"一正两厢"的基础上，在正房与照壁之间加上过厅，形成前后两个天井。从建造时间上看，早期的住宅正房为一层，西厢房为一层，东厢房为两层。正房与厢房地坪有高差，高达近半层，反映出"左青龙，右白虎；宁让青龙高万丈，不让白虎抬头望"的风水观。[①] 在保持建筑空间大致相同的情况下，乡民会根据多功能的需求以及不规则的地形，对平面组合进行一些调整，比如，在一些民居中，花厅两侧增设了厢房，或者在正房的两侧新建耳房。和顺的民居

---

① 杨大禹：《和顺村落环境及民居特色》，载杨发恩主编《和顺·乡土卷》，云南教育出版社2005年版，第23—27页。

景观重塑：一个西南边陲侨乡的社会文化重构

最大的特点是体现了中国传统建筑中的"礼"制观念①，主要表现在房屋建筑的对称结构上，在空间布局上建立起一种亲疏有别，长幼有序的人际秩序。和顺的民居有大有小，装饰有简有繁，无论是空间营造，还是细节上的装饰，显得精致、典雅、俊逸。

和顺自然环境优美，文化积淀深厚，聚落的形成与发展得益于几代人的共同努力。早期的屯军继承和发扬了汉族的传统文化，后期的乡民外出经商，使他们见多识广，重视教育。乡间大量的诗词楹联、碑文匾额、人物故事，寓教于景，寓教于物，使乡民耳濡目染，从小树立崇尚文化、尊重知识的传统。乡间有众多传播知识的公共场所，其中最具有代表性的建筑景观是被誉为中国最大乡村图书馆的和顺图书馆。图书馆始建于1925年，坐南朝北，位于环村道的中心位置，紧邻文昌宫，门前三合河穿流而过。图书馆占地面积为1450平方米，图书馆大门高筑在栏杆环绕的石阶之上，木门铜瓦，是一个三开间的古式建筑。二门为三开间铁门，仿照苏州原东吴大学校门而建，悬挂着胡适书写的"和顺图书馆"横匾。进入二门，有一圆形庭院，整洁雅致，树木繁茂。庭院前方是整个图书馆的核心，一座中西合璧土木结构五开间的两层楼房，一楼为阅读室，四周放置长凳和桌椅，书桌上摆放近期的报纸和杂志。二楼为藏书室，出于保护谢绝参观。整座楼房除了两端有山墙，前后装有落地玻璃，阳光充足，窗明几净。阅读室的后方是一座保存古籍文献的藏珍楼，过道一端与文昌宫相连；另一端是图书馆的办公用地。和顺图书馆是由当地的爱国青年、旅缅华侨及村民共同所建，靠民众集体捐资，尤其是旅缅华侨的鼎力支持。他们不留余力地捐书修馆，通过多年的努力，使和顺图书馆成为乡间重要的文化场所。和顺图书馆不仅是联结乡民与爱国华侨的重要建筑，也是哺育人才的文化泉源。

综上所述，和顺古镇中的火山、湿地、水系等自然景观，与造型优美的闾门、形制各异的月台、雕梁画栋的民居、飞檐斗拱的宗庙②，

---

① 杨大禹、李正：《和顺·人居和顺》，云南大学出版社2006年版，第2—18页。
② 和顺的闾门、牌坊共计23个；月台共22个；宗祠庙宇各8个。

以及点缀乡间的洗衣亭、牌坊、桥梁、荷塘,构成了乡村独特的聚落环境和空间形态。这些景观除了充分体现了自身所具有的实际功能外,还被人们灵活布局和创造,在空间组合与构成机理上,彼此映衬、相互关联,组成一个自然与人文相融合的有机体,彰显着和顺的地方文化特色。玉石文化、侨乡文化、儒家文化、宗祠文化融汇在不同的建筑中,使这些景观成为了解和顺地方历史与文化的窗口。旅游开发以后,吸引游客到和顺旅游的不仅是具有丰厚历史文化底蕴的建筑景观,更重要的是优美的生态环境与人文景观营造出"小桥、流水、人家"的田园风光,加之古镇的宁静、清幽和舒适迎合了大众旅游回归乡土、寻找乡愁的渴望。

第二章　玉石商铺：传统贸易的复兴与繁荣

人们凭借各种各样的语言、图像和舞蹈等叙事方式，将发生在"过去"零碎性的经验整合到时间之中，并赋予世界以特定的秩序和意义。"叙事"关系表述在时间上的连贯性，将时间置于特定事件的进程和阶段，从而重塑着人们的过去、现在和未来。叙事的普遍性，正如 Barthes 所言，人们总是在进行讲述，叙事如生活本身一样存在于每一个时代、每一个地方、每一个社会。[①] 在和顺，民居成为旅游景观的一部分以后，乡民更加热衷讲述老房子的建盖历史，并由此追溯和顺人"走夷方"的商业传统。这些围绕着"老房子"而展开的故事不仅嵌含着当下民众的记忆、情感和海外关系，同时又是他们在旅游中盈利的一种手段。这样的故事在玉石商铺里被反复讲述，刺激着消费者的购买欲望。2018 年，和顺古镇共有 1193 家商铺，这些商铺主要经营餐饮、银饰、琥珀、玛瑙、工艺品、茶叶、服装、玉石、百货和日用品，其中玉石商铺占商铺总数的 60% 至 70%[②]。现在，寸家湾至尹家巷口的环村主道、以十字路为中心的商业巷道，如染布巷、大桥巷、大石巷、李家巷、尹家巷是玉石商铺最集中的区域，大街小巷的玉石商铺改变着整个古镇的聚落形貌，成为和顺自旅游开发之后大规模的新型景观之一。为什么和顺在旅游开发之后，玉石商铺

[①] Barthes, R., "Introduction to the Structural Analysis of Narratives", in S. Sontag (ed.), *A Barthes Reader*, London: Cape, 1982, pp. 251–252.

[②] 数据来源于腾冲市公安局和顺中队。

第二章　玉石商铺：传统贸易的复兴与繁荣

会大规模出现在古镇的大街小巷？除了腾冲是传统玉石贸易的主要市场，究竟是什么力量促使一个古镇玉石贸易的复兴与繁荣？本章将试图探讨以下几个问题：什么样的政治经济条件和社会文化因素促使和顺形成一个"流动的地方社会"？和顺人在滇缅跨境贸易中遗留下的历史记忆如何被唤醒？乡民如何讲述过去？这些关于老房子的故事如何形塑了当下乡民的记忆、情感和海外关系？在旅游开发过程中，玉石商如何利用乡民对景观的叙事进行市场营销？玉石贸易以及相关的日常经验与记忆如何成为资本置换的基础，以及人们如何利用和唤起这部分"过去"，参与旅游景观的重塑过程？

第一节　流动的地方世界

> 十人八九缅经商，握算持筹最擅长
> 富庶更能知礼仪，南州冠冕古名乡。
> ——李根源（1932）

如今，和顺的大街小巷还能看到许多来自世界各地的洋货，有欧美的铁门、铁窗、扣饰，还有日本的面包机、英国缝纫机、德国的钟表。它们虽已锈迹斑驳，早被乡民束之高阁，曾经却是乡间炙手可热的重要物件。对于这些欧美的舶来品，和顺人在谈论时，颇为自豪，因为优良的文化传统，祖辈的精明能干和吃苦耐劳的精神，使和顺在滇缅商贸繁盛时期成为一个远近闻名的富裕村。周围的乡民羡慕和顺人不仅能在商业竞争中游刃有余，还能住上精美别致的大房子，带回很多他们从未见过的洋货。当地人刘先生曾这样描述和顺人的精明：20世纪初，战火纷纷，各种物资极端缺乏，英国政府从殖民地缅甸捞取物资。和顺人借此商机，通过陆路通道源源不断地将物资从腾冲运往缅甸，从中攫取巨额财富，促进了乡间经济的发展。我曾在清明节跟随刘先生去祭拜祖坟，留意过他家祖坟上的墓志铭，碑文记录了和顺人去缅甸经商的经历，其中提及最多的就是"欧战"，乡民所说的"欧战"就是"第一次世界大战"。其余墓碑的内容也大抵如此，

景观重塑：一个西南边陲侨乡的社会文化重构

碑文虽然没有明确记载当时收购物资的详细清单，但有一点确凿无疑，那就是和顺人因此发了财。由此看来，和顺人在第一次世界大战中发财的事情并非空穴来风，而是当时和顺的真实情形。但是，和顺人的成功并不能完全归咎于善于抓住时机，而是与和顺的地缘生态、腾冲在滇缅贸易体系中的地位，以及地域文化密切相关。

一 人的流动

腾冲与缅甸的第一次交往与互动见诸历史是在后汉和帝永元九年（公元97年）①，此后缅甸与中国历代中央王朝保持着"朝贡关系"。元朝时期缅甸北部的一部分地区隶属中央王朝的土司管辖范围。由于腾冲与缅甸山水相连，两地间的民间商贸远远早于政治上的联系。早在西汉时期，腾冲与南亚、东南亚之间就存在一条以四川、西昌为起点，途经大理、保山、腾冲，进入缅甸、印度，再延伸至阿富汗、伊朗等国的"西南丝绸之路"。作为"西南丝绸之路"上中国通往缅甸的最后驿站，腾冲带动了整个滇西地区的商业发展，形成了以腾冲为枢纽的商路交通网络。商贸上的互通有无将不同类型的社会、国家乃至区域联结在一起，形成了一个广阔的区域性地理单元。当时，从腾冲到达缅甸的商贸通道四通八达，分别可以到达缅甸的八莫、密支那、拖角、江心坡、曼德勒。便利的交通网络促进了滇缅贸易的发展，尤其在清朝时期，腾冲的进出口贸易已初具规模。

和顺是腾冲去往缅甸的必经之路，地缘优势为和顺人出走缅甸提供了便利条件。当时和顺至缅甸共有三条道路：第一条称之为"民间商旅通道"，沿着和顺财神殿、中天寺出发，途经小河底、囊宋关、梁河、旧城、芭蕉寨、蛮莫，最后抵达八莫；第二条位于现在和顺的后头坡，在公路两旁靠近黑龙山麓一侧，现已杂草丛生，依稀可见的石板路一直延伸在远方，消失在视线的尽头，但仍然可以辨别昔日的

---

① 文崇一：《早期中缅关系之研究》，《中央研究院民族学研究所集刊》第二十期，中华民国五十四年秋季。

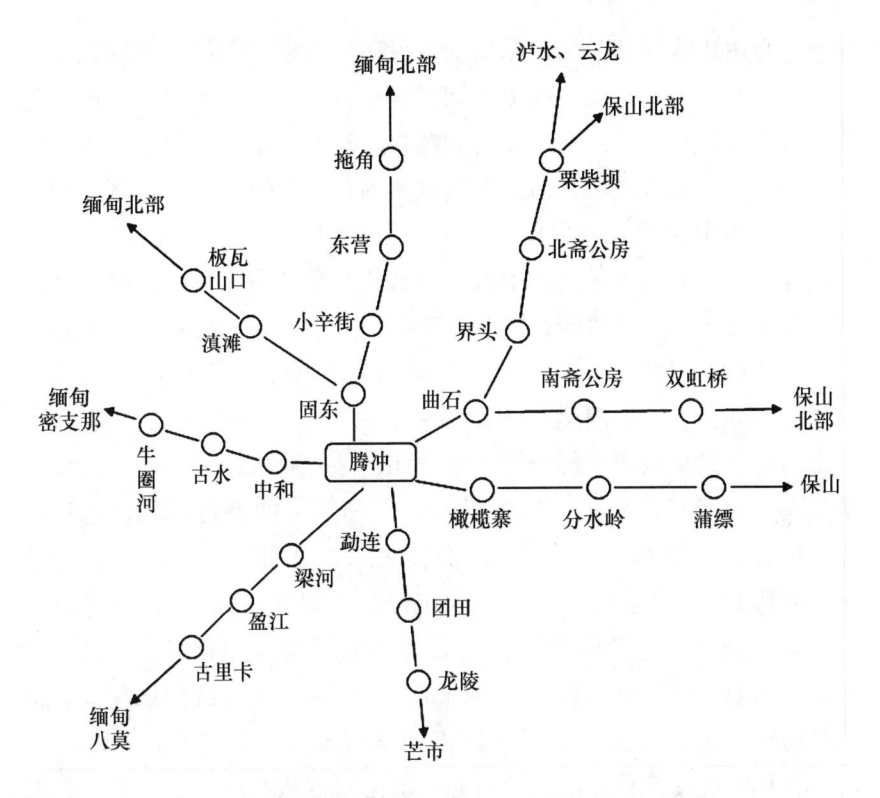

第二章 玉石商铺：传统贸易的复兴与繁荣

图 2-1 腾冲通往缅甸的主要驿道示意图

资料来源：腾冲县志编纂委员会编：《腾冲县志》，中华书局1995年版。

用途。这条古驿道称之为"滇缅官马大道"，从和顺至关坡、干崖、太平街、蛮允街、蛮莫，最后抵达八莫；第三条则是横穿和顺通往古永，从古永至猴桥、甘拜地，最终抵达密支那。

明代以前和顺与缅甸之间的往来，因缺乏史料无从稽考。和顺存留的八大宗族的族谱中明确记载，明洪武二十三年前后（1391），中央王朝曾数次对缅用兵，戍边和顺的屯军参加了战事，和顺人因军事外交出使缅甸。这一时期和顺的人口大部分是屯军，不得擅自离开军营出国谋生，入缅经商尚未形成规模①。明朝后期两地战事平息，乡

---

① 陈丙先：《中缅经济文化交流史中的和顺人》，《东南亚纵横》2009年第8期。

民可以自由出入缅甸，出国从商的乡民逐年增多，开创了和顺人出国经商的生涯。历史记载，明末清初滇西一带已经出现了中外互市和地域性的商帮，比如鹤庆商帮、喜洲商帮及腾冲商帮，其中腾冲人缅经商者中，和顺人数最多，后来发家致富的和顺人也占很高比例。和顺人最早的出国路线是"民间商旅通道"，乡民称之为"夷方路"。由于地缘关系，和顺人最初的落脚点是八莫和密支那。当时从腾冲至八莫的沿线通道，有滇西庞大的驮运商队、数千骡马、数百万劳工和商人，将大量的丝绸运往缅甸。在八莫供商人休息和文化活动的关帝庙，曾有许多仓库堆满运来的丝绸和棉花。① 八莫曾是伊洛瓦底江边的小渔村，大量旅缅华侨纷纷云集于此，寻找商机，开设商号，促进了当地社会经济的繁荣，出现了"商贾辐辏"的兴盛景象，八莫因此又被称为"新街"。八莫对面的江头城，也因华侨聚居而日趋繁荣。明代朱孟震所撰的《西南夷风土记》有明确记载："江头城外有大明街，闽、广、蜀居货游艺者数万，而三宣六慰被携者六万。"② 这表明当地已经有数以万计的中国商人，缅甸华侨社会初见端倪，他们推动了八莫、江头城等新兴城市的商贸发展。随着缅甸政治、经济、文化中心的转移，他们的商业活动范围也从八莫、密支那，扩展至阿瓦、孟拱、瑞波、腊戌、果领、洞缪、曼德勒等地。清乾隆五十四年（1789），缅王置国都于阿瓦城，大量中国商人从八莫进入缅甸的政治经济中心，阿瓦成了新兴繁荣的商业城市。清代著名外交家薛福成的《出使日记续刻》记载：当时"滇商之众，首数阿瓦，约一万二千人；次则新街、孟拱、不下五千；其余各数百人。"这说明在这个规模不算大的阿瓦城的滇商已经达到相当大的规模③。

中外学者游历缅甸的著述中屡次提及"中国云南人""滇人"

---

① 董平：《腾冲历史上的中外商号研究》，载腾冲市委员会编《腾冲历史上的商号》，云南民族出版社2016年版，第34—35页。
② 余定邦、黄重言编：《中国古籍中有关缅甸资料汇编》（上册），中华书局2002年版，第352页。
③ 董平：《腾冲历史上的中外商号研究》，载腾冲市委员会编《腾冲历史上的商号》，云南民族出版社2016年版，第38页。

第二章　玉石商铺：传统贸易的复兴与繁荣

"腾人"，明显是以和顺人为主体①。至民国十四年（1925）在缅北地区的华侨商店共有250家，腾冲人开办的有148家，约占华侨总数的60%，而在这些腾冲籍华侨商店中又以和顺侨商居多，在曼德勒29条街腾籍六家商号中，和顺人经营的商铺就有五家。此外，在果领、恰井、果东坡、昔卜、夷山一带几十家侨商几乎全为和顺人②。起初，和顺人入缅经商，少数人在缅甸寓居，多数人往返于两地，行商多于坐贾。但是清末民初，腾冲人在缅甸的经营场所达到50多个，大小商铺300多家，除部分直接使用经营者的姓名作为商号名称，专有商号组建的公司就达到200多家，其中很多是和顺人组建的跨国商号。③比如，和顺人开设的"正泰号"是和顺最早一家在缅甸开设的商号，历经两百余年。主要经营丝绸、花纱等商品；另一家和顺人创办的时间较早、经营时间较长、资本最为雄厚的"三成号"，经历了祖、父、孙、曾孙四代人，主要经营棉花、玉石和丝绸，分号遍及国内外。李家巷中部有一条里巷以"三成号"命名，可见"三成号"在当时的影响力。"永茂和"，其前身是"永茂祥"，是和顺大石巷李永茂在清道光年间在缅甸八莫创办的商号。后来，他的二儿子李德贤担任总经理，邀约乡中商业才俊集资入股，大批乡人纷纷加入其中，他们在上海、广州、香港、四川、缅甸、印度广设分号。当时，和顺人经营的跨国商号驰骋商海，享誉海内外，成为腾冲商号的翘楚。19世纪80年代，缅甸成为英属印度下属的"缅甸省"，英国操控着中缅两国的贸易关税，大量英、印、缅货物从腾冲入境，冲击着腾冲固有的传统市场，同时也为腾冲经济的发展创造了无限商机。英国政府通过洋货贸易，将腾冲纳入了世界贸易体系，使其成为联结印、缅、东南亚贸易的重要口岸之一，这为跨国商号的兴起创造了有利的外部条件和自我发展的空间。

---

① 尹文和：《云南和顺侨乡史概述》，云南美术出版社2003年版，第20页。
② 杨发恩：《缅北地区腾冲和顺商家社团一览》，载杨发恩主编《和顺（华侨卷）》，云南教育出版社2005年版，第19—35页。
③ 沈福永：《滇缅贸易与腾冲近代跨国商号史略》，载腾冲市委员会编《腾冲历史上的商号》，云南民族出版社2016年版，第74页。

二 物的流动

大部分和顺人入缅经商是迫于生计，他们大多白手起家，经营当地土特产和杂货。清末民初，腾冲的对外贸易融入全球性、综合性的世界贸易和世界资本主义体系之中，经营的范围、种类、方式发生了极大的转变。跨国商号形成之前，滇缅商贸的主要交易产品以少量的农产品为主。近代以来，跨国商号经营的范围更广，出口土特产多达80多种，其中包括传统的生丝、毛毡、火腿、牛羊、皮蛋、茶叶、牛皮、紫胶、牛角、骡马、麻线、斗笠、饵丝、腌菜、核桃、绵纸、火（鞭）炮、铁锅、陶瓷器，等等。大宗进出口货物的交易主要取决于两地之间的生产生活需求。云贵高原属于高寒山区，人们需要棉衣抵御严寒，但云贵地区没有大规模的棉花种植，而缅甸北部大量种植棉花。同时，缅甸气候炎热，喜欢丝绸面料的服饰，中国西南大部分地区盛产蚕丝。中国的生丝、丝织品和缅甸的棉花、棉纱成为进出口货物的大宗商品[①]。除了棉纱、棉花等商品，翡翠、珠宝、煤油、食盐等传统商品也从缅甸输入中国。缅甸成为英国殖民地以后，跨国商号经营的农副土特产逐渐转向日用轻工业产品，很多洋货经由缅甸开始进入腾冲市场，进入人们的日常生活。和顺人寸希廉有这样一段描述：

> 19世纪三次英缅战争（1824年，1852年，1885年）英国控制了缅甸。在英国人统治下开始扩大伊洛瓦底江流域的稻谷种植，广泛地修建铁路，开发矿产，引进资源加工技术和设备。与此同时的一百年间（19世纪30年代至20世纪40年代）和顺乡人逐年源源不断出走缅甸谋生。20世纪初仰光经曼德勒至密支那横贯缅甸南北的铁路建成，缅甸木材、谷物和矿产得以大宗出口。铁路的修建、通车和资源的开发给和顺乡人提供了极好的商机。那时代绝大多数和顺人就在曼德勒至密支那的火车沿线创

---

① 沈福永：《滇缅贸易与腾冲近代跨国商号史略》，载腾冲市委员会编《腾冲历史上的商号》，云南民族出版社2016年版，第70—71页。

第二章　玉石商铺：传统贸易的复兴与繁荣

业，从事日用百货和农产品的收售交易。他们凭着刻苦耐劳的精神、智慧的头脑和谦逊诚实的信任，把仰光、曼德勒的洋货运到各地销售，同时收购农产品运往仰光出口。他们开设的商店从单车、手表、各种丝、棉、毛织品到油、盐、米、茶各色俱全。农林产品有出路，当地人的生活也前所未有地得到改善。火车沿线的中小城镇是一片欣欣向荣的景象。华侨既为所在国的经济繁荣、社会进步做出贡献，又为家乡的全面发展提供雄厚的物质基础。中外文化的交融，外国商品的大量输入，使和顺乡人不仅在衣食住行方面独具一格，而且其语言中也渗入许多缅甸语：如肥皂，和顺乡人叫"草标"，毛毯叫"纵"，衬衣叫"戛匹伞"，还有"笔腊泥"（英国水泥）、笔腊力（英国小刀），扎不里撑子（德国伞），"阿麻看锁"（美国锁）等。和顺乡集市上吃穿用各种中外货物应有尽有，摆满了长长的街市。人流熙熙攘攘、热闹非凡。就平均生活水平论，那是腾冲乃至全省任何乡村也无法与之相比的①。

这是当时和顺民众的日常生活写照。自行车、手表、面包机等洋货已经渗透到人们的日常生活中，甚至和顺方言中也出现了用缅语称呼的洋货。《腾越乡土志》记载："降至今日，货物之购自外域者，不一而足。无论日用之所需，如洋钟、洋表、洋灯、洋油、洋碗、洋碟、洋伞、洋钉之类；衣食之所赖，如洋呢、洋毯、洋绸、洋缎、洋参、洋面、洋米、洋糖、洋酒之类，皆不惜资本以购；即一切奇巧玩好之物，亦无不贩运来腾。"② 由此可见洋货在腾冲市场上的普及程度。腾冲市场上洋货的盛行及其在生活中的普遍使用，还与1890年中英两国签订的《中英续议滇缅界务商务条款》有关。这一条款规定："自条约批准之日起，以六年为期，中国所出之货与制造之物，

---

① 寸希廉：《忆侨乡和顺和华侨艰辛的创业历程》，《和顺乡》2006—2008年合刊，2008年7月。

② （清）寸开泰：《腾越乡土志》。

由旱道运入缅甸者，除盐之外，概不收税，英国制造之物和缅甸土产运出缅甸，由旱道赴中国，除米之外，概不收税。盐米之税不得多于出入海口所收之税。"① 此规定促进了中英、缅、印之间货物的流动，很多洋货经由腾冲转运到保山、下关、昆明及其他省份。英国对中缅两国关税的控制打开了以腾冲为中心的滇西北市场，滇缅商贸得到了空前发展，和顺人的生活也因此受到了影响。

三 商道上的马帮

滇缅公路及中印公路开通以前，滇缅商贸的物资交流主要靠人背马驮，因为云南崇山峻岭、山高谷深、悬崖峭壁、道路崎岖，交通极为不便。云南一带盛产马匹，人们积累了多年的养马经验，马能驮耐劳，日行数百里，因而马匹成为商品经济发展时期最佳的运输工具。云南通往各地的所有物资运输无论是短途还是长途，基本是靠马帮来完成。清末至民国年间，腾冲对外贸易常年行走数千乃至上万匹马。清代著名外交官薛福成记载："……至行商货驮，年常二三万人，秋出春归。"② 这里所说的"行商货驮"指的是马帮运输，说明当时常年有两三万人的马帮商队往来于中缅商道上，也说明当时的贸易数量已经达到相当的规模。1922 年至 1932 年，昆明至下关、保山、腾冲一线，长期有五千头骡马来往期间，腾冲至八莫一线的运输骡马也不少于此。腾冲商业的繁荣给马帮驮运带来了兴盛。当时腾冲出现了马帮的行业组织，如骡马同业公会和旅马店公会两家专业的马帮③。

马帮形成之初是各家各户使用自己的马匹进行运输。随着运输量的增大，几户马匹拥有者开始合伙经营，他们为了运输一批货物而临时组织起来，一旦货物到达目的地，这伙人也就解散，这种临时性马帮被称为"逗凑帮"。商品的流通转变为一般性的大宗货物之后，商品的数量越来越多，距离越来越远，时间越来越长，临时性马帮无法适应

---

① 腾冲县志编纂委员会编：《腾冲县志》，中华书局 1995 年版，第 407 页。
② （清）薛福成：《出使日记续刻》，清光绪戊戌版。
③ 尹春晓：《民国时期腾冲马帮驮运业》，《和顺乡》2015 年。

第二章　玉石商铺：传统贸易的复兴与繁荣

这种要求，从而出现了固定马帮①。固定马帮一部分是商号的马帮，这种马帮主要为运送自己的物资而组建，属于商号自己管理。另一种固定马帮独立于商号，专门从事各种商品的长途运输，各自养百匹以上的骡马。缅甸被英国占领后，还出现了专门在缅甸、印度沿线驮运进出口货物的涉外马帮，称为"赶洋脚"。时间在一个月以内称作"短脚"，超过半年以上即为"长脚"，向缅甸输出劳务的为"揽洋脚"。"赶洋脚"的收入远远高于一般运输，腾冲在缅甸的商号就兼营承办洋运业务，办理马帮劳务输出，成为当时商号收入的组成部分。和顺人张宝庭创办的"宝盛丰"就是当年在八莫为英国政府"赶洋脚"的商号。除了像"宝盛丰""永茂和"等实力雄厚的商家建有自己的马帮队伍从事对外贸易，和顺人大部分的商号还是依赖于专门从事货物驮运的马帮。

马帮不仅是行走于滇缅通道上的运输工具，马帮对于和顺人而言，更重要的是祖祖辈辈跟随马帮进出缅甸的经历。这些马帮驮满货物，赶马人牵着马匹，拿着马鞭沿着古驿道进入和顺，马铃声、吆喝声响彻乡间的情景令老一辈和顺人印象深刻。在谈到当年马帮进出缅甸的情形时，寸思成②（男，82岁）说道：

> 我记得老一辈经常和我们讲起马帮的事情，当年去缅甸非常辛苦，路又远，道路窄，山路弯弯曲曲，有时还会遇到强盗土匪，一定要跟着马帮出去。这些马帮熟知路线，人多可以互相照应。还有一路要过很多关卡，遇到山兵，马帮就会给送点礼，很容易就过去了。当时一路上都能听见铓锣声，道路很窄的地方，来回马帮要相互让路，只要听见铓锣声，对方就知道这里有马帮通过，他们就会在道路宽阔的地方等着。我在缅甸出生，小时候跟着父母回到和顺，就是跟随马帮进来的，我就坐在马的一边垛子上，另一边驮着货物。没有马帮，根本进不来也出不去。

---

① 王明达、张锡禄：《马帮文化》，云南人民出版社2008年版，第21—22页。
② 化名。

| 景观重塑：一个西南边陲侨乡的社会文化重构

和顺人对马帮有很深的感情，这不仅源于马帮是进出缅甸的唯一交通工具，而且因为跟随马帮进入缅甸才能保障安全。一代又一代的和顺人跟着马帮闯荡缅甸，促进了和顺与缅甸之间的人口流动、物资交换和信息交流。马帮作为通往缅甸的交通工具，最初源于马匹的耐受力和驮运力，但是马帮的形成与发展主要与物资和人员的安全需要有关。正如寸先生所言，马帮跋涉于高山峡谷之间，有时遇到强盗土匪，途中会遭遇不同国家和政权下的"关卡"。赶马人常年往来于两地之间，熟悉路线、富有经验，能灵活处理途中遇到的突发情况，有时他们向"守卡人"施加恩惠，便可以顺利通过障碍，因此跟随马帮就意味着为前途未卜的经商旅途增添了一份安全感。如今，每逢传统节日，和顺的祭品中还多了供奉马帮的"马草""马料"①，而这些所谓的马料就是当年和顺人"走夷方"时沿袭下来的传统。

纵观和顺人经商传统的形成过程以及富甲一方的历史缘由，我们既可以观察什么样的政治经济条件和地方文化促使和顺人大规模进出缅甸，又可以通过乡民的生活经验来理解宏观层面的政治经济背景向地方实践的转化过程，从中洞悉结构与实践、文化与历史之间的辩证关系如何形塑了一个流动的地方世界②。客观上而言，和顺与缅甸的地缘关系首先为两地间的商贸交流提供了可能，而滇缅贸易进入世界资本主义贸易体系之后，为腾冲乃至周边一带地方经济的繁荣提供了前所未有的发展契机。行走于滇缅商贸通道上的和顺人，出入缅甸，广设商号，向全国各地以及东南亚、南亚输送物资，建立起以中缅两国为中心的跨国商业网络。和顺人在缅甸取得财富后回报桑梓，推动了整个和顺经济、文化的发展。此外，除了受到地理环境、历史渊源、政治经济等诸多因素的影响，和顺的繁荣还与和顺人的地域文化

---

① 马草即是稻谷杆，马料是稻谷、小麦、玉米的混合物。
② Bourdieu, P., *Outline of a Theory of Practice*, Cambridge: Cambridge University Press, 1997. Giddens, A., *Central Problems in Social Theory: Action, Structure and Contradiction in Social Analysis*, Berkeley: University of California Press, 1979. Mintz, S., *Sweetness and Power: The Place of Sugar in Modern History*, New York: Penguin, 1985. Sahlins, M., *Culture and Practical Reason*, Chicago: University of Chicago Press, 1976.

第二章 玉石商铺：传统贸易的复兴与繁荣

有关。主观上而言，祖辈在缅甸经商获得商业上的成功，激励着一代又一代的和顺人跟随祖辈的步伐，追求经商的梦想。他们从小受到传统文化的熏陶，推崇儒家文化、遵守礼仪规范，在商业上宽厚待人、诚实为商，而这样的"商业精神"经过每代人的实践，被不断地创造和重塑。同时，和顺人的商业成功也与家庭、家族、同乡的支持和帮助是密不可分。在清乾隆年间形成的"丝花公会""家族会"等腾冲最早的半商半同会组织为和顺人的发展创造了有利的社会环境[1]。很多和顺人通过"宗亲、家族、乡邻"的社会网络参与到经商行列，他们重视同乡情谊和宗亲关系，在商业上结成联盟、相互照应。由上可知，和顺人经商传统的形成并不是对国家政策的被动回应，也不是自由意志的选择，而是由更广阔的政治经济环境所决定，他们的地域文化和商业精神也拓展了旧有的边界。

第二节 被"唤醒"的历史记忆

在探讨记忆作为一种历史表述与记录方式，我们是以一种表征的方式来描述与理解记忆，甚至将记忆本身视为一种表征。对记忆的理解，主要关注的是人们如何通过语句与意象，不断地将过去带到现在[2]。和顺的民居大部分是在"走夷方"时期建盖老房子。每一栋民居都有一个"走夷方"的故事，这样的故事曾在乡间广为传颂，激励着一代又一代的和顺人外出经商。如今，走进和顺，经常能听到乡民讲述"老房子"的故事。在和顺人看来，"走夷方"与"民居"之间存在着某种必然的联系。当你问及民居怎么建盖的，乡民一般会谈及祖辈去缅甸经商的经历。如果你进一步询问墙壁上挂着"身着洋服"的人物照片时，他们就会向你详细讲述边陲贸易、跨国商号、马帮以及海外关系，这样的故事在乡间流传甚广。

---

[1] 李继东：《和顺商帮及其商号略述》，载腾冲市委员会编《腾冲历史上的商号》，云南民族出版社2016年版，第87—102页。

[2] Muegyler, E., *The Age of Wild Ghosts: Memory, Violence and Place in Southwest China*, Berkeley: University of California Press, 2001, p.127.

景观重塑：一个西南边陲侨乡的社会文化重构

一 历史记忆的选择

历史不是简单地发生在人们身上，而是人们在其中的创造，其间伴随着一系列严格的限制。无论是对"过去"还是"现在"所进行的创造抑或再生产，实践的观点试图理解这种创造，并提倡历史与人类学研究的联结，而不是盲目迷恋历史[①]。人类学对历史的关注往往不是所谓的"历史事实"本身，而是通过人们的表述来审视他们为什么这样表述？换言之，"历史事实"本身并不重要，重要的是创造历史的主体对"历史"进行表述的方式[②]。因而，对"过去"的叙事，并非是社会事实，而是一种社会建构，伴随有意识的选择与遗忘，这一过程主要由当下的社会情境所形塑[③]。人们通常是在社会之中才获得记忆，也正是在社会中，他们才能进行回忆、识别和对记忆加以定位[④]。我们对记忆的理解和表述应放置在具体的社会情境之中，透过对表述的对象和内容进行考察，追溯表述者的意图和动机。在和顺，不同历史时期人们围绕着"老房子"叙述他们的历史，虽然内容大抵相似，但嵌含着截然不同的意图。从人们对记忆的选择与强调中可以看出他们对表述对象的认知和理解发生着不断的变化。

和顺人去缅甸寻求商机，在历史的长河中形成了"走夷方"的跨国经商传统。"走"指和顺人通过陆路通道，靠马帮行走的方式进入缅甸。"夷方"指腾冲以南的少数民族聚居区，包括今天德宏州和缅甸境内，但主要指缅甸。和顺人"走夷方"主要基于以下几方面的原因：首先，迫于生计。和顺人多地少，乡民无法维持生活，只好离开生于斯、长于斯的家乡，奔走他乡。其次，劳工输出。英国政府在

---

① Ortner, S., "Theory in Anthropology Since the Sixties", *Comparative Studies in Society and History* 26, No.1, 1984, pp.126-166.
② 刘朝辉：《超越乡土社会：一个侨乡村落的历史文化与社会结构》，民族出版社2005年版，第341页。
③ 汤芸：《社会记忆·景观·叙事》，载王铭铭编《中国人类学评论（第2辑）》，世界图书出版公司北京公司2007年版，第245—255页。
④ [法]莫里斯·哈布瓦赫：《论集体记忆》，毕然、郭金华译，上海人民出版社2002年版。

第二章 玉石商铺：传统贸易的复兴与繁荣

缅甸各大城市广修铁路，开挖银矿、宝石和玉石，需要大量的劳工，一些和顺人加入其中。最后，政治环境。根据和顺各大宗谱记载，明正统年间，边地多战乱，民不堪兵役而大批逃往缅甸。1856 年杜文秀领导的回民起义也导致一部分和顺人去缅甸逃难。在乡民记忆中，通往缅甸的道路尽管充满希望，但"走夷方"并非坦途，一路可能遭遇疟疾、强盗而客死他乡。为了祈求平安，当地人会在出门前一天到当地的中天寺烧香拜佛。第二天临行前，家人带着"猪头三牲"①到财神殿拜祭财神，祈求财源广进、生意兴隆，他日归来，兴家立业。如果愿望得以实现，回乡后就在财神殿搭台唱戏、燃放炮竹，以感激财神的庇佑。祭完财神，家人目送亲人远离他乡，过了中天寺，就真正踏上了"夷方路"，从此闯荡天涯。财神殿到中天寺的一段路程被当地人称作"隔娘坡"，意味着一种"精神断乳"。和顺广为流传"过了霜降，各找方向"的乡谚，意为霜降过后，就要下缅甸②寻找出路。按照乡间的习俗，凡是到了十五六岁的男孩就要跟随马帮去缅甸，否则便会遭受乡民的蔑视，被称作"嘎娃子"③。乡民经常往返与两地之间，一些男性新婚之后便匆匆离开妻子去缅甸谋生，时隔多年才回家，有的在缅甸娶妻生子，重建家庭。当地有乡谚云："大姐回家泪汪汪，愁眉苦脸诉爹娘；有女莫嫁和顺乡，十年守寡半月双。""男走夷方女居孀，遇着哑瘴死路旁。"可见当时男性出走他乡后女性留守家乡的凄苦境遇。

最早出国谋生的和顺人基本都是穷苦乡民，到了缅甸以后，有的投靠亲友在店铺当学徒，学做生意，有的去玉石场挖玉。经过多年的努力，乡民积累了一定资金和人脉，掌握了经商的本领，生意越做越大，他们才开始独立经营，创办商号。老坤④（男，72 岁）这样讲述和顺人在缅甸当帮工的情形：

---

① 当地常用的祭品，包含猪头、猪脚、猪排。
② 当地土话，"下"意为"去"的意思，下缅甸指去缅甸做生意。
③ 当地土话，意为"没出息""老土"。
④ 化名。

景观重塑：一个西南边陲侨乡的社会文化重构

我在缅甸出生，父母在缅甸去世后，我才十一二岁，祖母去缅甸把我接上来（指和顺）。我原来在摆夷山，后来去了腊戌。在缅甸，疟疾相当厉害，小孩成活率低，他们都不敢上山。当时缅甸的交通工具主要是马帮，过河是坐小船。在缅甸没有什么法制，你没有犯法，就把你关起来了，你自己去风险很大，都靠马帮，去到都要投靠亲戚或是老乡，这些人常年在缅甸，已经当了老板。老一辈出去缅甸都是帮人（当帮工），如果头脑灵活就自己干。你刚去老板家当帮工，刚开始人家都漠视你，主要想试试你的人品咋个样。老板故意在家中摆放一些金银首饰，如果你发现了，告诉老板，人家就觉得你值得信任，把你留下来。如果你做得好了，还给一定的本钱，自己做生意。如果你把金银首饰悄悄藏起来，那老板就不再信任你了，你只有另寻他处。以前去缅甸做工，看自己的能力，找到钱的回来盖房子，找不到钱的也不好意思回来，有些人直接就去玉石场。当时和顺人下去当帮工，做玉石富起来的还是多的。以前玉石场很乱，直接进不去，要先投靠老板或是靠引荐。

在和顺，有关祖辈在缅甸做帮工、艰苦创业的情形，上了年岁的老人也能道出几分。事实上，多数和顺人去缅甸，除了依靠自己的勤奋努力，大多与家庭、家族或同乡的支持和帮助是分不开的。这种帮助既有物质上的，也有精神上的，普遍的做法是建立信任、言传身教、以老带新、相互提携和继承光大。按照他们的话说，叫"守望相助，患难扶持"[①]。老坤讲述的故事几乎是所有"走夷方"故事中的常见情形，祖辈白手起家，通过自身的努力和亲友乡邻的帮助在缅甸做生意。故事文本不仅生动地再现充满艰辛和困苦的跨国境遇，而且饱含着和顺人坚忍不拔、精明能干和友爱互助的精神气质。尽管与邻村、邻县相比，获得商业成功的和顺人占据多数，但在追寻财富和梦

---

① 董平：《腾冲历史上的中外商号研究》，载腾冲市委员会编《腾冲历史上的商号》，云南民族出版社2016年版，第51页。

第二章　玉石商铺：传统贸易的复兴与繁荣

想的路途中，客死他乡，没有赚到钱的和顺人也大有人在。一位姓寸的村民告诉我，从张家坡去往魁阁的路上，有一座横跨大盈河的小桥，这座小桥被称为"捷报桥"。当年"走夷方"要是赚了钱，乡民回来就骑着马，敲锣打鼓风风光光地从捷报桥通过，乡民就知道这家人将会过上好日子。要是没有赚到钱，乡民就不敢回乡，或者偷偷摸摸回来，不让人知道，赚不到钱在乡间是件很丢人的事。

当人们谈及"老房子"，"走夷方"的故事却是另外的版本。和顺的传统民居由缅甸获得财富的乡民所建，一些"老房子"甚至用跨国商号来命名，以此强调主人在商业上的成功。在和顺，从房子的大小以及装饰风格上看，直接可以判断乡民成功与否、财富多寡以及身份高低。老房子的建造过程将"成功""财富"转化为视觉上的可见，房子越大、装饰越精巧，也就说明主人越成功。房屋建盖以后，乡民愿意花大量的金钱购买题字、碑刻或诗词，甚至广交文人雅士，并以其赠予的字画为荣，悬挂于房子的重要位置。一本在乡间广为流传的小册子《阳温暾小引》曾记载："幼不学，老何为，如同禽兽，三代人，不读书，好似马牛。"① 乡民对学习文化的重视可见一斑。在谈及祖辈去缅甸经商的情形，他们认为越重视儒家象征在老房子上的运用，越显得房子主人有文化。因此，乡民大规模使用牌匾、诗词、碑刻、书法作为房子中的装饰。通过"老房子"中皇帝御赐的牌匾、名人志士的书法和楹联向街坊邻里炫耀自己是儒商。在"走夷方"时期，乡间一旦有人盖房子，便引起乡民的热议，他们开始谈论房子的主人如何在缅甸赚了钱。"老房子"成为乡民叙事的主要场所，通过乡民对"老房子"的讲述，乡间形成了商业竞争的氛围。② 表面上看，"老房子"承载财富和儒家文化的象征意义，但实际上经由人们对房子的谈论，指向的是跨国流动中的商业成功。

---

① 王洪波、何真：《百年绝唱：一部早年云南山里人的"出国必读"》，云南大学出版社 2005 年版，第 87 页。
② 方怡洁：《云南和顺地景中的国家象征民间化过程》，《中国农业大学学报（社会科学版）》2008 年第 2 期。

图 2-2　老房子的院落（2016 年 11 月）

图 2-3　老房子中的书房（2016 年 11 月）

从这段历史可以看出，清末民初乡民在日常生活中的行为实践以及观念如何向景观渗透。民居不仅是人与自然、环境简单互动的结果，抑或被动地承载文化意义，反映了在跨国流动和商业贸易时期形成的生活经验和观念世界。但是，1949 年以后，人们在不同历史时

第二章 玉石商铺：传统贸易的复兴与繁荣

期的境遇影响着他们对"老房子"的历史记忆。到了1950年代初期，跨国流动和边陲贸易受到限制，一些乡民因为住在"老房子"中，依靠从缅甸亲人寄回的侨汇和物资，解决了生活上的困难。土地改革时期，"老房子"是侨商、侨眷的财产，乡民因此受到了不同的待遇。"文化大革命"时期，老房子因为联结着海外关系，乡民对房子的谈论显得格外谨慎。直至80年代以后，随着国家政策的调整，老房子成为海外华人与乡民的情感纽带，影响着他们与侨乡的互动。人们将"老房子"视为联结着自我、祖先与海外华人共同的家。在和顺进入旅游开发之后，"老房子"因其庞大的建筑群成了和顺典型的旅游景观之一，"老房子"的故事又再度进入人们的日常生活。如今，在乡民的讲述中，我们听到更多的是和顺人出国谋生、发财致富以及围绕"老房子"的人生境遇，而对那些没有赚到钱的乡民很少提及，就算是自己的亲人，他们也会闭口不谈。由上可知，乡民在不同历史时期对记忆的选择和表述，受制于地方观念以及所处的社会环境。

二 "养心居"的故事

有关过去的形象和回忆或多或少在仪式性的操演中传达和保持①。对于和顺人而言，"仪式性的操演"是他们在日常生活中围绕着老房子讲述的故事。倘若走进和顺，便置身于"走夷方"、马帮、玉石、发财、建房、反哺、华侨的故事之中。乡民通过不断地讲述老房子的历史，呈现他们对世界、经验以及自己的认识和理解。作为地方性的特色景观，老房子实际上是构建"过去的隐喻"，成为和顺人组织"记忆"的一种方式。"养心居"②与"望山小院"③两栋精美的大宅院是"走夷方"时期遗留下来的建筑。从建筑风格、空间布局、装饰雕刻、室内点缀而言，它们是和顺民居中的典型代表。现在居住在

---

① [美]保罗·康纳顿：《社会如何记忆》，纳日碧力戈译，上海人民出版社2000年版，第4页。
② 化名。
③ 化名。

房子中的主人大都出生于20世纪40年代,虽然那一时期"走夷方"几近中断,但他们经常听父辈讲述出国谋生的经历,对"走夷方"的历史印象深刻。和顺进入旅游开发初期,他们利用老房子开办民宿,旅游给他们带来丰厚的收益使他们改变了以往以农为生的生活状况,但也因为收益分配不均导致了家庭成员之间的内部矛盾。当大量外来商进入和顺开客栈以后,老房子又因为是挂牌保护的民居,无法进行改造,满足不了游客的入住需求而停业(详见第三章),老房子又回归于他们的日常生活。

"养心居"建于清光绪年间,选用楸木建成,整栋房子没有上漆,保留了楸木的原色,显得古朴、宁静。整个院落为"四合院",由前院与后院组成,前院主要是堂屋、会客厅和厢房,后院为书房和花园,外加一间圈养牲畜的屋棚。前院的堂屋位于整个院落的北面的台阶之上,前后有两扇大门,分别悬挂两块牌匾,两扇门之间有一条走廊,左边通向二楼,右边通向书房。二楼四面连通,左右两侧主要是主人的卧室,楼层比一楼略低,房间潮湿、幽暗。堂屋正中是整座房子的核心,中间供奉家堂牌位,从左到右分别是祖先、天地君亲师和灶君。

堂屋台阶之下,西面一排房间为厨房,东面为厢房。堂屋对面是一个正方形的会客厅,会客厅右上角摆放一个长方体的电视柜,电视柜左边有一张约三米长,一米高的案几,摆放一些杂物。电视柜右侧是一个高约两米,宽约一米的书柜,平时主人大部分在这里看电视、吃饭和闲聊。会客厅前有一条宽大约两米的走廊,从大门经过会客厅,一直可延伸至后花园。后花园呈方形,北面是一个书房,与堂屋座落于同一高度,中间墙壁上悬挂着从曾祖父沿袭下的家庭照,照片中人物的着装、首饰以及人数依稀透露出家族的地位与辉煌。书房四周墙壁上挂满了楹联、绘画以及书法。书房正中放置着长约两米,宽五十厘米的木桌,上面摆放挂满毛笔的书架。书房左右两侧各摆放着清朝末年遗留的太师椅,油漆已经脱落,但还保留着完好的形制。天井中间有几盆名贵的山茶和兰花,开放时节颜色各异,香气四溢。

第二章 玉石商铺：传统贸易的复兴与繁荣

图 2-4 家堂牌位（2017 年 7 月）

刘长民和他的妻子李芳①住在这间老房子里，他们有两个女儿，大女儿原来和他们一同居住，后来她在乡间另盖了一间房子，搬到新的住所。二女儿在离和顺四公里处的一所乡村小学教书，之后在市区买了房子，只有周末才带着孩子与丈夫回家。刘长民将近72岁，身体硬朗，生活极有规律。他习惯早起，吃完早餐就外出和当地老人闲聊，有时自己开车去游玩，快到傍晚才回到家中。这时李芳早已做好饭菜，我们三个人就围坐在会客厅前的走廊一起吃饭。这时，刘长民经常谈及和顺风云变幻的历史，其中最多的话题就是"老房子"的建造过程以及他年轻时颠沛流离的生活：

> 这座老房子是清光绪年间盖的，有上百年的历史了。我曾祖父十多岁就去了缅甸，刚开始很穷没有本钱，就到玉石场挖玉。当年在玉石场如果挖出好玉，老板就会将收益对半分成，我曾祖父就这样积累了资本，之后在缅甸和上海经营洋货、棉纱和棉布。他赚了钱，想回乡娶妻，讨个汉族媳妇。就把钱寄给了她的嫂嫂，让她帮忙找媳妇。但是那个嫂嫂把钱私吞了，等他回到家的时候发现嫂嫂没有给自己找媳妇，一气之下就回了缅甸，以后

---

① 化名。

景观重塑：一个西南边陲侨乡的社会文化重构

就再也没来和顺了。清末的时候，同盟会在缅甸募捐，曾祖父捐了钱，因此在宣统元年被赐予牌匾，现在就挂在民居入口处那个显眼位置。后来曾祖父死后，我祖父在曼德勒，开办了一个棉花厂，向英国人提供货物，当时生意很好，有些和顺人去缅甸还在我祖父的厂里帮忙。日本人在1942年攻占缅甸后，我祖父的棉花厂也被破坏了，日本人捣毁机器，工厂也被迫停办了，祖父的生意也受到了严重影响，后来就没有再开工。我的伯父曾在缅甸与同伴创办了商号，商号业务从仰光、八莫、曼德勒到保山、下关和昆明。父亲在一所小学教英语。1949年前，祖父到八莫去看望伯父和父亲，因为八莫离和顺不远，祖父就想回乡探亲。于是我父亲和母亲就陪着他，带着我一起回到和顺，那时我也只有一岁。回到和顺后不久，腾冲就解放了，国家出了一些新政策，我们也就没回缅甸。我还记得，那些年在和顺经常能够收到缅甸寄来的各种物件和侨汇，像雪茄烟呀、奶酪呀，一直没有断过。到1962年缅甸排华以后，缅甸的亲戚生活困难，有从缅甸寄来的物件和侨汇也就很少了。我的一生也比较坎坷，小时候正值土改，我被划为"华侨地主"。和顺人的成分比较复杂，有纯地主、工商业兼地主、地主兼工商业、华侨地主、地主华侨、小商小贩、富农、贫下中农、中农、贫农。和顺是侨乡，对华侨有一定的照顾政策，保留了我们的老房子，但是我们的田地全部被收，日子也很艰难。土改以后，对于产业的划分，国外归国外人所有，国内归国内人所有，但是国内由于实行公私合营，我们什么都没有留下。初三毕业以后，正要上高中，又碰到"文化大革命"，我就去腾冲机械厂做了四年的钳工，后来又回和顺农技站开拖拉机，上下货物都有收入，很多人开始眼红了，没过多久我就被农技站领导的亲戚替换了。后来，我就开始做生意，在腾冲收购白果和皂角米，拿去缅甸南坎、木姐、棒塞出售，当时白果1.8元一市斤卖出，我收购八毛，每斤我就能赚到一元。我去缅甸做生意，经常住在瑞丽，那时候住宿费也很便宜，才四毛一晚。车费也很便宜，从瑞丽到南坎车费六毛，所以成本很低。我

第二章 玉石商铺：传统贸易的复兴与繁荣

要是赚了钱，会把钱拿给缅甸的亲戚，让他们通过外汇寄到和顺，当时外汇有一定的照顾政策。改革开放初期，我还去昆明卖服装和口红，这些货物也是从中缅边境收购的。

在刘长民看来，老房子是他们日常生活的空间场所，也记载着一个家庭的生命史。老房子作为祖辈"走夷方"留下的祖产，在不同历史时期带给他们不同的身份界定，影响着他的个人命运和生活境遇。1949年前，腾冲和顺、绮罗、洞山、勐连等是当地的重点侨乡，有相当一部分侨眷靠华侨汇款生活，全县侨汇收入约占侨眷收入总数的30%①。1950年，缅政府限制侨汇，只有少数华侨托人到中国边境给侨眷汇款。1951年，实行第一批土地改革中，腾冲照搬了内地的土改做法，对地主成分的华侨没有区别对待，打击了很多华侨地主的利益。按照华侨政策，不应该没收而被没收的房屋占40%，很多国外华侨和当地民众产生了疑惧。为了保证土地改革的顺利进行，避免造成更大的冲突和矛盾，地方政府考虑到和顺百分之七八十以上的乡民都是华侨，将华侨划分为"华侨地主"或"地主华侨"②进行区别对待。在后期云南省政府对侨乡土改中违反华侨政策的问题进行了纠偏，很多华侨被没收的房屋被退还，避免了他们在社会主义现代化改造过程中流离失所③。在"文化大革命"期间，部分归侨、侨眷的财产被没收，一些乡民因华侨身份和海外关系而备受打压，给他们生活和精神带来难以抚平的创伤。但是，20世纪80年代以后，随着国家华侨政策的调整，华侨回腾冲定居、探亲的人数逐步增多。海外华人对家乡的关注，尤其是以血缘、地缘为基础逐渐拓展开来的乡村公益事业，影响着侨乡的政治、经济乃至乡民对于"侨"的认知与实践④。

---

① 腾冲县志编纂委员会编：《腾冲县志》，中华书局1995年版，第708页。
② 在土地改革时期，对和顺人地主身份的划分出现了两种类型。第一种类型是"华侨地主"，即原来在家乡没有土地，后来去缅甸做生意发了财，回乡买房置地的和顺人。第二类是"地主华侨"，原来在和顺就买了土地，然后才去缅甸经商的和顺人。
③ 腾冲县志编纂委员会编：《腾冲县志》，中华书局1995年版，第688—689页。
④ 段颖：《跨国网络、公益传统与侨乡社会——以梅州松口德村为例》，《中山大学学报》2013年第4期。

景观重塑：一个西南边陲侨乡的社会文化重构

1985年，腾冲县①按照云南省政府的规定开放中缅边境贸易，旅缅华侨、缅籍侨商、缅甸的各族边民相互往来，刺激着边境贸易的发展。除互市贸易外，两地之间还开始探亲访友和参与节庆活动，乡民与缅甸华侨的互动也为他们提供了广阔的生存空间②。如今，如果你在乡间寻找民居，乡民都会告诉你，"祖辈是华侨，他们是侨眷"。言语中对"华侨、侨眷"等词汇的强调，表现出他们对"华侨身份"强烈的优越感。"老房子"意味着祖辈在缅甸做生意、赚钱，回乡后建盖的房子，不仅代表着他们是富裕的侨商，而且是儒商。他们重视教育，一旦有机会，便将自己的子女从缅甸送去日本、美国、加拿大等国家接受更好的教育，所以乡间凡是提及"华侨、侨眷"，往往与"出身、见识、财富、地位、优待"等词汇联系在一起。由上可知，"老房子"作为日常生活的空间，不仅满足了乡民的物质和社会关系需要，也联结着祖辈的历史和自身的过往境遇。房子中的建筑、家中的供奉的祖先牌位、书房中的穿着洋装的照片将他们与祖辈之间建立起永恒的联系。与此同时，老房子的存在意味着他们曾作为华侨或侨眷的子女。他们对老房子的认知深深地嵌入记忆之中，并通过对景观的叙事在日常生活中得以表达与实践。

和顺民居的共有人不只是一户人，而是多户人共同的遗产，其中一部分人居住在和顺；另一部分人居住在中国台湾和云南其余地方，或是世居缅甸，甚至也在泰国、美国、加拿大等国家。刘长民曾经让我看过祖父的"财务记录本"，详细记录了当年祖父定期给不同妻子的财务分配，这说明和顺人娶三房、四房是很普通的事情，他们的亲属网络是一夫多妻的亲属关系。老房子尽管只有一户人居住，实际上是和顺和缅甸多支人的共有财产，因难以分家，经过几代人繁衍，老房子的主人从原来的一户变为多户，人数达到几十人乃至几百人。可见，附着在景观之中的血缘关系紧密联结着两地亲人之间的互动，同

---

① 腾冲市原为县级行政单位，2015年8月改为市级行政单位。本书中为了行文方便，采用不同时期对腾冲的称呼。

② 腾冲县志编纂委员会编：《腾冲县志》，中华书局1995年版，第708页。

第二章　玉石商铺：传统贸易的复兴与繁荣

时也影响着乡民对海外关系的态度以及对缅甸的认知与想象。如今，海外华人华侨与乡民之间的互动大多以宗族为纽带，倘若两地亲戚举办婚丧嫁娶，他们也会相互走访。2017年10月，刘长民应邀去曼德勒参加表弟女儿的婚礼，顺道看望了缅甸的亲戚，游历了曼德勒和蒲甘一些重要景区。当我第二次去和顺做回访时，他兴奋地拿出在缅甸拍摄的照片，向我讲述在缅甸十多天的经历。他告诉我，一些亲戚很多年没见过，他们的子女完全不认识，有些甚至缅化，几乎不会讲中文，沟通还需要翻译。他这次去缅甸，不只是参加婚礼，还想与缅甸的亲戚协商将老房子的份额转让给他，结果遭到拒绝。虽然心中不快，但他还是解释道："缅甸的亲人说老房子在，毕竟还有个家在和顺。但是如果卖给我，估计以后他们都不想回来了。"由上可知，和顺人讲述的故事将历史记忆整合进一个联结各个事件的叙事框架，并在历史的建构中始终保持着一种"过去的连贯性"[1]，但这并非意味着过去仅仅是逝去的历史，祖辈的生活经验和实践经由叙事不断地塑造着当下人们的情感与生活，甚至叙事本身也是他们在文化的象征世界中的自我定位[2]。和顺人在讲述老房子的故事中，经常提及他们的海外关系，老房子是他们与海外华人华侨共同的"家"。

三 "望山小院"的故事

"望山小院"建于民国时期，是采用名贵的楸木、楠木建盖的四合院，分为两进院。一进院呈月牙形，进门便可看见墙角有一个小型的人造水池，水池旁摆放几盆杜鹃和山茶；二进院是一个四合院，堂屋为三开间，正中分别供奉着祖宗牌位、天地君亲师和灶君。堂屋左右墙壁镶嵌两扇英国进口的木质百叶窗，右壁百叶窗下有一道六七十厘米高的小门，乡民称之为"月子门"。以前家里有妇女坐月子，只

---

[1] Tilley, C., *A Phenomenology of Landscape: Places, Paths and Monuments*, Oxford: Berg, 1994, p.47.

[2] Bruner, J. and S. Weisser, "The Invention of Self: Autobiography and Its Forms", in D. Olson and N. Torrance (eds.), *Literacy and Morality*, Cambridge: Cambridge University Press, 1991.

景观重塑：一个西南边陲侨乡的社会文化重构

能从这道门出入，因为月子中的妇女被视为"不洁之身"，如果从堂屋中间穿过会冒犯祖先。堂屋的门楣上悬挂着一块牌匾，左右悬挂一副楹联。院落东西两面为厢房，二楼是四周连通的"走马转角楼"，层高远远高于"养心居"①，显得宽敞、明亮。在院落的中轴线上有一个直径约二十厘米的小洞，这样的小洞几乎每户老房子都能见到。以前过年的时候，人们在洞里插入"年松"，上面挂满红包，家里的小孩去摇，人们称之为"摇钱树"。穿过院落，从正对着正堂的一道小门进入便是花厅，屋内正中摆放着一张八仙桌，左右两旁各放置一把太师椅，这里曾是休闲和会客之所。墙壁四周挂满了泛黄的老照片，有穿着西服的雄商巨贾、留洋学子的照片，还有民国年间的婚纱照和全家福，以及主人与缅甸亲戚的合照，这些照片透露出民居昔日的繁华和岁月的变迁。

"望山小院"是寸美芬②和其余五个兄弟姐妹的共同财产，其中两户世居缅甸，其余三户住在昆明和腾冲。寸美芬与丈夫朱再刚③原来在腾冲市区工作，退休后回和顺养老，就一直住在这间老房子里。他们有两个女儿，一个在市区医院工作；另一个在当地的一所中学教书。大部分时候他们都呆在和顺，有时候周末进城去看儿孙。"望山小院"是当地有名的民居，关于建造这座"老房子"的主人，乡间无一不知，从一名马草客到富商的故事在乡间广为流传。我第一次去"望山小院"，寸美芬热情地招待我，然后便与我聊起当年祖辈去缅甸的故事，坐在一旁的朱再刚也加入我们聊天，时不时插断我们的谈话，兴致勃勃地补充妻子遗漏的内容。寸美芬指着藤椅后方悬挂在墙壁上的一块匾额，告诉我匾额的内容就是"望山小院"的来历，然后坐回藤椅饶有兴致地谈论起这栋老房子的来历：

    三祖父的父亲死得很早，靠姐姐和母亲给人家帮工，养活他

---

① 民国时期已经取消了清朝统治者对于二楼层高的限制。
② 化名。
③ 化名。

第二章 玉石商铺：传统贸易的复兴与繁荣

们一家人。他十几岁的时候，每天到陷河头割马草到十字街去卖。后来到了 14 岁就去"走夷方"了，去的时候，什么都没有。刚开始，三祖父在一家裁缝店当学徒，几年后就有了钱，自己出来做。他的哥哥也就是我们的二祖父后来也去了缅甸，两人就合伙开了一家裁缝店。他们又能吃苦，又会做生意，生意也越做越好，开始他们只是帮人家做衣服，后来有了钱，卖的东西也多了，什么棉纱、棉花、布匹都卖，还卖玉石。他们就在国内外开了很多家分店，在腾冲最著名的"五保大街"，就有一家呢。大家都在背后叫他"Ciyaba"（缅语），就是"大老板"。二祖父以前身体瘦弱，他去缅甸时跟着马帮去，骑马都是哥哥抱他上去的。以前人家算命说他活不过四十岁，他在之前就从缅甸回到家乡，结果回来活了很多年。这间房子是 1912 年盖的，我们叫老家。后来，在 1930 年又盖了一间新房子，分给三祖父他们一家。我的二祖父膝下无子，三祖父就将他的二儿子过继给二祖父，这个二儿子也就是我们的父亲，以后我们的亲人一直住在这间"老房子"里。

至今，寸家已经繁衍至第五代，达到几百人，散居在和顺、腾冲、昆明，国外的亲人主要在缅甸、美国、澳大利亚，其中大多亲人还是在缅甸。他们与缅甸亲戚的往来，受到国家政策的影响，直到 1996 年寸美芬第一次去缅甸看望了时隔四十多年未曾见面的母亲。关于这段难忘的经历，寸美芬说道：

那年我 13 岁（1953 年），母亲就离开我去缅甸了。我们这条巷道有点黑，以前每次我回家，只要我叫她，她都会出来门口迎接我，但是那天我叫她几声，她都没出来，我就开始有点担忧，进屋以后姨妈告诉我，她已经去缅甸了，我就哭了一夜。以前和顺人都要去缅甸做生意，人老了就回来，一代接一代，家族式的。我祖父从缅甸回来以后，生意要有人接管，我父亲就去了。他是民国时期去的，那个时候我才六岁。他经常回来看我们，还给我们带了很多吃的，我印象最深刻的就是一种叫"夷糖"的缅甸糖。解放后进出缅甸就不方便了，他也没有回来。我们的生活原来主要靠缅甸寄钱回来，后来靠祖父变卖古董和旧物件为生。五十年代的时候，国家政策又发生了变化，直系亲属申请去缅甸，我妈就是那个时候去的，但是在缅甸的还是回不来。1962年的时候可以去畹町会亲，缅甸的亲人把物品带到畹町，我们就去那里见亲戚。本来父亲打算那个时候回来的，当时突然接到通知说父亲的工厂要收归国有，学中国搞社会主义，所以来不了了，直到父亲去世我再也没有见过他。1995年的时候，政府官员可以去缅甸，对老百姓开放是在1996年。这年，大姐、二姐、大姐夫和我去缅甸看望母亲。我记得，当时导游小姐说我们要到曼德勒了，我就激动得哭了，我母亲离开我的时候，我才13岁，现在算起来已经有40多年了。

说到这，寸美芬突然停顿下来，靠在藤椅后背，低下头，沉默不语，过了一会儿才又抬起头继续说道：

快到曼德勒，我就开始哭，一直哭到家。在缅甸的弟弟看到我们的车停在门口，就大声向屋里叫喊"来了，来了"。驾驶员把我们东西放下以后，我们进屋看到了母亲，那时她已经是八十多的老人了，我们几个姐妹就抱着母亲一直哭。那一天，我们家人来人往，都是等着我们回家的。

寸美芬的民居故事与大多乡民的类似，老房子记载着家族的艰辛与辉煌，以及海外两地亲人共同的记忆与情感。"望山小院"的建筑吸引着很多游客参观，每个进入"望山小院"的陌生人几乎都能听到寸美芬讲述的故事。后来，寸美芬打算经营民宿，直接将老房子的来历请人写下来装裱后挂在入口处的醒目位置。但是，寸美芬仍然会对老房子充满兴趣的参观者讲述老房子的来历。她一再强调老房子的建造来之不易，整个过程充满着艰辛。如果走进老房子的花厅，她便

第二章 玉石商铺：传统贸易的复兴与繁荣

指着墙壁上的照片，讲述两地亲人因国家政策调整从离别到重逢的悲欢离合。她说老房子一直将她们与海外的亲人紧紧联系在一起。虽然寸美芬去过缅甸四次，她心中仍然挂念远在缅甸的亲人。只要有机会，她和丈夫就会去缅甸看望亲戚。在会客厅的墙壁上，挂满了他们每次与缅甸亲戚会面的照片。诸如刘长民与寸美芬这样老一辈的和顺人，他们对老房子有一种特殊的情感，不仅仅在于"老房子"曾是祖辈遗留的祖产，更在于它是联接两地亲人的纽带。在乡民看来，"老房子"是"家"的象征，连接着两地的亲人，始终保持着"家"的完整性。随着时间的推移和代际变化，海外华人与和顺的联系已经不如以往紧密，但蕴含在老房子中的记忆依然影响着乡民对缅甸亲人的情感。乡间老一辈的乡民见面时，相互寒暄中时常谈起他们最近去缅甸的所见所闻。如今还有很多年逾花甲的老人由于种种原因，尚未去过缅甸，得知其他乡民从缅甸回来，非常热衷于打听亲人在缅甸的生活，他们希望在有生之年能去缅甸走一趟。

"养心居"和"望山小院"的故事是从个体的经验和对世界的独特认知出发，赋予这些景观以特定的意义。这些叙事形式是个体化的，其中建构的意义展现了个体经验的独特性、主体的复杂性以及形式和意义之间所具有的微妙之处。换言之，个人通过讲述故事来阐明个体的世界观，表达生活的独特之处和不确定性。尽管个体在公共和集体的展演之外为自己创造出空间，但是个体叙事仍然受到社会文化环境的影响，受制于公共和集体的意义表述体系以及惯常的组织结构。某种程度上而言，个体叙事也是社会和集体意义上的叙事实践。叙事所储存的文化可以看作社会意义上的典型行为模式，其中包括在意义赋予方面的假定和限定[1]。总之，叙事的模式取决于认知，以及组织信息、记忆和回忆的集体模式，通过分享共同的叙事及其叙述方式，社会文化成员将分享一个共同的集体记忆[2]。在和顺，刘长民与

---

[1] [美]奈杰尔·拉波特、乔安娜·奥弗林：《社会文化人类学的关键概念（第二版）》，鲍雯妍、张亚辉译，华夏出版社2009年版，第266—273页。
[2] Werbner, R., *Tears of the Dead*, Edinburgh: Edinburgh University Press, 1991.

景观重塑：一个西南边陲侨乡的社会文化重构

寸美芬讲述的故事在塑造个体经历特殊性的同时，又使故事嵌入地方性的文化脉络之中，与"走夷方"、马帮、商号、海外关系等过去的日常生活经验相关联。他们以"老房子"为景观叙事的载体，在自己建构的叙事中分享着他们组织、表述并记忆信息的共同方式，从而使叙事具有内在的延续性和可理解性。

人类学家曾关注人们如何通过地形地貌，尤其是如何通过对景观的认知与实践来记忆、书写和理解历史。① 他们认为，空间与时间并不是两个独立的概念，"时间的空间化"（spatialization of time）② 是组织记忆的另一种模式。和顺乡民围绕"老房子"讲述的故事正是"时间的空间化"的一种实践。在他们生活的社区，"老房子"作为回忆事件的提示物而存在，这些"老房子"既是激发叙事和记忆的关键，又是各种叙事与记忆交织产生意义的景观。和顺人通过不断讲述"隐匿"在老房子背后的故事，以"老房子"作为媒介在主体与老房子之间建立起永久联系，使"叙述"本身演变成"空间认知中的历史"（spatial conceptions of history）③，并通过故事将"物质呈现"（physical presence）转化为"文化表达"，这样的叙事方式不仅仅是自我在言语上的投射，同时也是自我的内容和呈现。④ 从"老房子"的"故事"中，我们可以窥见一个由"走夷方"、海外关系、个人境遇串联起历史与当下的叙事文本。如 Ricoeur 所言，"生命即叙事"⑤，

---

① Rappaport, J., "Geography and Historical Understanding in Indigenous Colombia", in R. Layton (ed.), *Who Needs the Past*: *Indigenous Values and Archaeology*, London: Unwin Hyman, 1989, pp. 84–94; Santos-Granero, F., "Writing History into the Landscape: Space, Myth and Ritual in Contemporary Amazonia", *American Ethnologist* 25, 1998.

② Fox, J. J., "Place and Landscape in Comparative Austronesian Perspective", in J. J. Fox (ed.), *The Poetic Power of Place*: *Comparative Perspectives on Austronesian Ideas of Locality*, Canberra: Australian National University Press, 1997.

③ Basso, K. H., *Wisdom Sits in Places*: *Landscape and Language among the Western Apache*, Albuquerque: the University of New Mexico Press, 2000, p. 34.

④ Mair, M., "Psychology as Storytelling", *International Journal of Personal Construct Psychology* 1 (2), 1988.

⑤ Ricoeur, P., *Time and Narrative* (Vol. 1), Chicago: The University of Chicago Press, 1984.

这一隐喻用以表达叙事对于主体的重要性，这并不意味着叙事是生活经历的记录，而是说叙事与主体互为表里，叙事与身份认同相互建构又相互限制。① 作为和顺重要的人文景观，"老房子"承载着乡民的记忆、情感、海外关系以及身份认同。乡民对"老房子"的追忆与叙说，以一种追寻过去情景中发生的社会事件形塑着当地人对景观的观念和认知。② 这种经由人地关系折射出的认同感与归属感透露出乡民围绕"老房子"产生的地方感或地方依恋（attachment to place）。

第三节 "说景观"背后的生意经

"景观"如何被表述，依循的是社会文化成员在文化脉络中共享的默契。在和顺，老房子的建盖是论述的焦点，"走夷方"的历史传统、边陲贸易、跨国流动、商业成功经由景观故事呈现出来。叙事本身不仅使景观在文化脉络中承载意义，而且经由文化实践与文化生产"参与到社会秩序的构成里"③。乡民通过景观叙事，唤起"过去"的记忆，并借由记忆，文化得以沟通、生产和体验。在这些民居故事中，乡民除了喜欢谈论家族的发展史，更乐于谈论给他们带来财富的玉石。在和顺人的观念中，玉石与个人命运、福气、财富息息相关。很多乡民喜欢佩戴玉石，不仅因为玉石代表富贵和运气，还因为玉石能辟邪，在婚丧嫁娶中，玉石通常被视为仪式中重要的物件。此外，当年发财致富的很多乡民曾经去过玉石场，都认为玉石带来的财富是他们经商之路的"敲门砖"，他们才有能力在缅甸立足。诸如"翡翠大王"张宝庭和寸尊福的故事在乡间众人相传。玉石与个人命运的故事、玉石场的神秘离奇，常常被编织进乡民的叙事中。这些关于玉石

---

① 刘子曦：《故事与讲故事：叙事社会学何以可能——兼论如何讲述中国故事》，《社会学研究》2018 年第 2 期。

② Stewart, P. J. and Strathern, A. (eds.), *Landscape, Memory and History: Anthropological Perspectives*, London: Pluto Press, 2003, p. 10.

③ 方怡洁：《云南和顺地景中的国家象征民间化过程》，《中国农业大学学报（社会科学）》2008 年第 2 期。

景观重塑：一个西南边陲侨乡的社会文化重构

的记忆在某种程度上影响着古镇玉石贸易的复兴与繁荣，使旅游开发之后玉石商铺遍布古镇。

图2-5 巷道两旁的玉石商铺（2017年7月）

一 边陲上的玉石贸易

旅游开发之前，和顺没有一家玉石商铺，玉石交易大多集中在腾冲市区，但是乡间来了游客以后，一些乡民开始在游客相对集中的区域摆摊，卖廉价的玉石纪念品，后来政府整顿古镇的消防安全通道，严禁摆摊，这些玉石摊才渐渐淡出人们的视野。随后几年，仅有20多户乡民在政府统一指定的"百宝街"卖玉石。如今，乡间出现了很多持有营业执照的玉石商铺。和顺古镇纵横交错的每条巷道几乎都有玉石商铺，这些商铺都是由民居改造而成，商铺的装修、物品的摆设、灯光的效果极为醒目。几家大型商铺为上下两层，根据不同的销售档次分为：普通玉石销售区、中高档玉石销售区和贵宾室。一般情况下，只有商家判断出你有巨大的购买力，才会带你进入贵宾室，拿出收藏在保险柜中的珍品。从外观而言，商铺的装修兼具传统元素和现代风格，这是因为商家租用的大多是古朴典雅的老房子，同时为了突出玉石的色泽和质感，强调灯光作用于玉石的效果。一些店铺门口堆放着毛石，其中一块石头上赫然写着"赌石"二字。毛石旁通常

第二章 玉石商铺：传统贸易的复兴与繁荣

会摆放一台或两台玉石切割机，几位身穿白色大褂的年轻师傅坐在工作台前在灯光下全神贯注地进行雕刻。商铺里的销售员有时达到十几人，身着统一的制服，分别站在不同的柜台前。他们不仅要懂得如何鉴别玉石，更要能讲解玉石的来龙去脉。其余的玉石商铺只有二三十平米，很多时候老板亲自守在店里，虽然没有大型商铺的排场，但柜台中灯光聚焦下的玉石温润透亮，也与经营其他商铺明显不同。这些商铺的门口通常会摆放一堆质地粗糙、色泽一般的玉石，一旁的特价广告吸引着游客前来围观。

玉石商铺的出现绝非偶然，这与玉石在传统滇缅商贸中的重要地位有关。缅甸北部的雾露河流域盛产玉石，在滇缅的商贸中，玉石一直作为重要的进口商品进入腾冲。《华阳国志》《蛮书》等史书记载，永昌销往各地的赤腾、琥珀、水晶、翡翠等物产，很多属于腾冲所产或经由腾冲转运到各地。早在汉、唐时期，玉石就作为供品进入中国供皇室享用，腾冲的珠宝、玉石业也因此而繁荣。清朝前期和中期是腾冲珠宝、玉石业最繁荣的时期。当时，海禁未开，腾冲是进口缅甸玉石、珠宝的唯一口岸。缅甸的珠宝、玉石多由腾冲商人贩运，连收税的岗房也长期为腾冲人承包。清朝末期海岸开放，缅甸珠宝、玉石中的优质品大部分直接运销广州、香港、上海等地，从腾冲进口的优质品愈来愈少。但在民国二十至二十八年（1931—1939年）即腾冲商业发展的鼎盛时期，珠宝、玉石与棉花、棉纱、棉布和煤油等物品仍然是主要的进口货物[①]。1950—1953年，由于国内政治经济环境的变化，玉石被认为是有钱人的装饰品在国内已经没有销路，玉石、珠宝随之停止进口，这一时期玉石交易转移至泰国。玉石商从泰国购买玉石，然后带回中国香港进行加工，再销往中国台湾、新加坡和日本。1978—1985年，腾冲开始购进一部分玉石，但数量不多。1985年以后，腾冲加工玉石的地方主要是"腾冲工艺美术厂"，产品主要销往外地，但玉石产品并不像现在如此畅销，购买的人数也极为有限。到80年代后期至90年代中期，情况又有所转变。由于腾冲距离

---

① 腾冲县志编纂委员会编：《腾冲县志》，中华书局1995年版，第367—390页。

| 景观重塑：一个西南边陲侨乡的社会文化重构

缅甸玉石出产地最近，玉石交易又从泰国转移至腾冲，广州、香港的大量玉石商聚集腾冲，腾冲的玉石交易出现了短暂的繁荣。王老板（男，55岁）回忆起八九十年代腾冲玉石毛料交易时的情景，说道：

> 以前玉石要过海关，私人是不能直接填写海关申报单的，我们的货一到中国境内，就要通知在腾冲经营玉石的公司，拿着申报单去接我们过关。他们要对毛料进行编号，记录重量和件数。有时候货不一定是一家公司的，可能有十多家公司。当时我们直接把货拉到腾冲海关，一卸货就开始分这是哪家公司的货。从广州、香港来的老板一听说有货到海关了就去海关"抢"。那个时候石头都是色货①，玻璃种，好料很多。尽管货是私人的，如果不通过公司申报海关，私下里买卖是违法的。但是如果填好了申报单，我们就可以和这些老板进行交易。我们谈价都是用暗语，一人拉起衣服一角，两个人把手伸进衣服中，相互比价，因为那个时候买货的人太多，不用手语，听见的人就会来抢货，最后你们成交多少，其他人都不知道。你会看到长长的队伍，他们都是排队谈价的，和顺老一辈，谈价也是这个样子，这是传下来的。到了90年代中期，盈江的玉石交易也红火了一段时间，主要是大料（大型玉石毛料）交易。货一到盈江，等着买毛料的那些人直接冲上车去，看中哪块身子就扑上去，抱着石头问多少钱，有时两个人同时抱着一块毛料，结果就是一人一半。

这一时期，腾冲边贸发展很快，成立了不少的商号和公司。这些公司属于国有或集体，当时私人还不能开设商号和公司。个体老板从缅甸购进玉石运往国内销售，都需要通过商号或公司申报海关，当时交纳税收达到总交易额的33%。据一些玉石商回忆，这样的情形大

---

① "色货"是行话，一般带有"颜色"，比如"蓝色""绿色""红色""黄色"的玉石价格都相对较高，其中主要以"绿色"或"翠色"最为昂贵。这里的色货主要指带"翠色"。

第二章 玉石商铺：传统贸易的复兴与繁荣

约持续了一年，之后很多广州老板为了节约成本，就直接在广州港口与个体老板进行私下交易，不再辗转到腾冲，这使腾冲玉石市场蒙受巨大的经济损失。21世纪初，缅政府开始对玉石毛料的出口进行严格限制，只承认"公盘"①作为玉石交易的合法途径。大部分的毛料通过陆运或水运运往目的地，尤其大件毛料只能通过海运从仰光运往广州，再运到腾冲。如今，玉石毛料的销售方式发生了很大变化，广州已经发展成为玉石毛料加工的主要城市，很多玉石经由广州加工再运往腾冲销售，在腾冲地方政府的大力宣传下，加之近几年旅游的兴起，腾冲再度成为玉石成品交易的重要市场之一，这为和顺玉石贸易的繁荣奠定了基础。

二 神秘的玉石场

乡民对玉石的认知与表述在玉石贸易的复兴与繁荣中也扮演着重要的角色。和顺有乡谚云："穷走夷方急走厂。"这里的"厂"指的就是缅北雾露河一带的玉石场。对于和顺人而言，玉石场是一个既"熟悉"又"陌生"的地方。言及"熟悉"，是因为"走夷方"的和顺人有一部分直接去了玉石场，他们在缅甸八莫、密支那、阿瓦、曼德勒等城市找不到合适的生计，寄希望于玉石场能够带来好运。明代晚期至1840年以前是滇缅玉石贸易的发展时期，每年去缅北开采玉石的华人多达上千人。他们的流动性很大，干季出去，次年雨季以前返回。在缅甸旧都阿摩罗补罗城的中国寺庙石碑上，刻有五千个中国玉石商的名字②，而

---

① "公盘"始于1964年，是缅甸通过拍卖进行玉石交易的独特方式，分别在每年3月、6月、9月举行。"公盘"的每一份毛料都事先进行编号，注明件数、重量和低价，定价通常都很低。以前玉石毛料交易大多是"暗料"，完全凭借购买者的经验、胆识和智慧，"赌"的成分较大。"公盘"的毛料是"明料"，能看到毛料的整个切面，相对容易判断毛料的品质。毛料一般公示3—10天，玉石商对每件毛料仔细观察，从中挑出自己满意的毛料，然后评估价格，确定投标价格，并将标书投入箱内。"公盘"采用暗标，玉石商在标书公布之前并不知晓对方的投标价格，因而谁是中标者往往不可预测，完全靠眼力、财力和胆识，有时会因为几元之差失去能赚几百万的毛料，也会因为高出竞标者几十万元而中标。

② 庄为玑：《缅甸安溪华侨的历史研究》，《旅缅安溪会馆四十二周年纪念特刊》（出版项不详）。

这些商人中有相当一部分是和顺人。言及"陌生",是因为"走夷方"中断之后,受缅甸政治环境以及缅政府对玉石场管理的影响,玉石场沿途设置重重关卡,没有熟人网络几乎很难进入玉石场,所以大多关于玉石场的故事只是在乡民间口耳相传。

玉石是一种天然的特殊商品,它的价格不仅受到玉石本身的质地、颜色、重量、透明度、出场地等因素的影响,还因运输、加工和雕刻增加了玉石的成本。此外,附着于玉石之上的文化因素,也导致玉石的成本与销售价格之间存在巨大的空间。玉石商想要从中获利,不仅需要雄厚的资本作为支撑,又要能善于抓住商机和对玉石本身的价值做出准确无误的判断,而对玉石的了解并非一朝一夕,需要时间的浸泡和个人的悟性。玉石商常年往返于广州、腾冲、瑞丽、芒市、缅甸等城市与国家之间,其中大部分的老板主要经营玉石成品,赚取商品成本价与成交价之间的差额。但是真正称得上玉石老板的是那些不仅进行玉石买卖,还接触过毛料,甚至亲自去过缅甸玉石场的商人。毛料的成本较高,一般价值几十万元,甚至上百万元,有时花了几十万元也可能买到一块普通的石头,这就需要玉石商凭借经验、智慧来判断毛料真正的价值。玉石场是一个充满神奇与想象的地方,始终与财富、艰险、暴力、死亡相伴。我对玉石场的了解很多来自玉石商的讲述。初识许老板是一次偶然的机会,那天他来和顺看正在装修的房子,结束之后来十字路找卖藤编的小寸喝酒聊天,我当时正在向小寸了解当年他在缅甸的生活。许老板和小寸都在缅甸出生,尽管年龄相差20多岁,但他们是多年的朋友。他们用缅语交流,在面对我时又讲一口流利的普通话。许老板告诉我,他20多岁时从缅甸回到和顺,一直做玉石买卖,起初主要经营毛料,后来在腾冲市区开了一家玉石商铺,现在重新装修和顺的老房子,打算再开一家玉石商铺。几十年来,他一直坚持做玉石生意,这与他早期买卖毛料和去过玉石场的经历有关,使他成为一个真正的玉石行家。当提及玉石场,许老板生动地讲述了他在玉石场的所见所闻:

第二章 玉石商铺：传统贸易的复兴与繁荣

以前玉石交易主要在孟拱，但是挖玉还是在帕岗。矿山（玉石场）主要是克钦独立军管，年轻男人一上去就可能被抓，当地人也不敢上去。克钦在管矿山的时候，主要靠关系。只要老板和他们处得好，交税就少。现在不一样了，是军政府管了。你要去挖玉，老板就要出钱买矿山，但也不是说买就买，有钱就行。买矿山要进行投标，三年一期，到时候看谁中标，就能先开采三年，三年之后，另外投标。现在这些矿山，老板会在下午五点至七点对当地人免费开放，他们就可以进来自己挖玉石。三点就有很多当地的老百姓在外排队，每天都有上万人。平时他们就在外面搭个棚子住，一到点他们就来排队。他们主要是人工挖，如果不给他们挖，上万人暴乱怎么办，你也要给老百姓活路。挖出来以后就在场口等着交易。现在挖玉石主要是私人公司来挖，每年矿山要死很多人，雨水天山会垮，风险太大。

许老板的描述并无夸大之词，很多去过玉石场的人都对难以想象的艰辛和庞大的开采规模而深感震惊。他们使用最多的一句话就是"玉石是用人命换来的"。如今，玉石已经使用机器开采，每天几百台挖掘机、矿车同时开工，矿山一天就能下降几十米，而在以前这一艰巨的任务都是由人工来完成的。老一辈和顺人将挖玉叫作"挖洞子"或"支洞子"，由老板和挖掘工组成。老板向挖掘工支付伙食费，挖掘工不负责盈亏，或是将所得玉石折价平分，老板给予挖掘工应得的价值，玉石归老板所有。在玉石场每挖一个洞子，需先向当地地主交纳低廉的地租，出了玉石，经估价后还需要交给地主千分之一的税银（俗称：坐地税），同时玉石场还有专门向玉石老板收取玉税的"岗家"。"岗家"实际上是由向缅甸政府出钱最多的人承包下来（俗称：叫岗[①]），按照质量和货色的好坏进行估价，并从估价费中抽取百分之三十的费用[②]。"支洞子"采用的是旧时方式进行玉石开采，

---

① 叫岗：每三年叫一次，多半由华侨出资组成，是一个帮助缅政府向玉石老板收税的组织，也被称为"岗家"。

② 李致卿：《腾冲旅缅华侨经营玉石概况》，载《云南文史资料选辑（第九辑）》，1989年（出版项不详）。

景观重塑：一个西南边陲侨乡的社会文化重构

先用火烧、再用锤打。每个洞子一般需要四至五个挖掘工，到了旺季可能增加到几十人乃至几百人。由于"支洞子"工程浩大，费工多、耗时长，如果玉石商长年坚守在玉石场，付出艰辛又毫无收获，那么会因为将大量的资金用于支付庞大的工程，导致亏本，甚至破产。有时缅甸少数民族武装之间发生冲突和战争，挖玉也会不得已中断，这些玉石商会遭受严重的经济损失。当地人用"场上影子，场上飘"来形容玉石商漂泊不定的人生。我在和顺结识的另一位玉石商刘老板（男，57岁），后来搬至绮罗。他祖辈经营玉石和药材生意，跨国分号遍布仰光、曼德勒、中国香港、广州、腾冲。由于世代经营玉石，他曾去过玉石场，后来因为一直挖不到好玉，就离开了。刘老板忆及当年玉石场的艰辛时说道：

> 第一次去的时候，我四哥他们在找人挖洞子，我爬到大山上看到挖洞子的人心疼得很。太辛苦了。挖到不对的①、空的多，有时候挖到了，但是只是普通玉石，很多人一辈子都挖不到好玉。玉石场有挑水卖的、洗衣服的、理发的、卖豆粉的，收入很低，但可以慢慢积累，不像挖洞子的有些时候还要倒贴，没有那么简单，当玉石老板的就更不一样了，有时会因为一块玉石就暴富，有时也会因为一块石头而破产。

如今，玉石已经是和顺大街小巷销售的主要商品，玉石买卖不再像以前一样让人一夜暴富，或一夜破产，因为现在大部分的毛料交易是明料②，不再是暗料，玉石商可以对毛料的潜在价值做出更加准确的判断。而在这以前，乡间顺口溜"一刀穷、一刀富、一刀披抹布。一刀切、一刀开、金银堆满屋"，形象生动地描述了玉石商的命运沉浮。当年他们在玉石场上"支洞子"，徘徊于生死边缘，挣扎于贫富之间，

---

① "不对"是当地土话，泛指一切不好的事件、行为和结果。
② "明料"指已经进行切割的毛料，能看到整块横切面。"暗料"指没有切割的整块毛料，表面是原石表皮覆盖，最多开一个小口，俗称为"天窗"。

第二章 玉石商铺：传统贸易的复兴与繁荣

有的人因为挖到一块好玉而一夜暴富，也有人因为没交好运而一夜破产。对大多数和顺人而言，挖玉石就如同"赌博"一般，他们形象地将之称为"猪屎泡"，意为可以吹大也可以吹小，甚至爆炸，而爆炸就一无所有。诸如许老板和刘老板这样的和顺人，他们在旅游开发之前就开始做玉石生意，后来只有一部分继续经营玉石，而大部分则已经转入其他行业。对于绝大多数和顺人而言，玉石场尽管与和顺相距不远，却遥不可及，祖辈的讲述留给他们的只是模糊的、片段化的记忆。乡民关于玉石场的故事大多来源于许老板和刘老板这样的玉石商，玉石场的诡异、离奇、艰辛激发着他们的想象。乡民在讲述玉石场的故事时，通过生动的语言和丰富的表情，仿佛在讲述他们自己的亲身经历一般。玉石场的神奇与诡异，赌石的惊心动魄，以及玉石商跌宕起伏的人生被乡民和媒体不断渲染，使其笼罩上了层层神秘的面纱。

因为玉石来之不易，乡民将玉石与个人的"命"和"运"连在一起。他们会将那些曾因为无意间发现或保留了一块好玉而一夜暴富的人归结为福气或命好。他们将这种好运视为无成本的赚钱方式，刺激着当地人对"一夜暴富"的向往与想象。当然，这并没有改变乡民对财富获取方式的认知，而是只是借由故事来表达玉石带来的福报。乡民谈及玉石，一般从玉石场的神奇莫测开始，进而谈论因玉石交了好运而发财致富的经历。我在当地进行田野调查时收集到了一种故事的多个版本，内容尽管不同，但都是关于玉石决定个人命运的故事：

李朝东[①]（男，43岁）：
小辉的三姐夫（原来住在李家巷"三成号"）的父母在缅甸，就把他接到了缅甸，去了缅甸无所事事，一直待在兄弟姐妹家里。时间一长，他们厌倦了三姐夫，姐夫就与太太商量在路口搭个棚子，卖凉粉、饵丝。摊位刚好位于岔路口，买卖玉石的人经常去他家喝茶。一天，有人约好了买家在三姐夫的小摊碰面，结果等到晚上，他也没有来。三姐夫快要关门了，就上前询去

[①] 化名。

问,才知道事情的缘由。三姐夫问这块玉石多少钱,他觉得便宜,虽然不懂还是买下来了。有一次,一位个客人来三姐夫店里喝茶,说要买玉石,三姐夫一听,拿出了一直存放在店里的玉石,结果对方出了三倍的价格,他因此赚了一大笔钱,从此开始了玉石买卖。

刘玉贵①(男,36岁):

以前玉石场上不仅有玉石商、挖掘工,还有其他经营小本买卖的人,有挑水卖的、洗衣服的、理发的、卖豆粉的。玉石场上有两间最好的老房子,是一个卖豆粉的老奶奶盖的,当时每碗豆粉才是五分钱一碗。有一个穷光蛋在玉石场上拾得一块好玉,他自己完全不知道,就拿着玉石去换了一碗豆粉,后来老奶奶发现是块好玉就拿去卖了,盖了一栋大房子。

寸朝凤②(女,42岁):

芭蕉关有个人天天拿着一块石头敲锄头,时间长了发现石头表面就被磨平了,怎么就露出绿茵茵的表面,才发现是块玉石,后来拿去卖了,搞着好几万钱,这个主要看个人的运气。腾冲当地没有玉石,都是从下面(缅甸)驮回来的。以前,腾冲搞玉石加工,当时搞加工不要的细玉石就倒在地上,很多就在上面盖了房子,后来房子推倒了,还有一些碎玉石,有些人还是去找,还是能找到些,也能卖到钱。

事实上,在腾冲侨商的跨国商号中,专门以玉石作为主要商品的腾冲侨商为数不多。《华侨宝鉴》一书中记载,1925年腾冲华侨在缅甸开设的304家商号中,只有17家以玉石作为经营的主要商品③。在

---

① 化名。
② 化名。
③ 董平:《腾冲历史上的中外商号研究》,载腾冲市委员会编《腾冲历史上的商号》,云南民族出版社2016年版,第53—64页。

第二章　玉石商铺：传统贸易的复兴与繁荣

缅甸创立商号的和顺人也只有翡翠大王张宝庭和寸尊福专门做过玉石生意，其余大部分主要经营杂货、土产、棉花、洋纱等传统商品，而玉石只是他们兼营商品中的一部分。以上的叙事文本是乡民根据自己的主观意愿与个体经验对故事进行的创作和改编，但从逻辑上而言，叙事文本却千篇一律、多有重复，将经验组合为文化形式的过程如出一辙①。腾冲玉石贸易的传统地位、玉石场的神秘与艰辛、玉石商的财富与运气、玉石的神性与象征，所有这些构成了故事的叙事框架，形塑着乡民对玉石的认知与观念。这些故事的广为流传将和顺塑造成滇缅贸易中玉石交易的源头和中心。

三　玉石商铺的故事

和顺玉石贸易的兴起与繁荣源于古镇的旅游开发。和顺人关于玉石的叙事文本为玉石商铺提供了有利的营销环境，同时玉石商铺的出现又进一步刺激了人们讲故事的欲望，这些讲故事的人除了乡民，还有相当一部分是玉石商聘请的"讲解员"。当和顺成为一个旅游古镇以后，很多外地来的玉石商租用乡民的老房子做玉石生意。他们利用老房子主人原来的跨国商号作为店铺的名称，并以商号继承者的身份进行销售，这一做法为玉石营销带来了无限商机。玉石老板专门聘请讲解员，讲述老房子的故事。这些故事的讲解并非纯粹聚焦于玉石本身，而是以老房子作为玉石营销的开场白，编制出围绕玉石贸易而展开的叙事文本。走进宅院，讲解员会谈论"走夷方"的艰辛、马帮的历史、家族的辉煌、中西合璧的建筑、遗留的西洋物件，然后话锋一转，进而谈论"玉出腾越，运自和顺"，讲述祖辈经营玉石而发财致富的家族史。在和顺，"富兴盛"与"福云祥"②是最有名的两家玉石商铺。"富兴盛"是19世纪60年代一个和顺人在缅甸密支那创建的跨国商号，经营对象主要是棉纱、布匹和玉石，分号遍布缅甸的

---

① Liu Xin, *The Otherness of Self: A Genealogy of Self in Contemporary China*, Ann Arbor: University of Michigan Press, 2002, p. 82.

② 两者均是化名，"富兴盛"既是老房子的名字，也是跨国商号；"福云祥"是跨国商号。

主要城市和腾冲、大理和昆明。如今,"富兴盛"大门前每天站着三四个身着统一服装的工作人员,一旦有客人进入,其中一人便会主动迎接,引领游客参观这座年代久远的古宅。老房子为四合五天井,分上下两层,除了北面的正堂和南面的会客厅,其余房间摆满了不同档次的玉石展柜。房子的正堂保留了原来的陈设,中间是传统的家堂牌。堂屋左右墙壁写满了祖传的"经商之道",左侧放置着一台1855年从缅甸运回来的英国制造的旧式缝纫机。

小彭(男,20多岁)

"富兴盛"从一开始就是以翡翠开采、加工、销售为一体的百年企业,我们现在的老板就是这家商号创始人的第六代子孙。我们这个宅子建于清朝1885年,到今年已经有133年的历史,堂屋里的窗花是从英国进口的,是鎏金铁艺窗,从英国到上海,又从上海到缅甸,最后跟随马帮被驮回古镇的。"富兴盛"开创以来,历经辛亥革命,为辛亥革命作出了很大贡献,并捐资建立了明德女子学堂。左右两边的墙壁,一面书写"善不积,不足以成名,恶不积,不足以灭身",另一面截取墨子的"商道",这自古是"富兴盛"的经营理念,把商道写在墙上主要是激励激励员工,不停学习,不停教育。

小彭的讲解是我在和顺听到众多相似的故事之一。尽管内容大多涉及"走夷方"、商号、马帮、缅甸,但与乡民的讲述有所不同,他对老房子的讲解是以商号作为主线,指向家族的玉石经商传统,以及由此而建立的跨国商号,最终强调作为"老字号"的玉石品牌。我第一次见到这座老房子真正的主人是在刘长民的带领下,来到"富兴盛"老房子转角处的一座新房里。这座新房实际上是一排近期建盖的平房,院落的空间狭长,宽只有大约3米,左边是房子,右边是一堵临街的墙壁。房子的尽头是厨房,横在房屋与墙壁之间,堆放着一些杂物,显得凌乱。房间一共有四间,分别是主人

第二章　玉石商铺：传统贸易的复兴与繁荣

李子华[①]和他的儿子、孙子、孙女的房间，房子前挂着一排晾晒的衣服，房间里摆放着床铺和一些简陋的家具。李子华今年已经83岁，他是"富兴盛"创始人的第四代裔孙，平时只见他一人在院子里。这个院子与老房子"富兴盛"共用一道大门，进门之后左边通向老房子，右边通向新房子。李子华带领我们参观了老房子，并向我们讲述了当年祖辈在缅甸经商的经历，然后带领我们上了二楼，小心翼翼地打开一间屋子的大门。这间小屋只有十多二十平米，中间放置一个大的柜台，这里是玉石精品展示区，一般人不能随便进入。李子华指着墙壁上的一块牌匾，告知这是他亲手书写的老房子的历史。当我驻足、凝视着牌匾的内容时，刘长民却示意我赶快离开。之后刘长民解释到，李子华不是店铺的老板，真正的老板姓张，几年前在大理做导游，后来赚了钱，租了这栋老房子开了玉石商铺，并以"富兴盛"作为店名，将之注册为玉石商标。"富兴盛"是当年享誉国内外的著名商号，这栋房子和"富兴盛"为玉石营销赢得了良好信誉，加之经营规模大、影响力广、经营方式灵活，"富兴盛"成为早期玉石商铺中最受欢迎的店铺之一。张老板雇用了三十多位员工，分别担任顾问、销售总监、普通员工，这些员工每个月都要参与严格的考评，作为员工内部流动的标准。张老板有一个规定，凡是进入"富兴盛"工作的员工，在面试之前都要进行培训，这个培训除了有销售能力、客户评估等内容，最重要就是如何讲解关于老房子的故事。实际上，每一个员工的试用期都是从讲解故事开始的。这些故事将玉石融入叙事，创造出玉石营销的氛围，某种程度上刺激着消费者的购买欲。

"福云祥"是另一家玉石商铺，老板姓郭，是安徽人。20世纪90年代就跟随亲人去缅甸做玉石买卖，后来在缅甸认识了王娜，结成夫妻。几年以后，他们与亲戚朋友在广州合伙开了一家玉石加工厂，常年往返于缅甸与广州之间，从事玉石的毛料买卖、加工和销售。2005年，他们在西双版纳开了一家玉石商铺，请了一个当地人

[①] 化名。

景观重塑：一个西南边陲侨乡的社会文化重构

看守店铺。大部分时候他们待在广州，孩子也就交给父母照管。2016年他们来到和顺，租了古镇一家宗祠经营玉石。为了营造浓厚的营销氛围，宗祠的二进院左右两侧分别布置为"马帮展示馆"和"翡翠展示馆"。"马帮展示馆"主要陈列"走夷方"时期马帮遗留下的日常用具，如脸盆、提箩、茶壶、茶杯等。"翡翠展示馆"展示的是玉石从加工到成品的过程，以及"缅甸矿区分布图及开采现场展示图"。宗祠的西厢房一楼摆放着一些毛料，或是加工成品剩下的一些边角料。西厢房通往销售区的转角处有一间"藏珍阁"，这是几十万元乃至几百万元的高档玉石展示区。销售区主要位于宗祠大殿左侧，分为上下两层，其中二楼是精品区，也是老板的会客室。东厢房主要销售价格低廉且作为旅游纪念品的普通玉石。与"富兴盛"不同，"福云祥"是家族式经营，郭老板和他的亲戚唐老板（男，45岁）是整个家族最大的"股东"，其余十几名管理人员，全部是来自安徽的亲戚，剩下的一些普通员工，是他们雇用的和顺人或腾冲人[①]，其中有1—2名普通员工是专门的讲解员。他们每天站在宗祠门口，带领游客参观宗祠：

小徐（男，20多岁）

我们大门就是一个中西合璧的结构，你看到的就是一个欧洲拱门、南亚的宝塔、缅氏的塔尖、中式的雕花的一个建筑。宗祠二进院左边是马帮展览馆，可以了解马帮文化，当年腾冲是马帮重镇。这个家族也是靠马帮起家的，墙上照片中的这位先生是我们嘉庆年间的族长，也是宗族第一个开始经商的，他通过马帮把中草药运往缅甸销售，赚了钱后就开始从缅甸买玉石毛料带回腾冲加工，做起了玉石生意。这个宗祠就是在他的带领修建的，现在有两百多年的历史。马帮展览馆展示的是马帮经常用到的物件，像这个驼铃是在狭窄路段通知对面的马帮让路的工具。手电

---

① 和顺人对当地有很强的自我认同感，他们在与其他人交流时，往往喜爱用"和顺人"而非"腾冲人"，这里使用的"腾冲人"一词，指的是除了和顺当地人之外的民众。

第二章 玉石商铺:传统贸易的复兴与繁荣

筒是从英国带回来的,为什么在这些古镇可以看到国外的一些东西,我们有句古话说"穷走夷方急走厂",穷就是去缅甸讨生活,急需用钱就到玉石场,那些走出国门去做生意的人就会把这些洋货带回来。右边是个翡翠展览馆,展示翡翠的制作过程,这些都是从缅甸运来的玉石毛料,毛料都是由石皮包裹着的,肉眼看不到材质,所以我们把买毛料称之为赌石。这里还有一幅缅甸玉石矿区分布图,我们现在的所在地腾冲,六十多公里处就到了猴桥口岸,过了口岸就到缅甸,腾冲距离缅甸玉石场最近,玉石几乎都是从原产地进入腾冲市场的。……大殿前面的走廊铺了一条玉石路,这条路就是纪念最早经商的先生的,是他带领我们经营翡翠,沿着这条路右边就是我们继承祖业重新开张的玉石店……

小徐的主要工作是通过讲解将游客带到玉石销售区。他是玉石销售过程中的关键人物,很大程度影响着交易的可能性。因而,玉石老板极为看重讲解员的口才,并将讲解的表现作为员工的奖励标准。为此,小徐花费了很大心思围绕宗祠讲解故事。在讲解中,小徐常常以"我""我们"作为叙事的开场,强调自己作为商号创始人后裔的身份。这样的讲解很容易将听众带入生动的故事情景,客观上拉近了讲述者与消费者彼此之间的距离。他的讲解没有空洞、抽象的陈述带来的乏味,反而使故事显得更加有趣和真实。他以具体的物件作为铺陈,利用宗祠里的陈设、展示物、地图、图片等,构成历史记忆的素材,表述与呈现关于祖辈的过去。麦克科尔(John McCall)指出,物体沉淀着历史与记忆,这些物体促使人们回忆起相应的过去,并嵌入与复杂符号体系密切相关的场所、关系以及历史记忆中,只需要一个简单的术语便能使大家理解这些物体的历史含义[①]。在和顺,这个简单的术语便是"老房子"或"宗祠"这样的建筑景观。与之相关联的"走夷方""马帮""玉石贸易""跨国商

---

① [美]迈克尔·赫兹菲尔德:《什么是人类学常识——社会和文化领域中的人类学理论实践》,刘珩等译,华夏出版社2005年版,第69页。

号"等历史记忆通过对"景观"的叙事不断地将过去带入当下的情境。与乡民饱含情感、记忆的叙事有所不同,讲解员对房子的讲解虽然以乡民的景观叙事作为参照系,但是更加突出和顺在滇缅玉石贸易中的传统地位以及家族经营玉石的发家史,从而为玉石销售作铺垫。事实上,老房子的叙事成为玉石商进行玉石营销的一种策略。乡民日常生活的景观叙事变成商人可供利用的文化资本,讲解员通过"说景观"(talking about landscape)① 的方式,努力实现文化资本与经济资本之间的转化。嵌入叙事中的记忆和情感,与"说景观"背后的生意经相互交织,共同形塑着不同主体对景观的认知与实践。由此可见,景观意义化的过程并非是单一、静止的,而是一个动态、多元的意义叠加。

小 结

腾冲与缅甸之间人口、信息、资本、物品的流动促进了两地的族群互动和商业贸易,由此就造了一个流动的地方世界。腾冲作为中西、南亚、东南亚文化和经济相互交融、交汇的特殊地带,为和顺商业传统的形成与发展创造了良好的政治经济环境。尤其当腾冲从传统的边境贸易、边民互市,融入全球性、综合性的世界资本主义经济体系之中时,腾冲对外贸易的迅猛发展客观上为和顺经济、文化的繁荣发展奠定了基础。同时,和顺人独特的"商业精神"、同乡情谊和宗亲关系在和顺人经商传统中扮演着重要角色。和顺的文化氛围、群体气质以及在经商中结成的友爱互助,使活跃在滇缅商贸中的和顺人成为腾冲商帮的重要组成部分。家族式的经营、跨国商号的建立,形成了以和顺人为主体的商业网络,他们的商业成功使和顺成为一个富庶的边陲侨乡。随着国家政治、经济环境的变化,昔日的繁华已悄然逝去,伴随商业贸易形成的跨国流动、马帮、玉石贸易、商号已成为从

---

① 方怡洁:《云南和顺地景中的国家象征民间化过程》,《中国农业大学学报(社会科学)》2008 年第 2 期。

第二章　玉石商铺：传统贸易的复兴与繁荣

人们的日常生活中"脱嵌"而出的"过去"。但是，当和顺以一个边陲古名乡进入旅游大众的视野时，公共媒体、政府、开发商对古镇的宣传唤醒了乡民对"过去"的新一轮表述。诚然，如果一个族群的生计模式主要是依靠旅游，那么旅游业对这些人的文化表述将也不容置疑地影响他们自己的表述[①]。作为"走夷方"时期的重要遗痕，"老房子"等建筑景观不仅是乡民日常生活、情感交流的空间，更是他们展开叙事和回忆过去的"记忆场所"[②]。乡民通过"说景观"的方式不断重构已"脱嵌"的历史，并将与"老房子"关联的记忆、情感、认同"再嵌"入人们的日常生活之中。乡民围绕老房子的故事虽然伴随着个体性、偶然性等特征，但是他们的讲解普遍反映的是乡民共享的认知模式。老房子之于和顺人不只是居住场所，其中蕴含着他们的历史记忆、情感归属和身份认同。在乡民的叙事中，景观已经超越了作为"物"的视觉性和实用性。老房子经过人们的反复谈论，在人与地理环境的关系中创造出一种凝结着乡民历史心性的地方感。

在一个复杂的旅游场域，景观的意义化过程不仅包含乡民对景观的认知，还包括不同主体对景观的利用与改造。对于开发商与政府而言，为了扩大古镇的知名度，增加旅游收益，老房子作为重要的旅游资源被描述为具有文化底蕴和历史特色的景观建筑，而玉石商将"老房子"承载的跨国流动、马帮、侨乡、玉石贸易等历史记忆与文化要素进行创作与改编，编造出有利于玉石销售的叙事文本。玉石商与乡民对景观的不同叙事彼此影响、相互作用。一方面，商人借用乡民的表述体系，以玉石营销为目的；另一方面，旅游发展刺激东道主的文化自觉，乡民不断通过"老房子"讲述过去的故事，在此过程中，记忆与文化、历史与认同得以重新表述和建构。由此可知，"景观"

[①] 杨慧、陈志明等主编：《旅游、人类学与中国社会》，云南大学出版社 2001 年版，第 6 页。

[②] Nora, P., "Between Memory and History: Les Lieux de Mémoire", *Representations*, No. 26, Special Issue: Memory and Counter-Memory (Spring, 1989), pp. 7-9.

| 景观重塑：一个西南边陲侨乡的社会文化重构

是一个"文化过程"①，永远处于不断地变化和发展之中②。地方文化得以涵化、整合的同时，历史记忆也将会根据实际情形选择性地展示在旅游的"前台"，从中我们可以借由"景观"窥见传统如何在现代的语境中得以延续与再造。值得注意的是，乡民的景观叙事并非纯粹地表达情感和记忆，其中也夹杂着利益旨趣，因为在乡民早期开办的民宿中，老房子的故事吸引着很多游客前来入住。

---

① Ingold, T., "Introduction to Social Life", in T. Ingold (ed.), *Companion Encyclopedia of Anthropology*: *Humanity, Culture and Social Life*, London: Routledge, 1994, p. 738.

② Hirsch, E. and Hanlon, M. (eds.), *The Anthropology of Landscape*: *Perspectives on Place and Space*, Oxford: Clarendon Press, 1995, pp. 1 - 20; Stewart, P. J. and Strathern, A. (eds.), *Landscape, Memory and History*: *Anthropological Perspectives*, London: Pluto Press, 2003, p. 10; Ucko, P. J. and Layton, R., *The Archaeology and Anthropology of Landscape*: *Shaping Your Landscape*, London: Routledge, 1999; Tilley, C., *A Phenomenology of Landscape*: *Places, Paths and Monuments*, Oxford: Berg, 1994.

第三章 客栈：从祖产到消费空间

景观叙事推动着景观的资本化，很多"老房子"被改造成玉石商铺，这些商铺的出现在某种程度上强化了和顺作为玉石之乡的印象。玉石商铺中的故事将跨国流动、马帮、玉石等和顺的历史与文化再次呈现出来。"老房子"的资本化，不仅表现在玉石商铺，还表现在民居或客栈的繁荣与发展。景观叙事不断在"老房子"中重演，客观上增加了房子在旅游活动中的商业价值。刚开始，地方政府为了提高和顺的旅游接待能力，鼓励乡民开办民宿。老房子的建造风格、可利用的空间以及老房子的故事吸引着很多游客放弃在市区入住的机会，选择住在最具传统特色的和顺民居。同时，外地人也捕捉到"老房子"的潜在价值，开始租用乡民的民居经营客栈。从此，客栈也成为景观叙事的重要场所，叙事者也从乡民、玉石商，拓展到客栈老板。随着和顺旅游业的兴起，乡间从没有任何旅社，到逐渐出现乡民自办的民宿，最后发展为几百家分别由本地人和外地人经营的民宿和客栈[①]。大规模的客栈与鳞次栉比的玉石商铺成为旅游开发之后的新型景观，共同形塑着古镇的村落形貌。在旅游开发后的十多年，古镇旅游核心区为何出现大规模的民宿和客栈？后期建设的客栈为什么大部分由外地人经营？不同时期的旅游发展对乡民、

---

① 老牌民宿是指最早由乡民经营的民宿。受市场、房屋改造以及主人意愿等因素的影响，这类民宿逐渐淡出了市场，而新型民宿也是由乡民经营，但是由于房屋可以灵活改造，房间布局和设施更加能适应市场的需求，一直延续至今。这里主要为了讨论的便利将之分为"民宿与客栈"两种类型。民宿与客栈的区别主要是根据房子的设计、布局、装修、服务和经营理念进行简单区分，以强调外地人经营的客栈在档次上远远高于当地人。

投资者的影响，以及他们的态度与实践如何影响旅游景观的变化？为此，本章将聚焦于重塑和顺村落形貌的另一景观——客栈，并通过对不同时期民宿和客栈发展变化的特点，分析老牌民宿的式微、新型民宿的出现，以及外地人客栈兴起的过程及原因，进而探讨本地人与外地人之间、本地人与本地人之间的相互关系，并借此阐述传统与现代、休闲与怀旧、竞争与依赖等因素如何相互交织推动着当地的社会文化再生产。

第一节　本地人经营的民宿

20世纪90年代以前，进入古镇的游客因找不到住宿，不得不回到市区落脚，甚至有些远道而来的背包客在乡民的院子里搭起了帐篷。这一状况在腾冲举行"中国腾冲火山热海旅游节"期间表现得尤为突出，食宿问题严重制约着古镇的旅游发展。一些乡民在地方政府的动员下，开始简单装修自己的房子，开办了乡间第一批民宿。刚开始，整个古镇一共只有六家民宿，主要集中在旅游开发区的核心位置——高台子和李家巷。这些民宿是当时和顺唯一能够为游客提供的旅游住所，尽管条件简陋，还是吸引了很多游客。据乡民回忆，在旅游旺季，这些民宿都挤满了客人。最初，游客入住这样的民宿是因为这是当地最具特色的人文景观，他们能够走进乡民的日常生活，近距离体验地方的特色文化。最重要的是，老房子的故事激发了游客的极大兴趣，满足了他们对地方文化真实性体验的期望。随着旅游开发的深入，地方政府为了提高当地的旅游接待水平，提供了更多的优惠政策鼓励乡民经营民宿。民宿的数量由原来的六家增至十三家，散布在核心区的尹家坡、刘家巷、李家巷头、十字路口。随着游客对住宿标准的提高，这些"老牌民宿"因为满足不了游客的需求，逐渐退出了旅游市场，但是游客对民居的偏好却刺激着另一些有条件的乡民不断改造房子的空间，以迎合游客的需求。随之，一批由乡民经营的"新型民宿"在乡间出现。

第三章　客栈：从祖产到消费空间

一　老牌民宿

最早的民宿基本是"三坊一照壁、四合五天井"样式的"老房子"。如前所述,"走夷方"时期,和顺人奔走于和顺与缅甸之间,很多男性在和顺和缅甸娶妻生子。随着人口繁衍,"老房子"成为缅甸与和顺两地亲属共同占有的祖产。一般情况下,"老房子"的共有人很多落籍缅甸,平时房子只有一户人居住。这些人几乎都是上了年纪的乡民,子女在城里打工或在外地工作,平时很少回家,宽敞的院落和闲置的房间恰好可以为游客提供住宿。乡民对屋顶和墙壁进行简单装修,将原来稍大一点的房间进行分隔以便留出更多空余的房间,然后在每间房子放置一些简单的家具。这些简陋的摆设曾是乡民为游客提供的住宿条件。当时和顺没有专业经营饮食的餐馆,早期的民宿同时也兼做餐饮。"养心居"与"望山小院"是乡间最早一批民宿,主人为了迎接游客曾对房子进行过简单装修。例如,"养心居"的二楼曾是储物间,主人刘长民用木板将二楼左边的房间分隔成三间房,右边转角处的两间房间分隔成五间房。每间房放置两至三张床、一个床头柜、一把腾篾①靠椅、一个衣架、两双塑料拖鞋。房间没有窗户,楼层又低,显得极为拥挤和幽暗。原来圈养牲畜的地方也被改造成公共卫生间和浴室,作为一项满足游客入住的基本条件。此外,厨房还增添了许多现代化的灶具,旧式的土灶、大锅已经闲置。

"养心居"是刘长民的妻子李芳②负责管理,她是腾冲绮罗人,35岁才嫁到和顺。在没有经营民宿之前,李芳每天上山找柴、掰玉米、烧猪食、喂猪、种地。当时他们有两块玉米地,一处在芭蕉关(现在和顺野鸭湖一带),另一处在黑龙山,由于去黑龙山路途遥远,每天起早贪黑,日子过得很辛苦。几年以后,李芳开始种植旱烟,每天把烟叶背回家,晒在院子里,等烟叶黄了,砍成烟丝拿到市场上

---

① 腾篾是用缅甸竹篾编成的手工制品。
② 化名。

景观重塑：一个西南边陲侨乡的社会文化重构

图 3-1　早期民宿（2018 年 8 月）　　图 3-2　民宿客房（2018 年 8 月）

去卖，一年下来只有两三千元的收入。她觉得收入太低、不划算，开始到中缅边境做买卖。她从腾冲收购白果①拿到缅甸木姐和棒塞市场上销售，有时一去便是几天。虽然去缅甸主要在亲戚家里吃、住，来往的交通费也不高，但是赚到的钱仅能维持简单的生活。2003 年以后和顺来了很多游客，李芳在地方政府的动员下利用自己的空房子开办了民居旅社。自从开始经营民宿，李芳几乎没时间去田里干活，整日忙于打扫房间和做饭，占据了她大部分的时间和精力。到了旅游旺季，房子住满了游客，她忙不过来，就会临时雇用一个乡民帮忙，如果女儿放假回家也会加入其中。刘长民大部分时候喜欢陪客人闲聊，讲述"老房子"的故事，有时也应邀充当"导游"，带着游客游览腾冲的名胜古迹。他真正关心的是一个摆放在堂屋右侧的玉石专柜。自从开办民宿以来，他经常从盈江低价购买玉石，然后在民宿中销售。据刘长民回忆，盈江距离缅甸的拉咱很近，只需要一天的路程，很多个体老板为了逃税，私下将货物从拉咱带入盈江，他便有机会在盈江市场上购买到便宜的玉石。当时住在他家的游客百分之九十都会从刘长民手中购买玉石。民宿和玉石买卖为刘长民一家带来了丰厚的收

---

① 银杏树的果实称之为"白果"。

益，每年他们都能赚到几万块钱，极大地改善了他们的生活水平。

"望山小院"也是当时乡间有名的老牌民宿。退休后的寸美芬回到和顺，与住在市区的大姐共同出资修缮了原来的老房子，并于2006年初春的时候开始经营。她和先生住在一楼拐角处的一间房里，二楼留作客房。由于二楼楼层比"养心居"高，房间显得更加明亮，而客房的摆设与"养心居"并无大异。21世纪初，和顺不再是一个无人知晓的小镇，国际旅游节和地方政府的宣传吸引着很多游客的到来，原来的十三家民宿已经供不应求。这些老牌民宿当年生意十分红火，尤其到旅游旺季，每家都住满了客人。有些不愿离开古镇的游客，四处寻觅找不到空床位，民居主人便出于好意让他们在厅房和后花园打地铺，不再收取任何费用，对此寸美芬解释道：

> 和顺开始搞旅游的时候，来这里旅游的人特别多，主要来自重庆、成都、广州和北京，还有很多外国人。有些游客来到这里没有住处，我们就让他们住在厅房和后花园，他们主要是对我们的老房子感兴趣。经常也会有学生来这里写生，他们一来就是二十多人，有时住不下就去隔壁的"养心居"。学生白天出去写生，傍晚总是在堂屋外的院子里围坐，催着我和叔叔"讲故事喽、讲故事喽……"我就和叔叔讲祖父怎么去缅甸做生意，又怎么创办了商号的故事，他们总是竖着耳朵听……

老牌民宿是当时仅能为游客提供的住宿，价格低廉，又提供餐饮。每个床位收费大约20元，每顿饭10元。因受老房子主体框架的限制，每家民宿不超过十间客房，容纳人数一般在10—20人。如果客人超过了一间老房子的接待量，乡民就会将多余的客人安排在相邻的民宿中。当年，入住的客人中有很大一部分是在校大学生，他们并非来古镇度假，而是到和顺写生，一般有二三十人。他们居住的时间相对较长，这些老牌民宿成为他们的首选。老牌民宿深受欢迎，除了"老房子"是当地最具特色的建筑景观，民居也是游客体验边陲侨乡文化的最佳选择，同时附着于"老房子"的故事也对游客产生了巨

景观重塑：一个西南边陲侨乡的社会文化重构

大的吸引力。还有一个不可忽略的因素，那就是老房子的主人热情好客。很多游客长时间与他们同吃同住，建立了深厚的友谊。曾经有一个北京游客，二十多年前与同事在"望山小院"住了十多天。休闲舒适的文化体验、古朴宁静的老房子、热情好客的主人、可口的乡间小菜给她留下了深刻印象，回到北京后她介绍了很多朋友入住这家民宿。调查期间，我多次遇到曾在这些老牌民宿居住过的游客，多年后他们带着家人重游古镇，再次造访以前住过的民居，当年经历仍然让他们难以忘怀。

老牌民宿的生意大约维持了十年，在一些新型民宿出现以后就不再接待游客。对于老牌民宿的消逝，大致有四个方面的原因：其一，这些民宿的条件极为简陋。比如，房间没有电视机、卫生间等设施，每天早晨游客需要排队使用公共卫生间，给他们带来极大不便。此外，客房平均面积不超过20平方米，拥挤局促，阴暗潮湿，有的甚至发霉，一楼通往二楼的木质楼梯狭窄而且陡峭，有一定的安全隐患；其二，老房子是挂牌保护的古民居，建筑材料为实木，如果在原来的房间内改造卫生间，不仅造价高，还会对房屋的主体结构造成破坏。按照《云南省和顺古镇保护条例》①的规定，房屋必须保留原有的建筑风格，修旧如旧；其三，这些民宿的主人大多已经70多岁，子女常年在外工作，由于身体原因，不愿再度操劳；其四，房子的修缮与维护主要由世居和顺的房产共有人负责，缅甸的共有人很少出资。虽然老房子被纳入受保护的"古民居"，乡民却没有得到任何房屋修缮补贴，他们也不愿为提高游客的入住条件投入大量资金。

二 新型民宿

当老牌民宿回归到日常生活空间以后，和顺又出现了一批由本地人经营的新型民宿，这些新型民宿也是利用闲置的房间营业。与老牌民宿相比，新型民宿出现的一个重要原因在于房屋可以进行大面积改

---

① 《云南省和顺古镇保护条例》办法（试行）第五十四条第一款规定：原貌木结构建筑特指和顺古镇古村原有的建筑。和顺古镇古村必须修旧如旧来保持原貌木结构建筑。

造。虽然这些房屋也是"三坊一照壁、四合五天井"的传统民居,保留着家堂牌位、楹联、牌匾、花园等传统建筑格局和要件,但是在建筑用料、建造格局、装修风格上更加趋于现代化。这些房子大多建于1950年以后,很多不属于挂牌保护的古民居。只要在保证传统民居建筑风格的前提下,改造并不受任何限制。乡民可以对房子进行不同程度的空间调整,把原来空闲的房间改造成大小不一的标准间。与老牌民宿相比,房间除了床铺,还增加了电视柜、电视机以及卫生间。由于房子的空间限制,虽然卫生间很小,但是有洗漱台、洗漱用具和淋浴。"和睦居"[①]是乡间生意较好的一家新型民宿,位于古镇中心的一条狭小的巷道内,出行方便,又因巷道较深,略显安静。民宿主人尹振东[②]和妻子张敏[③]退休后与儿子、儿媳和刚出生的孙子一起生活,他们利用闲暇的空房经营客栈。房子的面积为两百多平方米,建筑材料使用的是松木,共有两层。一楼正中央为堂屋,左面为主人的卧室,右面为两间客房;二楼除了楼梯口一间是尹振东儿子一家的卧室,其余有六间均是客房。2005年,尹振东将房屋进行了大面积的装修。堂屋进行了吊顶,所有的柱子、房屋都刷上油漆,墙壁也采用木条进行装饰。此外,在原来的菜地上新建了一栋二层楼,一楼是公用卫生间和洗漱台,二楼是两间客房。从经营民宿至今,这幢房子已经进行过三次改造,对此尹振东说道:

> 这幢房屋不断进行改造主要是现在村民生活条件提高了,当然也是为了游客。二楼没有装修之前,经常会有灰尘落下,游客也不敢住。原来总共有七间客房,只有新盖的楼房一楼有两间公共卫生间,游客最多的时候有十四人,早晨起床后,院子挤满了等着使用卫生间的游客,后来我们为了提高住宿条件,才将其中四间房间改造成带卫生间的客房。

---

① 化名。
② 化名。
③ 化名。

景观重塑：一个西南边陲侨乡的社会文化重构

随着游客入住标准的提高，卫生间成为制约老牌民宿发展的一个关键因素。我住在"养心居"期间，很多游客打电话询房间情况，女主人都会以房间不带卫生间为由拒绝客人，因为她深信这是游客选择入住的首要条件。新型民宿的客房较之老牌民宿有了很大的改善，不仅宽敞明亮，而且干净整洁，除了公共卫生间，还在客房增添了卫生间。新型民宿的出现无疑弥补了老牌民宿在硬件设施上的不足，同时它们还为游客提供了一些个性化的服务。例如，游客可以选择加入主人的日常饮食，也可以从市场上购买食材，借用厨房自己制作食物，主人提供油、米、佐料等。这项服务既可以为游客节约开销，又可以避免游客因地方口味不适带来的困扰。此外，新型民宿与腾冲的部分景区建立了合作关系，入住这些民宿的游客能享受一定的优惠。虽然这些民宿没有通过"去哪儿""携程"等网络平台销售客房，但一直都有游客光顾，大部分游客是通过亲戚朋友介绍来的回头客。2014年，王佳怡①和丈夫带着儿子和父母来和顺旅游，曾住在"和睦居"。2018年她再次带着从加拿大回来的姐姐、侄女和父母入住了这家民宿。一大早，尹振东请"跑车"师傅去机场接机，随后去了菜地，掰了新鲜玉米，吩咐妻子张敏煮好后放在客厅。在接机师傅快要抵达和顺大门口之前，尹振东已经守候在门口等待王佳怡一家的到来。到了门口，尹振东帮助他们拖行李，一路寒暄问暖，带着他们回到家中。张敏接过行李，分配好房间，大家围坐在客厅，边吃玉米，边聊起当年他们来和顺的情景。接下来几天，王佳怡带着家人去了北海、热海、"荷花温泉"、观看了"梦幻腾冲"。每次傍晚回到家中，他们坐在一楼的客厅和尹振东聊起一天的所见所闻。在王佳怡一行离开古镇前一天，尹振东带他们参观了图书馆、和顺小巷、宗祠、民居博物馆等景点。傍晚，他和妻子亲自为他们准备"宴席"，包括"大救驾""棕包炒肉""头脑""稀豆粉""腾冲饵丝"等当地的特色佳肴。这是尹振东家多年的惯例，如果有游客再次入住他们的民宿，他们会免费提供一顿丰富的地方菜肴。次日，尹振东帮助客人把行李送

---

① 化名。

第三章 客栈：从祖产到消费空间

至景区门口的停车场，道别后才回到家中。我曾问过王佳怡，为何古镇有很多条件更好、价格适中的客栈，还依然选择这样的民宿，她回答说：

> 以前我来这里住过，我们就成为朋友，我也推荐给其他朋友来住。每次来老板都为我安排好所有的事情，包括司机和交通。我们去一些景点，只要报民宿的名字我们就能享受折扣。以后我来，还是会住在这里，价格便宜是其次，主要在这里感觉很放心、方便，如果不是这样，我们宁可选择市区的大酒店，也不会来这里。

便宜价格、卫生改善、设施提高、景区折扣为新型民宿的兴起提供了客观条件，但是乡民热情周到的服务以及为游客提供的便利为民宿招揽了更多的客源，其中还有一项"便利"是乡民利用村民身份将游客免费带入古镇。根据开发商与乡民达成的协议，如果有乡民的亲戚朋友到访，需要在售票处开具相关证明，也可以由乡民亲自带领进入古镇，从而免去门票。乡民将之视为能够为游客提供的一项便利来吸引游客。诚然，并不是所有的游客都是因为"免票"而入住乡民开办的民宿，但是对于那些想要走进当地人生活、远离城市喧嚣、体验异文化真实性，避免标准化酒店带来乏味的游客来说，新型民宿满足了他们的需求。除了入住环境的改善，民宿能够让游客进入地方民众生活的"后台"，通过与乡民同处一个空间，让游客有机会观察到当地人的真实生活。与老牌民宿一样，新型民宿也是"老房子"故事的叙事场所，游客对真实性的体验又因为乡民对"老房子"的讲述而加强。在这个过程中，民宿主人与游客的接触唤醒了本地人的文化自觉，他们在向游客讲述老房子的故事中为文化的复制、再造和再生产提供了前所未有的舞台和场景，使"老房子"成为旅游中可以利用的商品和资源。民宿中的景观叙事创造了体验地方文化真实性的舒适环境，这为新型民宿在旅游市场中赢得了一席之地。

本地人经营的新型民宿在努力改善入住环境的同时，也通过各种多样的策略提供地方性"特色服务"。在随后几年里，和顺的旅游接待设施迅速提高，外地人经营的客栈如雨后春笋般涌现。但是较之外地人经营的精品客栈，乡民的民宿价格相对便宜，本地人与游客之间的交流更为轻松、融洽，很多的游客成为乡民的常客和介绍人。最初的老牌民宿，吸引游客入住的是民居的历史与特色，然而如今却因为住宿条件的诸多限制，成为游客放弃入住的理由。新型民宿经过几番改造，在保持传统民居特色的同时，对房间的内在结构和设施进行了重新调整，既达到了大众游客对地方文化消费的心理期待，又满足了他们对住宿条件的物质需求。此外，乡民对民居进行改造，在旅游活动中盈利的同时，也重塑着原来作为日常生活的空间。民居不仅成为旅游景观和乡民的住所，也是传统与现代、东道主与游客相互交融的空间。

第二节　外地人经营的客栈

2012年以后，乡间除了本地人经营的民宿，外地人经营的客栈也逐年增多，占据了客栈总数的三分之二①。外地人经营的客栈最早出现在古镇的核心保护区，水堆村与十字路村相互交错的环村主道上。如今，在与里巷纵横交错的巷道两旁也布满了客栈，几乎每隔五六米就会出现一家，除了玉石商铺，客栈是巷道内数量最多的建筑景观。几年以后，客栈已经延伸到的里巷，比如，李家巷中段一条名叫"三成号"的里巷，现在共有11家客栈，而且老板全是北京人。另一条纵深仅为15米的巷道内，客栈的数量已达到七家。如今，甚至在保护区外围，如张家坡、后头坡、野鸭湖西侧也出现了一批由外地人新建的客栈。那么，这些客栈为何大规模地出现？又如何重塑了当地的村落形貌和本地人的生活？

---

① 数据来源于2018年7月24日与腾冲市公安局和顺中队所长的访谈。

第三章　客栈：从祖产到消费空间

图 3-3　张家坡正在建设中的现代客栈（2018 年 11 月）

一　客栈的优势

根据和顺古镇保护相关条例规定，和顺人的房子只允许在同一集体归属范围内进行交易。外地人来和顺做生意，就意味着只能租用当地人的房子。最初，外地人看中了乡间的"老房子"，但是由于"老房子"数量有限，装修费用高，难度大，一些老板也倾向于在村落四周更广阔的区域租地建房。与本地人的民宿相比，这些外地人经营的客栈门口挂着醒目的招牌，四周挂满霓虹灯，外观十分崭新。在旅游兴起头几年，地方政府对古镇房屋建设力度的监管不够完善，尽管《云南省和顺古镇保护条例》（以下简称《条例》）明确规定，古镇内的建设不得改变其传统格局和历史风貌，不得损害历史文化遗产的真实性和完整性，但乡间还是出现了部分违规建造的现代客栈。这些客栈大面积采用玻璃和木料作为建筑材料，外观时尚，有利于采光和通风，弥补了传统民宿居住环境上的缺陷。按照《条例》规定，古镇新建楼层限于两层，每层层高不得超过 3.6 米①，但在《条例》尚未严格执行以前，很多客栈建了三层或四层，远远高于古镇的传统民居。近几年，周围新建的客栈越来越多，将整个古镇的核心保护区包围起来。到了夜晚，从远处看去，这些客栈灯火通明，门口的霓虹灯

---

① 《云南省和顺古镇保护条例》办法（试行）第二章第十七条、第十九条。

耀眼夺目，客栈的建筑与整个古镇的风貌极不协调。

外地人的客栈最大的特点是干净整洁，房间的设计和布局没有丝毫凌乱，多功能区隔也使整个客栈的空间安排更加紧凑、有序。普通的客栈会有一个很大的院子，摆放着盆栽或是种植花草，有的客栈修建一个小水池，池里有睡莲和金鱼。大部分客栈的院子分前台和休闲区。休闲区通常放置木质长桌和桌椅，供游客用餐或闲聊。一些客栈的休息区通常有一个书柜，书架上大部分是腾冲、和顺的历史，文化、玉石和抗战等方面的书籍；另一些客栈会在此摆放一个销售当地的茶叶、药材、玫瑰花酒等特产的柜台。很多客栈在房顶会设计一个供游客休憩的阳台，中间放着桌椅，四面通风，游客可以在此眺望整个古镇的全貌。外地人的客栈拥有不同类型的房型可以满足不同消费者的需求。房间的设施比本地人的民宿更加细致，除了床铺、床头柜、电视机、拖鞋、衣柜，还在桌上摆放零食和水果。客栈老板对墙壁、地板、壁灯进行过精心的装修和布置，无论是建筑材料还是色彩搭配都营造出一种极强的现代感。一些高档客栈的硬件设施、洗漱用具，无一例外使用的都是高档品牌。有些奢华的客栈还建有专门的游泳池和健身房，以及可供一二十人聚会的阳台。较之本地人的民宿，这些外地人经营的客栈价格普遍偏高，普通的房间每晚二三百元，一些客房甚至每晚达到三四千元，到了节假日，尤其是春节期间，房费比原来高出一倍。外地人经营的客栈提供了现代化的入住环境，契合现代社会大众游客对便利与舒适的追求。同时，客栈老板对地方文化的了解以及当地员工的村民身份营造出的"地方感"，在某种程度上满足了游客的心理需求。对于那些对当地文化真实性追求不高，仅仅为了享受古镇田园风光和体验另一种生活方式的游客来说，这样的客栈很受欢迎。当然，这其中还包括一些出于安全和私密性考虑的游客。他们认为这些登记在册的客栈，相对比较安全，房间的分隔也能满足他们对私密空间的需求。

客栈老板极为注重服务理念和营销策略。他们对员工的要求很高，他们会对其进行上岗培训，包括如何整理房间、保持微笑服务、把握游客需求、提供细致服务等。比如，古镇建在半山坡，车辆很难到达客栈门口。通常情况下，接机师傅把车停在古镇入口的停车场，老板要求员工亲自到门口迎接，直至将他们的行李送至客栈，安顿好客人后才能回到自己的工作岗位。负责前台的员工不仅要能熟练运用电脑、登记入住信息，还要能为游客提供相关咨询，同时协调好与其他员工的工作，以便能为游客提供更加优质的服务。客栈老板大部分都在休闲区与客人闲聊，或推荐当地特产，有时也会根据性别、年龄、兴趣、爱好为游客制定个性化的旅行，并包揽行程中的交通、餐饮和娱乐等项目，同时针对部分景区提供市场上的最低折扣。如果到了旅游淡季，一些客栈会推出一系列优惠活动来增加入住率。比如，一家客栈在国庆期间推出优惠套餐，房价几乎是原来的一半，并为游客免费提供制作鲜花饼的体验，这一活动在网络平台上推出后一个小时，房源就已销售一空。

外地人经营的客栈入住率普遍偏高；另一个原因在于老板利用"携程""去哪儿"等网络平台销售客房。在多数情况下，到和顺的旅游团队会被旅行社安排在市区入住，到和顺民宿或客栈入住的几乎都是散客。客栈老板充分利用网络平台使游客第一时间了解客房信息。近几年，Booking和Airbnb等客房预订网站的流行为这些客栈赢得了更多的客源。相比当地民宿不借助任何网络渠道，仅靠回头客的做法，这些客栈无疑拥有更广阔的消费人群。另外，客栈老板常年穿梭于各大城市之间，积累了广阔的人脉。每年到古镇度假的朋友和生意上的合作伙伴也成为他们客源的重要组成部分。由上可知，现代化的居住条件、先进的服务理念、灵活的营销策略、广阔的人脉关系、大众游客的需求推动了整个古镇精品客栈的兴起。

二 悬浮的主体

外地的客栈老板大部分来自北京、河南、广东、四川等城市，另外一部分来自云南省内的其他城市。由于经营方式的差异，大致可以分为五种类型：第一类是以合股方式经营的客栈，这样的客栈老板往往是很多人投资经营一家客栈，其中一位老板留守客栈，最终收益按利分成；第二类是客栈老板出资建好客栈以后，将客栈托管给和顺另外的客栈老板进行管理；第三类是老板与旅游网络服务平台合作，借用网络平台的声誉销售客房，客栈老板可以自己经营，也可由网络平台派人经营，老板向平台交纳服务费；第四类是老板为幕后操纵者，很少来和顺，他们聘请的"中间人"作为客栈的管家，负责管理客栈的一切事务，并定期支付工资。这些"中间人"很大一部分是跟随老板多年在外地做生意的外地人，在乡民眼里这一类人也是客栈老板；第五类是由自己经营客栈的老板，他们以客栈为家，常年住在当地，客栈对于他们而言不仅是一种生计方式，更是一种生活。在和顺，最常见的客栈老板是"中间人"和以和顺作为"寓居之地"的老板。

张爱萍[①]（32岁，女）是西安人，原来一直跟着唐老板在老家做生意，后来唐老板在和顺张家坡开了一家客栈，就将客栈委托给她管理。这家客栈位于核心保护区的边缘地带，地势空旷，四周树木茂盛，极其安静，但由于交通不便，客人也相对较少。客栈分为前后两院，均为四合五天井，后院的地势相对较高。两个院落相互连通，前院二楼右侧有一走廊直接通往后院一楼。前院主要是餐厅、前台、厨房、员工房及少量的客房。后院一楼转角处留有一间是张爱萍和女儿居住的房间，其余均是客房。2015年，张爱萍带着女儿一起来到古镇，将她安排在当地一所小学就读四年级。客栈有两位张爱萍雇来的员工，分别负责打扫卫生和做饭。她们是邻村的农民，平时做一些小生意，只要有空就来和顺打工。其中一位员工，张爱玲叫她杨姐，来自腾冲的银杏村。银杏村是一个季节性的旅游景区，除了11—12月中旬正值银杏树变黄的季节，游客几乎很少踏足。她在当地开了一家农家乐，到了旅游淡季，杨姐就出来做事。张爱萍看中杨姐能烧一手好菜的能力，将她留在了客栈为客人准备早餐，同时也解决她和女儿的一日三餐。每天早餐时间几乎都能见到张爱萍，有时她会帮助杨姐为客人准备早餐，尤其遇到客人的生日，她会亲自为客人制作西安面点。早餐后，张爱萍通常会开车送杨姐去市区买菜，然后顺道在城里办事或带着女儿参加辅导班。当她将杨姐和女儿送回古镇之后，常常

---

① 化名。

第三章 客栈：从祖产到消费空间

独自出门和朋友聚会，这些朋友大部分是在腾冲做生意的外地人。张爱萍告诉我，这样的聚会对于他们这些外地人来说是必不可少的，她们不仅是聚在一起的玩伴，更多是生意上的朋友。很多时候，她回来很晚，杨姐就带着她的女儿做作业、睡觉。这个女孩除了上学和参加辅导班，几乎一直待在客栈，周围没有什么玩伴，员工及客人就成了她唯一的交流对象。过了半年，当我再次回到古镇，张爱萍已经离开原来的客栈，在和顺另外一家客栈加餐饮的连锁店做中层管理。她比原来更加忙碌，白天对新员工进行培训，傍晚到客栈下属的餐饮店帮忙，一直到晚上八九点才下班回家。当我问及为什么离开原来相对自由的工作环境时，她说道：

> 原来的客栈相对比较偏远，平时没有太多客人。我就和老板说网上的登记价格虽然很高，但是如果有客人来，我们可以根据实际情况，给他们多一点优惠，反正客房闲着也是闲着。我可以在自己的权限范围内，给客人很多折扣，所以有很多回头客。后来老板不再同意我给客人太多优惠，这样一来客人也就少了。我觉得老板不够灵活，我就选择离开，在古镇重找了一份新工作。

在和顺有很多类似张爱萍这样的"中间人"，他们的日常生活和人际网络大部分围绕着工作而展开，结交的主要是客人、员工和生意上的伙伴，甚至连朋友也是来和顺做生意的外地人。跟随他们来和顺的子女，虽然接受当地的教育，但生活几乎都限制在父母的工作范围之内。最初他们来古镇是基于老板对他们的信任，但是如果这一关系受到挑战，他们便会凭借多年与外地人结成的关系网络另寻他路。当我最后一次去古镇时，张爱萍已经带着孩子去了昆明，用她的话来说："昆明有更大的发展空间。"诸如张爱萍这样的"中间人"，他们虽然在古镇生活，但是他们对地方民众的生活兴趣不大，很难对和顺注入感情，也不在乎是否能与当地人建立良好的人际关系。他们与当地人的接触主要是从当地雇用的员工，一旦这样的雇用关系结束，他们之间也很少来往。和顺与其说是他们的临时住所，毋宁说是他们的工作场所。这群人的流动性很强，他们会根据工作的需要和发展穿梭于不同的城市之间，常常会为了追求更好的生存境遇和个人发展而离开古镇。地点的变化仅仅意味着工作环境的改变，而他们的情感归属、人际网络、生活方式实际上随着变动的社会环境，限定在一个外地人组成的社会网络。

王凯[①]（男，45岁）是一个以客栈为家，常年居住在和顺的客栈老板。客栈不仅是他的经营场所，也是他生活的私人空间。除了客栈，他还在附近一条巷道里开了一家经营家乡特色小吃的餐饮店。他聘用了四位当地人在店里帮忙，亲自教她们选择食材、烹饪食物，并监督她们制作食物的过程以确保家乡口味。每天早晨，他去餐饮店指导员工干活，并对当日的销售情况做到心中有数。临近傍晚，他回到客栈，喜欢在坐在院子里，在长方形的茶几上泡上一壶茶，等待客人归来。王凯的妻子刘姐原来是家乡的一位中学老师，后来她辞去工作跟随王凯来到和顺，他们的女儿也随之迁入当地的中学。她平时主要负责管理前台、培训新员工，或是回复网络平台上客人的评价。在调查期间，我经朋友介绍认识王凯，闲聊时我对客栈的经营情况以及他们与当地人的关系，做了如下访问：

笔者：您是哪年来和顺开客栈的？

王凯：2012年开的客栈，那个时候客栈不是很多。

笔者：您为什么会选择和顺？怎么想开客栈而不做其他生意？

王凯：我们在老家的时候约了几个以前的同学，打算租一个环境好一点的地方，搞个农家乐，我们一起投资，等我们都退休以后就相互在一起抱团养老。我们找到了合适的地方，都快要签协议了，其中几家反悔了，我们也就没有弄成。后来，我来腾冲旅游，发现古镇是个不错的地方，我就住在旁边的一家客栈。看到有一块空地，已经搭好了框架，我去了解情况，刚好房东要出租。我想在这个地方开客栈，也是一种养老方式。做客栈会比较

[①] 化名。

第三章 客栈：从祖产到消费空间

有意思，你会碰到有意思的人、有意思的事情。过了三天我就决定把这里租下来，我自己盖房子、装修，自己经营。2011年的时候装修，2012年就开业了。

笔者：和顺开了那么多家客栈，您家平时的入住率怎样？

王凯：平时的入住率是20%，旺季可能到80%，每年赚不了很多钱，但是也到不了亏本的地步。和顺客栈也很多，竞争很大，但我们对客人还是有要求的，他们选择我们，我们也选择他们。有一次，我在厨房里，听到有人在院子大叫："有人吗？"我就出去看。那个人进来问我还有没有房间，我看他大叫大嚷，也不礼貌，我就告诉他没有了，实际上我们还有空房。还有一次，也是同样的情况，我直接在房价上翻了两倍，客人一听就离开了。我觉得我们开客栈的和客人是平等的。我家是和顺最早使用Airbnb的，这个平台有个好处就是客人和商家之间可以互评，除了客人的需求，你可以了解到客人的信誉度。如果对这个客人的评价很差，我们也不愿意接待这样的客人。

笔者：您们平时和当地人接触吗？

王凯：以前来的时候，我比较喜欢和当地人聊天，主要向他们了解地方的情况。但是要说相处，我们很少来往，有些时候没有共同语言。尤其是他们的时间观念，让人受不了。上次盖客栈，他们告诉你会明天来，结果他说的明天不一定是明天，而是将来的明天。如果约几点钟见面，他们一般都会一两个小时之后再来。

刘姐：不过，这个对我们来说，没有什么影响，这里风景和气候都很好，觉得在这里居住很舒适。当年我们来这里的时候也是出于这个原因。我大部分时间在客栈，除了客栈的事，我看看书，陪陪女儿。有事的时候和房东交流，也没有和当地人有太多接触。以前在学校的生活就是朝九晚五，来这里也还是习惯的，比较自由。

笔者：房租到期后，您们会有什么打算？

刘姐：不好说，如果还是现状的话，我们估计还在这里，我还是喜欢这个地方，如果像丽江一样太商业化，我也不想来。我也考虑去高黎贡山和几个朋友合伙买块地盖一栋别墅，我们自己住几间，剩下的房间也腾出来给客人住，提供给他们厨房，自己种点新鲜蔬菜……

与张爱萍不同，王凯对自己在和顺开客栈有着截然不同的态度。金钱和利益并非是他在和顺开客栈的唯一考量。从他在和顺的生活状态以及对客人的选择中可以看出，他们对当地是有感情注入的，和顺优美的自然环境和当地的历史文化符合他们对生活的追求与向往，开客栈不仅是一种投资，更是一种生活。值得注意的是，他们对地方文化表露出钦佩和尊重的同时，却对地方民众持有一种偏见。正如访谈中所提及的，王凯认为当地人没有时间观念，不遵守约定。他经常向我抱怨，在餐饮店工作的员工会在合约期未满时，突然向他提出离开，他很难在很短的时间内找到合适的员工。这些细枝末节的生活琐事让他们认为当地人很难相处，所以很多客栈老板只愿雇用当地人做临时工，很难发展为很好的朋友关系。在和顺，不乏介乎于张爱萍和王凯两种生活状态之间的客栈老板，但他们代表着大多数群体。我们看到，这些外地人的介入使当地的社会结构在"去地方化"的过程中也在不断"再地方化"。多主体的社区连接不再受制于传统社区中"血缘、亲情、权威"等核心要素，不再以熟人伦理作为调节行为的纽带，而是以"业缘、友情、合作"等新要素发挥效能，塑造着社会个体的公共行为[①]。无论是"中间人"还是长期生活在和顺的客栈老板，客栈是他们工作和生活的主要场所，工作之需使他们之间彼此团结，形成一个以外地人为核心的私人网络。他们与乡民保持一定的距离，这不仅因为空间区隔造成的社会藩篱，还在于外地人与本地人互为"他者"的印象，使这群外地人成为"悬浮"于地方生活上的主体。

三 互为他者

外地人经营的客栈很多是乡民的老房子，这些房子都是祖辈遗留的祖产。在旅游开发的最初阶段，大部分房屋都是乡民居住，只有很

---

① 郭文：《旅游空间生产：理论探索与古镇实践》，科学出版社2015年版，第124页。

第三章 客栈：从祖产到消费空间

少一部分乡民开办民居旅社。但是，外地人进入和顺经营客栈以后，乡民将房子或土地租给了外地人做生意。外来商对原来的房子进行了大面积改造，无论是房子的结构或是外观都发生了很大的变化，尤其那些租用土地建盖的新客栈，尽管保留了古镇的建筑风格，但却成为古镇的另类景观，重塑着整个古镇的村落形貌。同时，外来商的进入使房子成为现代化的消费场所，对于乡民而言嵌含在房子中的记忆与情感也随着房子的出租而消失。

外地老板的到来使本地人的生活发生着微妙的变化，形塑着本地人与外地人之间的相互关系。和顺有几家高档客栈，终日大门关闭，门口设有门禁系统，只有通过密码才能进出，四周围墙高筑，没有一扇窗户，从外很难观察到屋内人的行迹。一位以前开民宿的和顺人聊起这些客栈，语气中透露出不可思议而又非常惊讶的情绪："你很难想象很多高档客栈，他们的客人一进去，吃喝拉撒全在里面，游客进出还有人陪同，从他们来到离开，他们都不和当地人说一句话。"田野期间，我曾听到过乡民议论李奶奶去看亲戚而被训斥的事件。李奶奶年轻时嫁到邻乡，一日她回到和顺想去看看以前侄儿住的老房子，可是到了大门口，她发现大门关闭，就在门口等了一会儿，后来看到有人来开门，她主动迎上去。屋里的人立刻把门关上了，说这是客栈不是民居。无奈之下，李奶奶离开了。乡民对此的评论是"私人场所的主人已经不再是街坊邻里"。这是乡间常听到的抱怨，起初人们出于乡里情分，互相走访，后来人们逐渐意识到这些客栈已经是外地人的私人场所，也就很少再去。按照当地流行的说法，他们不去是怕影响人家做生意。尽管大部分客栈终日敞开大门，但是这种空间区隔感并没有因此打破。一位乡民这样描述外地的客栈老板：

> 有些客栈装修得非常漂亮，现代化的设备什么都有，有一个客栈还有私人游泳池，我们的民宿根本没法比，还有他们经营客栈的方法和理念，我们以前听都没听过，他们确实带来了一些观念和想法，现在他们生意特别好，对于我们来说简直是"羡慕嫉妒恨"，他们虽然在我们的土地上开客栈，但是对于我们来说简

直是另外一个世界。

我在和顺调查的一年多时间里,听见本地人对这些外地老板评价最多的一句话,就是"他们很会做生意"。在当地人眼中,这群外地人不仅有钱,最重要的是头脑灵活、见识广,凭借广阔的人脉关系以及对大众游客消费心理的把握轻而易举地赢得了更多顾客,这让他们望尘莫及。但是这些外地人有自己的生活圈子,很少与当地人接触,只与游客和其他的外地生意人打交道。很多时候,乡民很难理解外地人的做法。外地人的进入导致空间区隔、物价上涨和激烈竞争,但他们的经营理念、价值观念、生活方式冲击着当地人的想法。有时外地人的生活方式和观念与乡民形成强烈的对比,让他们觉得不可思议。比如,乡民时常看到外地人悠闲自在地在古镇散步和遛狗,他们认为这是城市人的生活方式,而一些外地人租用乡民荒芜的农田种菜,在乡民看来这又与都市生活背道而驰。

由于外地人对空间的隔离和"保护",外地人与本地人在空间上形成一条明显的社会界线。这种空间他者化的过程,正如 Sibley 所言,"空间净化"(spatial purification)是社会空间组织的一个重要特征:人们在营造环境中借由强化空间隔离来凸显社会界线的存在,借此巩固对他者的排斥,并防止界线的逾越[1]。就空间范围而言,客栈对乡民进行了封闭隔绝,客栈内是老板与游客的私密空间,而外围则是乡民生活的公共场域。空间"隔离"实际上在外地人与本地人之间划分了一条无形的社会藩篱,而空间区隔又因他们心理上的距离,以及互为他者的印象得到进一步强化。

第三节 出租:竞争后的一种"补偿"

和顺旅游业发展的十多年间,古镇的民宿与客栈的数量从原来的

---

[1] Sibley, D., *Geographies of Exclusion: Society and Difference in the West*, London: Routledge, 1995.

十几家增加至几百家。这些民宿与客栈无论是环境设施、服务水平，还是经营方式都有了很大改善，老板不仅有当地人，也有外地人，而且外地老板占了总人数的80%以上。截至2018年7月，古镇有279家客栈，客房达到2308间，床位3242个①，但是这一数据来源于官方，实际上古镇还有一些没有营业执照的民宿尚未被统计在内。在田野调查期间，乡民经常提及古镇至少有七八百家客栈，甚至有些人说已经达到上千家，虽然这些数字略显夸张，但足以证明他们对客栈数量变化的深刻感受。事实上，客栈的数量很难进行精确统计，原因在于和顺还存在一批没有办理相关营业执照，但兼营民宿的民居。这样的民宿经营方式较为松散，平时空闲的房间作为客房，没有客人来时，房子就是家庭成员的日常生活空间。此外，乡间还有一些已经获得营业执照，但是正在建设尚未投入使用的客栈。这些大规模存在的民宿和客栈无疑加剧了本地人与外地人之间的竞争。

表3-1　　　　　　和顺古镇各村客栈、民宿统计表

类型＼社区	十字路村	水碓村	大庄村	合计
客栈、民宿	155	115	9	279
客房	1206	1030	72	2308
床位	1932	1206	104	3242

资料来源：腾冲市公安局和顺中队，2018年8月。

一　激烈的竞争

如前所述，外地人的客栈不论是在入住条件、环境设施，还是在服务理念和营销方式上所占有的优势都对本地人的民宿造成了严重冲击。本地人与外地人之间的竞争最初表现为双方成立的客栈协会之间的对抗。随着客栈规模增大，老板之间的交流和互动亦渐趋频繁，在几个组织能力较强的外地老板带领下，外地人组成了一个

① 数据由腾冲市公安局和顺中队提供。

自我服务、自我管理、自我服务的"HY协会"。协会的目的在于形成以一个以客栈为代表的组织，能在政府、商家、当地人交流与对话中表达自己的利益诉求。2015年年底HY协会成立之初，得到了地方政府相关部门的响应和支持，并获得一间位于和顺古镇保护管理局办公楼右侧的临时办公室。HY协会由理事会、常务理事和会员组成。理事会是协会的核心组织，负责策划协会的一切活动；常务理事分为外联组、会务组、监事会。外联组负责商家、景区之间的合作；会务组负责处理纠纷、组织培训和开展活动；监事会负责监督与管理会费。HY协会成立以后，在理事会的精心组织下，为会员做了很多实事。比如，外联组与商家进行谈判，取得了腾冲一些重要景区、景点的优惠套票。如果没有协会作为团体支撑，以个人方式难以争取到这样的优惠。另外，协会每年组织一次年会，聚集相关人员讨论客栈存在的问题以及解决方案。最初，协会为会员带来很多实惠，于是在2017年，协会的会员从原来的两百多人增加至三四百人。为了便于管理，协会将客栈按照所在位置划分为ABCDEF六个片区，每个片区派一个负责人管理。在六个片区中，除了其中一个片区有几户本地人之外，其余几乎是外地人。由于外地人所占比例较高，HY协会一直被视为是外地人的行业组织。

　　HY协会成立之前，古镇也存在一个由本地人组成的"MJ协会"。该协会成立于2009年，是当地政府为了鼓励乡民利用老房子开办民宿而建立的。随着游客数量增加，越来越多的本地人开始经营民宿，协会的人数从原来的六七十户增至一百多户。外地人的HY协会成立以后，负责人曾主动联系MJ协会的主要管理者，建议将两个协会合二为一，结成一个本地人与外地人联合的客栈网络组织，但是遭到本地人的拒绝。乡民认为，外地人的客栈在设施、管理、服务上远远超过本地人，倘若加入HY协会无疑会处于一个更加被动的位置，他们宁愿通过本地的MJ协会来争取自身的权益。为了扩大民宿的影响力，MJ协会在和顺的双虹桥一侧竖立了一块广告牌，内容是和顺古镇核心区的地图，地图上标明MJ协会所有成员开办的民宿的位置。广告牌刚刚建立，以外地人为主的HY协会就将此拆除，并在原来的

第三章 客栈：从祖产到消费空间

位置重新修建了一块以他们客栈为主的广告牌。此事激起了本地人的愤怒，一位在 MJ 协会任监事的乡民描述了两家协会为此而发生的冲突：

> 我第二天路过，非常惊讶，怎么我们的牌坊变成了新的，一看全是 HY 协会成员客栈的名字。我们就写了一份情况说明，把所有的会员召集起来，在上面按了很多手印，递交给地方政府的相关主管部门。政府下令让 HY 协会连夜将他们的广告牌拆了，再帮助我们恢复了一块，我们也不想把事情闹大，这件事也就没再提及。

牌坊事件以后，MJ 协会不仅在原来的位置得以恢复了原来的牌坊，也在和顺入口处的停车场门口竖立了一块内容一样的广告牌。此外，MJ 协会利用会费陆续在古镇没有路灯的地方安装了长七八米的灯杆，灯杆顶端两边写满协会成员民宿的联系方式。作为一种竞争，外地人也开始在和顺人流量大的巷道口的墙壁上钉上大约长 40 厘米，宽 25 厘米的木牌，上面写着客栈的名称和联系方式，相比 MJ 高高在上且写满密密麻麻字体的广告牌，这些木牌形状各异、颜色鲜艳，无疑吸引着更多的游客。这一行为引发了本地人的强烈反感，MJ 协会以木牌破坏古镇景观为由，带头拆除了部分巷道口的木牌，但是这并未制止外地人的行为。他们的木牌被拆除后，又在原来的位置恢复原样，这样的冲突最后也不了了之。

外地人的 HY 协会最初为会员提供了人际交往和社会支持。正如一位客栈老板所说："初来和顺，人生地不熟，听说当地有个 HY 协会，会员大部分都是来这里开客栈的生意人。我就加入进来，彼此间可以相互交流、相互照应。" HY 协会曾为外地人进入陌生环境提供了一个互惠互助、情感交流的人际网络，但很快就被他们自发建立的"客栈交流群"（微信群）取代了。实际上，这个微信群在 HY 协会成立前就已存在，大部分是外地人，极少有本地人加入。群里的成员除了客栈老板，还有经营餐馆、药材和玉石的外来商。随着成员增多,"客栈交流群"已经成为外地人在生意上互通有无的一个重要平台。比如,在旅游黄金周,一个客栈住满了客人,老板会推荐客人入住熟人的客栈。如果他们的客栈也住满了,在征得客人的同意下,他们的信息就会发布在"客栈交流群",房源能在很短的时间内得到重新配置。由于交流方便、快捷,加之加入的人数多、经营范围广,打破了会员与非会员之间的限制,使外地人更愿意通过这一平台分享信息。到2017年下半年,当HY协会主要负责人离开古镇以后,该协会活动的响应者已是寥寥无几。原来的办公室人去楼空,HY协会实际上已经名存实亡,而本地人的MJ协会虽然仍然存在,但几乎停滞不前。

二 出租引发的矛盾

HY协会的消退并不意味着外地人与本地人之间的商业竞争随之削弱,反而愈演愈烈。面对激烈的竞争,一些乡民开始放弃民宿,转而开始租房(土地),由此获得的收益远远超过于经营民宿。这一行为带来的后果是,为了利益均沾,乡民间的家庭矛盾越趋激烈,甚至多年前放弃了产权的缅甸华侨也回乡争夺利益。一位客栈老板告诉我:"来和顺租房,首先要弄清楚这家房子有多少共有人,避免以后不必要的麻烦。"由于祖辈采取"交错分房"的方式进行分家,一户家庭所分得的房产可能是不同楼层、不同方位的房间,因而难以在空间上划分一个独立的完整空间。"老房子"的共有人包括和顺和海外很多户家庭。1993—1994年,和顺村一级的行政部门对所有房子进行过集体土地建设使用证登记,明确每一间房子的共有人,一些华侨也被登记在册。如果房子出租,所得收益就成了家庭内部争论的焦点。随着租金上涨,一部分华侨开始回国主动索要租金。房子的潜在价值是有目共睹的,大家都希望牢牢把握自己的权益,一旦分配不均,这往往是激发家庭矛盾的前提。依据相关政策,集体土地使用证上的共有人具有共同履行管理和修缮房子的义务。然而,一些常年在外的华侨很少与和顺的亲人联系,房子一直由在和顺的共有人负责修缮和管理。其争论的焦点在于,登记在册的华人是房子产权的合法继

第三章 客栈：从祖产到消费空间

承人，应该享有与房子相关的一切收益，但是住在老房子中的和顺人认为，这些常年在外的华人并未履行相应的义务，拒绝给予他们相应的份额。旅游开发后的最初几年，这样的房子纠纷极为普遍，如果房子双方不能私下协商，他们会找族长或社区村委会进行调解，但考虑到房子的共有人众多，难以完全满足双方提出的条件和要求，争论的结果往往是以平分租金的方式来解决。在和顺，相似的案例很多，最后所得收益均按共有人的份额进行重新分配，这样的处理方法已经发展为乡间的一种惯例。比如，有一栋老房子，已经出租给外地人开客栈，所得的租金在12个国内和国外的共有人之间进行分配。

为了丰厚的租金，国内的兄弟姐妹或是父母子女之间因房产引发的家庭矛盾并未消停。一次，我在房间整理田野笔记，突然听到住家刘长民摔门而入，一边破口大骂，一边对妻子咆哮，然后冲进二楼卧室，拿出一张信签。跟着他进来的有四个人，刘长民撕破嗓子，朝他们叫嚷："这是分家文书，上面写得一清二楚。"其中一位男性心平气和地解释："你弟弟已经写信给我们，说他所分得的老房子的产权赠与政府，我们是来了解情况的。"他们围坐在家堂左侧走廊的八仙桌周围，刘长民仍然大声叫喊："这间老房子是我和缅甸的叔父、伯父的共同财产，没有我弟弟的份，他在昆明好好的，现在为什么又来分财产。"另外的几个人看了协议，沉默片刻，边做记录，边安抚住家的情绪，过了十几分钟，四个人离开了。我走出房间，看见刘长民坐在院子的藤椅上，自言自语地骂着。看见我，他将手里的一份房产说明书递给我。

分家文书清楚表明这座老房子是刘长民父亲、叔父与伯父三支人的共同财产，其中叔父、伯父在缅甸，刘长民的父亲死后，房子由刘长民看守。刘长民继承的这部分房产原来由他与弟弟共有，但是有一年弟弟回家把老房子里一对金银镶嵌的佛像偷走变卖了，刘长民才与在缅甸的伯父与叔父商量，剥夺了他的房产继承权。弟弟对此心怀不满，三番五次为自己争辩，然而三个继承人并未更改当初的约定。后来弟弟向地方镇政府递交了一份书信，信中谎称自己所属财产捐赠给和顺镇镇政府，于是工作人员才到家里了解情况。事实上，在分家文书中弟弟的确并没有房产的所有权。刘长民为此解释道,弟弟当初看重老房子的价值,曾多次为房子发生争执,几次未果后便采取了极端的方式来发泄情绪。刘长民对此感到极其愤怒,也很失望。谈及租金,刘长民更多是无奈,他与大女儿的关系也因此变得紧张。大女儿大学毕业以后,没有找到合适的工作,就去深圳打工,收入微薄。和顺开始进入旅游开发以后,刘长民敏锐地发现了旅游发展的势头,劝说大女儿回和顺另建一幢房子经营民宿。她听从了父亲的建议,从深圳回到和顺,并在父亲的资助下在离老房子不远处盖了一栋二层楼的新房。头两年,她开了民宿,后来受到外地人客栈的冲击,放弃了经营,将房子租给外地人开餐馆,每年能从中得到十三万元的租金,但她没有分给父亲一分钱。为此,刘长民认为,当初是他出钱盖的房子,即便出租,女儿也应该分给他一部分租金。女儿对此不屑一顾,独占所有的租金,靠着租金生活,整日无所事事,这愈发加剧了他们彼此之间的矛盾。

对于有闲置房子的村民来说,租房子是一笔可观的收入。外地人的大量涌入,客栈、商铺,以及商家和工人的生活空间都需要租房子。租房的具体数字难以统计,但从街头巷尾的商铺和客栈的数量,大致也能作出初步判断,因为这些商铺和客栈大部分由外地人经营,而根据古镇的房屋管理条例,即能推断出这些商家是租户。租户数量的增多,同时也意味着出租房屋的乡民数量的增加。在和顺,租房子的比率逐年增高,房子的需求导致了租金的不断上涨。在华侨与和顺人为了租金发生争执的问题得到解决以后,近几年,由出租引发的家庭内部矛盾是和顺自旅游开发以来最突出的事件。

三 出租背后的心态

为了出租房屋,一些乡民宁愿让渡原本舒适、宽敞的生活空间,搬进狭窄、昏暗、拥挤的旧居。一个叫老古①的当地人,家里有四兄弟,他排行老二。他家在一条狭窄巷道的尽头,周围大部分是外地人

---

① 化名。

的客栈，其中只有五六户本地人。现在居住的老房子有前后两院，前院是荒废的四合院，年久失修，厢房两侧堆满木柴，堂屋石脚长满青苔。用木板搭建的围栏和窗户，一头已经脱落，摇摇欲坠地挂在墙上。西厢房一侧有一扇小门，通道左侧是原来的厨房，旧式灶具散落一地。经过通道是后院，中间种植一簇植物，从南向北一直延伸到堂屋。植物的枝叶茂盛，高一米多，从中很难一眼看到对面的建筑。老古一家住在东厢房，二楼是卧室，一楼入口处有一个五六平米的厨房，厨房一侧是一间作为餐厅的房间，大约十多平米，中间摆放一张桌子，靠墙是一个转角沙发，对面摆放着一个电视柜，四周散乱着一些杂物。这个四合院并非只由老古一家居住，大哥一家住在老古家对面的西厢房，一楼是厨房，二楼是卧室，平时有五人居住。每逢节假日，如果老古的两个女儿从市区回来，整个院子里就有九个人，尽管是四合院，房子仍然显得拥挤、局促。原来房子还有三弟和四弟居住，他们分别住在堂屋的两侧。但是琐碎的家庭矛盾引起大家天天争吵，后来经过村委会多次调解，三弟最终搬出去，在老屋附近重新盖了一间简陋的房屋。四弟和妻子在市区打工，每月有稳定的收入，几年前他们又将一栋老房子租给北京人开客栈，生活比较宽裕，后来为了孩子读书，他们在市区买了房子，很少回老屋居住，原来的房间就闲置下来。老古对此表现得非常情绪化："老四在城里买了房子，他们不回来住，应该将老房子的房间让出来，更何况他出租的房子是缅甸姑母赠与的。"关于缅甸姑母是否将房子赠与一事，双方各执一词，但老四仍然占据着老房子激起了其余兄弟的不满。事实上，大哥原来也盖了一栋四合五天井的民居，一直住在新房子里，前几年外地人来租房，他就将房子租给了他们，自己又带着家人回到老屋居住，而老古五年前花了几十万元买了同一村民小组的一间老房子，装修后开了一家民宿，由于竞争激烈，收入不多，过了短短七个月就放弃了经营，他也将民宿租给了外地人。

以上案例实际上反映出外地人对房子的需求十分旺盛。只要有空余的房间，乡民就不会让其闲置下来，而是想尽一切办法出租。比如，老古兄弟几人虽然有矛盾，也愿意搬到昔日拥挤简陋的生活空间而放弃宽敞、舒适的房屋。当然，和顺还有另外的情形：一部分乡民为了租房，放弃了原来位于商业街附近的老房子，在核心保护区的边缘地带另建一栋新房；另一些乡民有了租金以后，在市区购买了设施更好、更为舒适的现代公寓。在和顺，房东与租户有个不成文的规定，倘若是土地上新建的客栈，在租期满后，租户在土地上所投资建设的固定资产，除了能带走的用具外，其余交给房东所有。这一做法极大地刺激着乡民将自己的住宅用地①或宅基地出租给外地老板，由他们来建设客栈，并每年从中收取租金。对于经济条件稍好的乡民，为了提高租金，他们会在自己的土地上预先建起客栈的主体架构，不对房屋进行任何装修，而是保留原来的毛坯房。这样的毛坯房对外来商有着巨大的吸引力，租金也相对较高。因为他们既不用投入太多的精力进行基础设施建设，又可以灵活自如地对空间进行重新改造，还能缩短投资回报的时间。最初几年，房子（土地）的租期为10年，租金一般在12万元左右。租金的高低由房子（土地）的地理位置和面积的大小而决定。在十多年后，乡民逐渐意识到出租带来的经济收益，租期开始延长至20年，租金首付增加至15万元，而且租期内租金将按照一定的比例递增。出租房子（土地）在乡间较为普遍，乡民从中能够获得丰厚的收入，尤其对于那些在激烈的竞争中放弃经营民宿的乡民而言，"出租"无疑是他们在竞争中失利的一种"补偿"。

小　结

以上我们对客栈的兴起与繁荣进行了一番较为细致的考察，从中可以发现，旅游市场的变化、游客对旅游体验的追求导致了老牌民宿的消逝、新型民宿的出现以及外地人精品客栈的兴起。最初，"老房子"作为地方性的文化景观在政府的鼓励和扶持下成为当时最受欢迎的民宿。但随着游客对入住条件的要求，老牌民宿因不能进行大范围

---

① 根据相关规定，和顺本地户口没有宅基地的居民户可以在住宅用地区域（根据规划图）向国土所申请170平米的住宅用地指标。

第三章 客栈：从祖产到消费空间

改造而逐渐被新型民宿所取代。新型民宿在改善设施的同时，提供了灵活多样的地方性服务，这些服务为他们赢得了更多的游客。然而，随着旅游开发的深入，外地人的客栈以现代化的入住环境、先进的服务理念，以及灵活的营销策略、广阔的人际网络占据了旅游市场中的重要位置。在此背景下，本地人和外地人之间的竞争最初以行业组织的形式展开，但是在以外地人为主的协会衰落之后，竞争从公开化的方式转为商业化、个人化的对抗。外地人的增加促进了对房子的需求，而激烈的竞争又导致很多民宿放弃了原来的经营，进而推动了本地人租房（土地）的盛行。作为本地人利用地方资源参与旅游的一种形式，抑或一种在竞争中的补偿，"租"将本地人与外地人联系在一起。被出租的老房子经历了从日常生活空间到旅游景观，再到消费空间的巨大转变，而大规模出现的客栈也成为旅游活动中的另类景观。这一转变不仅仅是景观空间的变化，还重塑着本地人与外地人的生活，以及他们之间的相互关系。从中也可以看出，本地人与外地人之间既因生活方式和理念的差异而相互平行，又因利益关系而相互交织。出租的盛行也改变着乡民的心态，影响着他们家庭内部成员之间的关系。

客栈的兴起和繁荣还伴随着古镇的社会文化再生产。波兰尼指出，现代社会中市场与社会的分化过程中，市场相对于社会而言具有相对的独立性和自主性，作为一股独立的力量从社会中脱离出来（脱嵌）。同时，市场反过来渗透到社会之中，对传统社区的社会生活、情感和关系造成影响（再嵌）。脱嵌与再嵌两股力量，相互作用、相互影响，从而形成新的经济社会秩序[①]。波兰尼脱嵌与再嵌的观点，可以用来分析在旅游市场的推动下，乡民的历史记忆以及随着外地人而来的现代性文化元素如何整合进地方性文化结构之中，并引发当地社会文化的再生产。本书强调的"脱嵌"是指，随着国家政治经济的变化及地方社区的现代化进程，与滇缅贸易有关的马帮、跨国流动

---

① ［英］卡尔·波兰尼：《巨变：当代政治与经济的起源》，黄树民译，社会科学文献出版社2017年版。

等社会经济行为已经从人们的日常生活中脱离,沉淀为附着于地方性的历史记忆与文化特质。在旅游开发过程中,这些记忆与文化被不同行为主体表述、诠释、操纵,赋予不同的价值和意义。从这一层面而言,脱嵌的社会经济活动演变为一股独立的文化力量再度嵌入地方社会,成为旅游市场下的文化资本。除了上述提到的玉石商铺,民宿、客栈也成为乡民与外来商对地方历史与文化进行表述的重要场所,而这些表述与他们在现实生活中的利益旨趣密切相关。从这一过程可以看出,景观经由不同主体的表述成为历史记忆"再嵌"的主要场所,影响着景观的重塑过程。与此同时,外来文化并不意味着它们进入一个真空世界,在一个文化白板上书写,而是与本地已经存在的文化发生互动与交汇①。外地人来和顺开客栈,他们的服务意识、经营理念、管理模式、生活方式,以及诸如 Airbnb 及 Booking 等客栈营销网络的使用、客栈的布局与设计等现代文化要素在进入本地社会时,作为一股异于地方文化的外来力量也"再嵌"到地方社会的文化之中,造成不同文化因素的相互交织与融合,传统也由之在现代语境中得以再造。

---

① 王宁:《消费全球化:视野分歧与理论重构》,《学术研究》2012 年第 8 期。

第四章 宗祠：宗族、旅游与现代转型

在众多的乡土景观中，宗祠是和顺数量较多，且最具地方特色的建筑景观。这些年代不同，风格各异、大小不一的宗祠共有八座，分布在和顺的环村主道上，从东向西延伸，宛若一条弧形包围着整个古镇。在八大宗祠中，一些宗祠成为凭票而入的景区，另一些宗祠则是大门紧闭，只有族人举行重要活动才对外开放，还有的宗祠成为半旅游化的公共场所。以上章节讨论了旅游开发后玉石商铺与客栈等景观对整个村落形貌和社会关系的影响，本章之论述将聚焦根植于乡土社会的宗祠如何成为旅游景观。在回答此问题之前，我们将首先关注和顺宗族的传统观念、仪式实践以及权力结构在现代社会中的转型。1949年以后的宗族组织以及近年来恢复的宗族组织，无论是结构还是功能，严格地说都不是旧有宗族形态的简单重复和翻版，而是传统宗族转型过程中的一个阶段性产物[1]。宗族的现代转型引发了学界的广泛讨论，主要涉及宗族复兴的原因及其影响[2]、宗族的传统建构与现代转型[3]、现代宗族与乡村治理[4]等问题。近年来，

---

[1] 钱杭：《农村家庭的结构变动与当代宗族的转型——以浙江省平阳县为例》，《中国家庭及其伦理研讨会论文集》，台湾汉学研究中心，1999年6月。

[2] 谢剑、房学嘉：《围不住的围龙屋——记一个客家宗族的复苏》，花城出版社2002年版。王铭铭：《村落视野中的文化与权力》，生活·读书·新知三联书店1997年版。

[3] 钱杭、谢维扬：《传统与转型：江西泰和农村宗族形态——一项社会人类学的研究》，上海社会科学院出版社1995年版。

[4] 周大鸣：《宗族复兴与乡村治理的重建》，载周大鸣等编《当代华南的宗族与社会》，黑龙江人民出版社2003年版。

景观重塑:一个西南边陲侨乡的社会文化重构

一些学者将转型中的宗族放置在一个跨国社会空间内加以考察,从历史人类学的视角探讨宗族组织在不同历史时期如何从一个"城乡统一体"到"跨越国界的社会空间"最终演变成一个"世界性的网络",并指出宗族的跨国实践既是实现利益的工具,又是一种文化认同的表达[1]。随着侨乡与海外华人华侨之间的互动,宗族成为建构侨乡与海外华人华侨跨国网络的重要因素。国内外学者对此从不同的视角,对宗族在现代语境中呈现出的灵活多变的特质加以研究。比如,华侨对地方性宗族事务的参与和经济支持[2]、"认祖归宗"的文化实践[3]、全球性宗族流动以及跨国网络理论(transnationalism)[4]、华人的文化逻辑与认同表达、族群网络的建构等。在和顺,宗族在传统观念、仪式实践和权力结构上发生着深刻的变化。宗族作为以血缘、地缘和利益关系整合人群的一套文化体系,当社会文化环境发生变化时,宗族在新的社会文化语境中如何影响族人的传统观念、情感和行为实践?尤其是旅游进入社区以后,宗族活动如何成为旅游活动中的文化展演?在"宗祠是否应该出租"这一问题上,族人面对传统与现代的抉择时,将会做出怎样的决策?宗族在旅游场景中如何作为地方社会的一股重要力量实现自身的利益诉求?本章将试图从仪式实践、权力结构和社会网络对现代转型中的宗族加以分析,进而探讨宗族在现代化进程中如何实现内在机制创新。当宗祠卷入旅游活动之后,宗族能否像仪式实践和权力结构那样灵活调整内部文化机制以适应新的社会环境,其间宗族表现出怎样的立场、利益诉求和行为逻辑。

---

[1] 宋平:《传统宗族与跨国社会实践》,《文史哲》2005年第5期。
[2] Watson, J., *Emigration and Chinese Lineage*, California: University of California Press, 1975.
[3] Kuah, K. E., "Moralizing Ancestors as Socio-moral Capital: A Study of a Transnational Chinese Lineage", *Asian Journal of Social Science*, Vol. 34, Issue 2, 2006.
[4] Ong, A. and Nonini, D. (eds.), *Ungrounded Empires: The Cultural Politics of Modern Chinese Transnationalism*, New York: Routledge, 1997.

第四章 宗祠：宗族、旅游与现代转型

第一节 宗祠与仪式实践

  由是当闲暇之时与寸氏始祖，太师庆者，遍览腾阳胜地，而见一境焉。其山之峙也如砺，其水之流也如带，且四时和煦之气，洋溢于郊，万仞矗其之峰，高联于霄汉。两人心甚慕之，不忍舍去，访诸父老，乃知其为阳温暾村也。太师庆曰，是泱泱大邑风也。继公宗曰，可以卜居于矣，遂家焉。①

  以上是刘氏宗谱关于始祖卜居和顺的记载。最早在和顺定居的是刘氏和寸氏始祖。明洪武年间他们奉命南征，在腾冲戍边屯田，发现和顺气候适宜、风景如画，便在此安家落户。随后李、尹、贾、张、杨、钏等姓氏相继进入和顺，其中绝大部分始祖与刘氏和寸氏一样被授予军衔、留驻腾冲、世袭屯田。这些汉族屯军的迁移史可见诸各大姓氏族谱。和顺的宗族形成与明朝时期特殊的军籍制度有关。明朝年间，腾冲设立卫所，实行严格的军籍制度。《明史·兵志》记载："军皆世籍。"即从军者终身为军，死后将由其长子继承军职，倘若军户死绝，则从原籍家族成员中进行勾补。由于军户必须世代充军服役，其派下子孙为了共同承担有关义务，势必形成以家族为本位的服役共同体②。按照明朝军籍管理制度的相关规定，屯军可携带妻儿共同赴卫，此一规定对家族的繁衍产生了极其深远的影响。军籍制度使屯军从同一个地方迁居于此，以军户为单位进行生产和生活，寓兵于农的生产方式、紧密的地缘和血缘关系为宗族的形成孕育了丰厚的土壤。随着姓氏间的通婚、人口的繁衍、家族的扩大，和顺形成了寸、刘、李、尹、贾、张、杨、钏八大宗族。

---

① 《刘氏族谱》之重修宗谱序。
② 郑振满：《明清福建家族组织与社会变迁》，中国人民大学出版社 2009 年版，第 184 页。

景观重塑：一个西南边陲侨乡的社会文化重构

图 4-1 寸氏宗祠（2017 年 10 月）

图 4-2 李氏宗祠（2017 年 10 月）

第四章 宗祠：宗族、旅游与现代转型

图 4-3　刘氏宗祠（2017 年 10 月）

图 4-4　张氏宗祠（2017 年 10 月）

景观重塑：一个西南边陲侨乡的社会文化重构

一 宗祠的归属

宗族景观是宗族文化体系和观念在土地和空间上的适应性表达，或是人们生活方式在大地上的显现，讲求的是一种视觉性效果。和顺是一个以宗族为纽带的乡土社会，宗族景观随处可见，主要体现在聚落、闾门、宗祠、墓地、牌坊、族谱、器物、符号、牌位等一系列要件上。作为族人祭祀祖先的重要场所，宗祠是最具代表性的宗族景观，因而往往作为判断一个宗族存在与否，或是强大与弱小的外显性特征。传统聚落的精神空间遵循"凡立宫室，宗庙为先"的礼制，宗祠自然成为村落礼制空间的核心。和顺古镇共有寸、刘、李、尹、贾、张、杨、钏八大宗祠，其中除了杨氏宗祠和钏氏宗祠位于大庄村，其余的寸、刘、李、尹、贾、张六大宗祠位于十字路和水碓村，与图书馆、文昌宫等建筑构成"和顺文化带"上的重要景观。宗祠的外观形制各不相同，既有李氏宗祠、刘氏宗祠、张氏宗祠古朴内敛的传统格调，又有寸氏宗祠的南亚、东南亚的异域风情。一般而言，宗祠以正殿为中轴线展开，两边建有厢房、甬道；一门和二门处于中轴线上，成为一族藏风聚气之口；大门、二门分隔出不同的院落。正殿的祖先牌位彰显"昭穆之制"，四周墙壁的族规家训表达"训诫之意"，无论是宗祠的空间布局，还是尊祖敬宗的礼制都反映了宗法制的精神。宗祠内，到处挂满了字画匾联，珍藏着数量众多的文物。宗族在和顺形成的具体时间并无相关的历史文献，但从修建宗祠的时间大致可以推测宗族在和顺的发展年代大约是在清朝。寸、尹、刘、张、贾、李、杨、钏八大姓氏的宗祠从1809—1926年相继修建，历经一个多世纪。每个宗祠的修建也历时几十年才初见规模，凝聚了几代族人的心血。比如，尹氏宗祠从嘉庆四年（1800）筹款买地至道光十年（1830）建成，历经31年，趋于完善则花费了更长时间。寸氏宗祠从1809年修建大门至1827年才完成月台的修筑，用了18年，至于后来大门的翻新，中间的跨度是126年。①

现存的宗祠与宗族的复兴相伴而生，是20世纪80年代中后期恢复

---

① 杨发恩：《八大祠堂 文化渊薮》，《和顺乡》2012年12月复四期。

第四章 宗祠：宗族、旅游与现代转型

重建的。宗祠在中国社会发展的历史进程中经历了从修建到损毁，再到重建的过程。1949—1960年的历史充分反映了民族国家在中国基层社会的发展进程。和顺作为国家的基层社区，经历了这段时期发生的诸多运动和改造。随着土改、公社化运动的深入，以及随后社会主义教育运动的开展，使宗族组织被纳入至少是意识形态上现代国家的监控体系。生产工具的再分配、生产关系的重新确立，以及生产与分配的国家化，打破了原有的地方性契约、共同利益和依附关系。依附于宗族的血缘性家族关系，逐渐被以地缘性为基础的生产关系和社会关系（公社、生产队）所代替。宗祠、族田等宗族组织的物质基础，也因为国家权力的介入而失去原有的意义和功能，最终因无法在日常生活中发挥作用，暂时被重新组织起来的社区所淡忘①。"文化大革命"时期，和顺的历史遗迹和文化传统遭到极大的破坏，寺庙、牌坊等文化古迹被毁，宗祠里的牌位、器物、雕刻无一幸免。这一时期虽然体现宗族精神要义的建筑被毁，但是宗祠的整体建筑形制被保存下来。

这一时期，即便在和顺这种宗祠文化氛围浓厚的地方，宗祠的原有功能也被基层组织完全取代。宗祠被移作他用，族人丧失了对宗祠的使用权。比如，寸氏、李氏、尹氏宗祠变成地方办学的主要场所，刘氏宗祠用作生产队圈养牲畜之地，张氏宗祠被生产队用作粮食仓库，而贾氏宗祠曾被部队用于关马，后来也被生产队用作仓库。宗祠收归国有后，在登记宗祠产权所有人时，这些宗祠被登记在宗祠的使用者名下。李氏、寸氏、尹氏宗祠曾用作小学的教学用房，产权所有人为以前的学校，而张氏、贾氏、刘氏宗祠登记在所属社区的村委会。这段时间宗祠被用作集体活动的公共空间，不再是宗族活动的主要场所。这一情况在20世纪80年代以后发生了根本性转变，国家鼓励海外华人回乡投资，掀起了宗族复兴的热潮，在相对宽松的社会和政治环境中海外华人开始捐资重修宗祠。原来作为学校和生产队用地

---

① 段颖：《边陲侨乡的历史、记忆与象征：云南腾冲和顺宗族、社会变迁的个案研究》，载陈志明、丁毓玲、王连茂主编《跨国网络与华南侨乡：文化、认同与社会变迁》，香港中文大学香港亚太研究所2006年版。

的宗祠重新回到族人手中。然而，这并不意味着产权的让渡与回归，和顺各大宗祠的产权实际上仍然保留在原来的使用者手中。族人明确表示他们不仅希望拥有宗祠的使用权，更希望收回产权，在法律上拥有对宗祠使用权的"合法性"。比如，寸氏宗祠的产权人是小学，他们曾主动向当地政府部门提交申请，希望小学能将产权归还给族人，但最终没有实现。在和顺，宗族的产权归属问题显得较为复杂，涉及宗族、学校、村委会等多方力量之间的博弈。2016年，村委会曾向镇政府提交申请，以方便管理、明确土地权为由，申请将寸氏宗祠使用权划拨至社区，作为村委会的活动场所。由于寸氏族人的极力反对，这件事也不了了之。三方力量的博弈最终使寸氏宗族与学校签订了一份委托协议书，以保障族人对宗祠管理使用权的合法权益：

（前略）
1. 寸氏宗祠属于国有资产，寸氏合族只有管理、使用权，不得将其进行抵押或变相抵押。
2. 代管期间，宗祠内的一切维护、修缮费用均由寸氏合族负责。
3. 由于宗祠维修或其他修缮造成对周围生态环境的破坏均由寸氏合族负责。
4. 代管期间，由寸氏合族负责寸氏宗祠的安全，发生安全事故均由寸氏合族负责。
5. 由于宗祠的出租及其他人员入住引起的纠纷均与小学无关。
6. 此协议长期有效，即甲方委托乙方代管期限为长期，今后如因学校教学需要，甲方有权利立即终止此协议，并收回宗祠的管理使用权。
……

对此，寸族长解释道：

我们宗祠的产权还在学校，虽然宗祠的产权证和土地证都在

第四章 宗祠：宗族、旅游与现代转型

我手里，但是我们只有使用权。我们想办法申请把产权归还我们族人，但是没用。不过也好，作为族人祭祖仪式的场所，我们不可能将宗祠变卖或抵押。学校也不可能因教学需要重新搬回宗祠。如果宗祠落在村委会头上，更麻烦。要是他们来开会什么的，甚至要把村委会搬进来，我们都没有办法，但是学校不可能搬回来。和顺刚刚开始搞旅游的时候，县政府用 10 万元帮我们修复了宗祠大门，说是作为旅游景点，后来他们又要给我 30 万元修复宗祠，我们开组委会商量，大家还是拒绝了，因为如果他们出资建设的话，宗祠就是他们盖的，那到时候他们想在宗祠干什么都可以……

从委托协议书可以看出，小学对宗祠的使用作出了明确规定，如"不得将其进行抵押或变卖"，"今后如因学校教学需要，甲方有权终止协议，并收回宗祠的管理使用权"，但实际上这两项条款对于族人并没有真正的约束力。正如族长所言："作为族人祭祖仪式的场所，我们不可能将宗祠变卖或抵押。学校也不可能因教学需要重新搬回宗祠。"事实上，族人对宗祠的使用并未受到任何限制，宗祠不仅可以举行族间的仪式、活动和会议，甚至还可以出租。宗祠产权与使用权的分离是和顺八大宗族的大致情况，名义上这些宗祠的产权归属于集体或是学校，但实际上宗祠的一切活动与产权人几乎没有任何联系。作为一个独立实体的宗祠为宗族的存在和发展提供了有利的物质条件。严格来说，村委会所辖范围之内的宗祠属于集体的公共财产，宗祠可以作为集体活动的公共场所。但在和顺，出于对传统的尊重，上级政府部门对宗祠采取一种宽容的态度，只要宗族在国家法律和社会主义意识形态允许的范围内活动，宗祠被默认为族人的"私人"场所，他们对此并不干涉。因而，村民小组向镇政府申请宗祠的使用权遭到族人的反对时，镇政府对此保持中立的态度。对于族人而言，宗祠并不是一个简单的物质空间，也不仅仅是一系列具体功能的体现。宗祠之所以重要是因其能够成为宗族实现整合的标志，它以浓缩的、物化的形式，把抽象的心理感受具体地显现出来，使之成为一种现实

表现①。宗祠的特殊象征意义在宗族成员心中有着不可替代的地位，促使族人不留余力地争取对宗祠的话语权。因而，地方政府提出出资再次修缮宗祠时，族人的强烈反对表现出的是一种对话语权丧失的担忧。

二　仪式的变迁

在宗祠的诸多功能中，供奉祖先和祭祖仪式最能体现宗祠的象征意义，也是和顺最为隆重的节日。1949年以前，祭祖仪式一般分为春秋两祭，分别在清明节和立冬举行。春祭一般为大祭，由族内全体成员参加。秋祭为小祭，一般在小范围内举行。祭祖俗称为"上坟"。在和顺，迁居于此的八大姓氏始祖均为朝廷官员，他们被授予官职，戍边于此，因而合族上坟称为"大官坟"，分家支上坟称为"小官坟"。按照传统，祭祖首先是合族而祭，然后才是分房支进行。大官坟的承头由数家轮值，小官坟的承头由一、二家轮值。承头负责备办祭品和饮食，餐后所剩菜饭，由承头自行处理，但要分给每家一包"盐水"（油炸肉、干菜等）②。春秋两祭的祭品各有不同，春祭一般敬献八大碗，秋祭有"锅子"③、四碗菜和醋碟。以前祭祖的费用一般来自于祭田，但是在20世纪40年代，腾冲被日本人攻占以后，旅缅回乡的难侨大增，聚众人数翻倍，经费不够支出，每人就出半升米、一个鸡蛋，由族间管事挨家挨户收取。祭祖仪式严守祖训和禁忌，每家必须派一名男性参加，女性只允许在厨房准备祭祀的宴席，不得在正式仪式时出现。1950年代以前，不同宗族祭祖的过程大同小异，一般包括：鸣炮、上香、献祭、宣读祭文、聚餐。1950年至六七十年代，在社会主义政治运动时期，一切宗族活动被明令禁止，祭祖仪式以各种隐蔽、零星的方式进行，据一位寸氏族人回忆：

---

① 钱杭、谢维扬：《传统与转型：江西泰和农村宗族形态——一项社会人类学的研究》，上海社会科学院出版社1995年版。
② 李栋生：《春秋二祭》，载杨发恩主编《和顺·民俗卷》，云南民族出版社2014年版，第90—91页。
③ 锅子是和顺人重大节日必备的佳肴。当地人用中间可以放置火炭的圆形锅子，放入青菜、莴笋、黄花菜等蔬菜，配以豆腐肉丸、排骨等肉食煮成的火锅。

第四章　宗祠：宗族、旅游与现代转型

　　1949年后祭祖仪式就不敢在宗祠举行了，但是我们的祭祖活动一直没有断过。班辈高的每人包一包米到族长家里，拿出神龛和祖宗牌位，悄悄地祭。有些老人也会偷偷地到祖坟去拜。90年以后相对宽松一些，但是我们也没有在宗祠里举行，还是在私人家里，今年在这家，明年在那家，有八九桌人。祭祖的时间也没有明确规定，大致就是清明节前后。那个时候各族的祭祖都在很小的范围内，而且都是和顺当地人。

　　上述是根据乡民的记忆碎片，对21世纪以前宗族活动场景的简单概述，其余宗族在这段时期的祭祖仪式与这位寸氏族人的描述大抵相似。但是，到了21世纪初，各大宗族的祭祖仪式在时间、次数、内容、程序、范围、经费、禁忌上都发生了很大的变化，使其文化形态展现出新的面貌。时至今日，极个别的宗族还在立冬举行秋祭，大部分的宗族只进行春祭。春祭在清明节之后一周之内举行，各宗族会根据自己的实际情况确定具体时间。较之以前，祭祖仪式已从松散的组织转变为由专门的宗族理事会负责，并且仪式筹备小组有严格流程和具体分工。以下将以寸氏宗族的仪式程序、仪式内容、人员构成、海外华人回乡祭祖的情况等方面进行阐释，分析和顺各大宗族仪式变迁的全貌，进而探讨仪式实践如何扩大了宗族在乡间及旅游活动中的影响力，及其人在其中的观念和情感。

　　1. 仪式的程序

　　20世纪40年代以前，祭祖活动的费用主要来源于祭田。但是40年代以后，族田收归国有，宗族丧失了开展宗族活动的经济基础。现在祭祖仪式的所有费用主要来自于族人的捐款和其他经费[①]。寸氏宗族的祭祖仪式一般在清明节的第二天举行。一个月前，寸族长就召集宗族理事会的成员召开筹备会议，商讨仪式活动的相关事宜，其中一项重要内容就是统计参加祭祖的人数。半个月之后，理事会将会收到

[①] 一些宗族将宗祠出租或作为停车场所得费用归为宗族集体所有，作为举办族间活动的经费来源之一。

各地陆续发来的参加人数，以此对仪式的具体程序、聚餐作出细致、周到的安排。仪式举行前一周，宗族理事会还将召开第二次会议，落实具体分工，细化工作安排。为保障祭祖仪式规范、有序地进行，仪式筹备小组分为安全组、伙食组、接待组、功德组和出版组。安全组主要由族长负责，亲自监督仪式中的食品安全。按照惯例，在仪式的前一天，聚餐地点已经摆放了食材，族长将派人守夜确保食品安全。伙食组主要负责采购食材，并对厨师和帮忙的族人进行分工，同时保证宴席的质量和用餐秩序。接待组负责招待各地来祭祖的族人，安排他们在祭祖期间的食宿。功德组负责记录祭祖当日族人的捐款情况。出版组则是将这些捐钱的名单及时公布于众。

2017年4月4日（清明节），寸氏宗族理事会正在繁忙地筹备第二天的祭祖仪式。伙食组将食材堆放在宗祠的后院，宗祠院内摆放了几十张桌椅，为第二天的聚餐做准备。下午，筹备小组全体成员在宗祠商讨仪式的细节，之后与来帮忙的族人在宗祠用餐。第二天一早，"腾冲上绮罗桂香会"[①]开始在大殿布置会场，准备诵经。大殿横梁上悬挂道家的"24圣贤"和写有圣像名号的符章（称为"挂彩"），大殿门楣前后分别挂着两条横幅，一幅上书"物华天宝"，另一幅为圣像。大殿中央距离祖先牌位一米处的两侧分别摆放着两张长桌，桌后放置几把椅子和演奏洞经的乐器，这是桂香会演奏的场地。宗祠大殿内祖先牌位前放置两张摆放着祭品的供桌。在大殿的西面有一幅寸氏宗族始祖的照片，前方摆放着供品。大殿门口正中央放置一个大型的石制香炉，两侧燃烧着两柱大香。宗祠的院子中央设有一个"祭坛"，桌前依次悬挂：披发祖师、观音、文昌帝君。桌上摆放着祭品，一共六排，分别是米饭、豆腐、花菜以及茶水、糕点和水果。宗祠的二进院设置有"功德处"，这是每年来祭祖的族人捐款的地方。宗祠大门外的月台摆放着一口铁锅，供远道而来的族人焚烧纸火。

9:30分桂香会开始演奏洞经，各地的族人携带纸火、糕点、水

[①] "腾冲上绮罗桂香会"是腾冲四家民间洞经会之一。根据当地习俗，每逢重要的生命礼仪或重大活动，如丧事、做寿、商铺开张、房屋建成，洞经会都会被邀请祈福诵经。

果、蜡烛、染饭团①等祭品或牌匾陆续进入宗祠，然后向祖先磕头拜祭，之后在院子里等候午餐和仪式。午饭从10：00开始，一直延续到12：00左右，一般是腾冲饵丝，配有咸菜和橄榄片。晚餐则丰盛很多，通常是当地的特色佳肴，共八大主菜，有时还准备"锅子"。12：30分司仪宣布仪式开始，族人在院子里排成几排，第一排是族长、族委、宗族理事会成员、班辈较高的族人，以及捐钱最多的族人，其余则不分班辈、年龄、男女、老幼依次排列。仪式按照以下程序进行：族长致辞；13：00大殿落成仪式。司仪介绍大殿落成情况、族长及四位族人代表为大殿落成剪彩、寸氏族裔代表讲话；14：00洞经会致祭文，并隆重举行祭奠仪式；鸣炮；依次向祖宗进香磕头；14：30分举行文艺活动，各地族人代表在宗祠门口表演节目；16：00准备晚宴，族人陆续就席，因为场地较小，所以通常为流水席。在和顺，每位参加祭祖的族人需要交20元的伙食费，而寸氏宗族从2016年起免费向族人提供伙食，据寸族长介绍："2018年清明节祭祖族人捐款共计八万元，参加祭祖的人数1700多人，捐款数远远多于伙食成本，加上平时留有存款，伙食的费用只是很少的一部分。"显然，仪式的规模、经费来源反映出一个宗族的经济实力。

图4-5 2017年4月清明节祭祖仪式

---

① 染饭团是一种用黄色植物颜料染成的饭团，一般是傣族人节庆的时候进食的一种食物。

景观重塑：一个西南边陲侨乡的社会文化重构

与往年不同，2017年的祭祖仪式增加了两项程序：一是"拔亡仙灯"。大殿的左侧放置一张八仙桌，上面按顺序摆满24个用玻璃制作的圆形蜡烛杯，这是洞经会超度祖先时用的蜡烛。点燃蜡烛，俗称点灯，一般由族长，以及为重修大殿捐资最多的族人完成，其余的人不能接触。二是跨红。同样是"点灯"的族人，他们身上斜跨一道红色或粉红色布匹。每个人在旁边的盆里洗手后，跪在院子中央的祭坛前，在洞经师父的指引下向圣相磕头、敬香，然后起身接过师父放着一杯茶水的托盘。二位师父一前一后，手持装满净水的小碗，用柳枝蘸净水洒向祭坛四周，跨红的族人跟随师父逆时针从祭台绕一圈，之后拾级而上来到大殿。其中一位师父边念祭词，边接过跨红者手中的托盘放在祖先牌位前的供桌上。另一位师父继续洒净，跨红者跪拜在牌位前祈福，大约五六分钟以后磕头、起身。

从2017年的祭祖仪式中可以看出，仪式中的权力与禁忌发生了一些变化。以前，族人在仪式中按字辈各就其位，族长及班辈高的族人操纵着仪式。近几年，仪式由富有经验的宗族理事会成员或专业人士（道士、风水先生）指导整个仪式的议程。"班辈"在仪式中的地位已经开始弱化，取而代之的是捐钱最多的族人，谁来"点灯"、谁来"跨红"、谁来"剪彩"，祭祀中的阶序，俨然透着资本的力量。

2. 仪式的内容

邀请桂香会演奏洞经和主持仪式并不是每年祭祖的仪式议程，之所以如此，是因为这一年寸氏族人重修的大殿竣工。根据当地习俗，每逢新居落成，和顺人会邀请洞经会诵经祈福。事实上，寸氏宗族会根据每年族间的大事拟定一个仪式主题，除了常规的祭祖程序，如致辞、宣读祭文、祭拜祖先、文艺活动等，其余的仪式程序和内容会根据当年的主题设定。例如，2016年寸氏祭祖仪式的主题是"纪念明正德皇帝褒扬和顺'桥头老爷'寸玉[①]敕书—'登仕佐郎'五百周

[①] 寸玉属于明始祖庆公第四代孙，通公支系，腾冲和顺大桥人，华侨世家，久居缅甸，通晓缅语及周边少数民族语言，被云南镇守"慎选"入京，继承其父"鸿胪寺序班"职务，官至四品，后因考绩惟勤，被赐予"登仕佐郎"，授予敕书。

第四章 宗祠：宗族、旅游与现代转型

年";2018年仪式的主题为"家风家训",仪式增加了以下内容:族人代表作传承祖训、立孝德、行善事、正直做人、清廉做事的专题发言;副族长畅述家族的模范事例;族人代表分享家庭故事;表彰获得第一届、第四届最美腾冲人,以及最美家庭的荣誉称号的族人。家族楷模发言。祭祖仪式上,寸氏族人代表宣读了家风家训：

> 习主席说,家风是社会风气的重要组成部分,家风好,就能家道兴盛,和顺美满;家风差,难免殃及子孙,贻害社会,广大家庭都要弘扬优良家风,以千千万万家庭的好家风支撑起全社会的好风气。
>
> 我族的家风是：传承祖训严教子孙,尊老爱幼,以德传家,孝道为先,守法诚信,勤朴为本,与时俱进,博学笃志,族亲融合,成风化人,胸怀四海,涵养正气,志存高远,自律修身。
>
> 我族的家训是：孝、弟、忠、信、礼、义、廉、耻、恭、俭、慈、让、勤、谨、宽、和。
>
> ……借此清明祭祖之机,我寸氏子孙汇聚于此,重温以上家风家训,望我寸氏子孙铭记于心,身体力行,勿负先祖先辈之谆谆教导,亦无愧于党和国家之亲切希望。

仪式使我们有机会在共时的空间中观察到传统与现代的相互交织,以上寸氏宗族的仪式程序和内容都反映出相当大的灵活性和现实性。祭祖仪式不再囿于缅怀祖先、祈求庇佑等传统观念,而是延展到更为广阔的领域,与族间的大事件及当下提倡的社会风气相关联,体现的是一种时代精神。值得注意的是,祭祖仪式中对族人的教化并未减弱,反而通过宣扬族间的先进事迹和家族模范将族规、家训得以强化。由此可见,现代宗族发展的目标中常见的"与现存社会秩序相衔接"这一类的愿望是真诚的[①]。在田野调查中,通过对八大宗族祭祖

---

① 钱杭、谢维扬：《传统与转型：江西泰和农村宗族形态——一项社会人类学的研究》,上海社会科学院出版社1995年版,第45页。

仪式的观察，我们发现族人所希望的是，将以现代生活准则为基础形成的整个生活方式，以及国家所倡导的社会风气纳入宗族的传统观念及日常宗族活动之中，并努力在仪式内容和程序上寻求合适的形式，以便与现实社会生活秩序保持一定的衔接，而不是采取截然对立的姿态①。

祭祖仪式在现代社会环境中的合法性，不仅使宗族文化以一种新的姿态出现，也使宗祠文化得以作为地方文化的代表，在旅游活动中成为政府、开发商、媒体对外宣传的文化展演。在和顺，祭祖仪式的整个过程不限于宗族的内部成员，仪式过程也对外开放，游客不仅可以观摩整个仪式、参与祭拜和捐款、观看娱乐表演，甚至还可以参加族间聚餐。一些实力较强的宗族每年都会投入巨资举办仪式，除了祭祖仪式，族间还出资邀请舞狮队、专业表演队在宗祠进行演出，而且每年邀请媒体对仪式的过程进行宣传和报道，甚至邀请旅游开发的相关负责人和乡间精英参与仪式展演。通过仪式的盛大场面、娱乐活动以及宣传报道，族间无疑扩大了宗族在当地的影响力，通过积累了资本，在公共事务的处理中展现出更多的话语权。

3. 仪式的人员构成

除了在程序和内容上的变化，祭祖仪式在人数的规模、主体构成与分布上也发生了极大的变化。如今，族间对于参与者的身份没有严格限制，无论是本家，还是嫁入的女性都可以参加，甚至外姓人也可以参加，族人参与仪式有很大的自由。近几年，随着和顺与邻村、邻县的互动，迁徙他处的族人纷纷回乡祭祖，祭祖的人数由原来的几十人，发展到几百人，甚至几千人。祭祖的范围从和顺本地人扩展到周边区域。这一现象实际上与和顺宗族的人口繁衍和家族分支密切相关，《寸氏族谱》记载：

……考始祖庆公原籍南京，世居四川重庆府巴县，明洪武中

---

① 钱杭：《宗族的传统建构与现代转型》，上海人民出版社2011年版，第238页。

第四章 宗祠：宗族、旅游与现代转型

以武功调腾卜居阳温暾村即今之和顺乡也，配刘太宜人，生五子成、亨、通、坚、赐，各有所出，自是子复生子，孙又生孙，如麟趾之振振，如螽斯之缉缉，瓜绵椒衍，本固枝繁，迄今二十一传矣。亨坚二支多半移居外属，故谱系不能全载，而成通赐三支后嗣散处腾龙及土司各地者约不下数千家……①

又如，《李氏族谱》载：

和顺李氏宗族，自始黑师波公于明洪武十五年（1382）遂军从征，戍边屯田于腾越阳温暾村（今和顺乡），且择于斯而家焉，迄今凡六百二十四年。世易时移，六百余年间，李氏宗亲克勤克俭，生生不息，今子孙繁衍已逾二十代，丁口数千计。期间迁徙流漫者，行迹遍及海内外者，不胜枚举②。

以上《寸氏宗谱》云："亨坚二支多半移居外属""期间迁徙流漫者，行迹遍及海内外者，不胜枚举。"其中"外属"，以及"海外者"，主要指以缅甸为中心离散到世界各地的族人。《李氏族谱》中的始祖"李黑师波"共生三子：长子李成，次子李哼囉，三子李喜。族谱详细记载了从十四世起，李氏宗族各支派下迁徙的世系，族人迁移至盈江昔马、芒棒、太平、弄璋、梁河、囊宋等地。其余宗族与寸氏宗族、李氏宗族的族人分布相似，除了缅甸，国内主要集中于内五县与外五县③。内五县指：保山、昌宁、龙陵、施甸、腾冲；外五县指梁河、盈江、陇川、芒市、瑞丽。

---

① 《寸氏族谱》，中华民国六年编纂。
② 《李氏族谱》，2007年编纂。
③ "内、外五县"是和顺当地人的习惯叫法，实际上有一些是市、州级行政单位，比如保山是市级行政单位，而腾冲原为县级行政单位，2015年8月改为市级行政单位。"内五县"指原来保山市所辖的五个县，"外五县"指德宏州内的五个县。

表4-1　　2017年寸氏宗族祭祖仪式参与人数统计

缅甸	人数	外五县	人数	内五县	人数	其它	人数
曼德勒	11人	梁河	240人	和顺	120人	台湾	4人
密支那	14人	芒市	55人	腾冲	336人	赞助①	120人
贵概	1人	陇川	3人	保山	8人	洞经	18人
东枝	4人	瑞丽	25人	施甸	12人	—	—
木姐	8人	盈江	190人	龙陵	25人	—	—
南坎	5人	—	—	—	—	—	—
洋人街	6人	—	—	—	—	—	—
总计	49人	总计	513人	总计	501人	总计	142

资料来源：2017年4月作者在寸氏宗族祭祖仪式上做的统计。

宗庙祠堂分为宗庙（合族祠）、宗族祠堂（总祠）、房支祠堂（分祠）。和顺的情况是，八大宗族的总祠在和顺，其余各地分支出去的族人没有设立分祠。因而，每逢祭祖之日，各地的族人从内五县、外五县、缅甸及其余地方汇聚到和顺。2017年，参加寸氏宗族祭祖仪式的和顺人仅有120人，占总人数的10%，而内、外五县的人数为894人，几乎达到总人数的50%，来自中国台湾的族人、国外的华人华侨和邀请嘉宾占40%。来自外五县梁河、芒市、陇川、瑞丽、盈江等地的族人，其中有很大一部分是傣族、景颇族、阿昌族、佤族、傈僳族等少数民族。他们最早从和顺分支出去，长期生活在少数民族地区，与少数民族通婚，久而久之融合成当地的少数民族。在祭祖仪式中，他们表现出极大的热情。他们每年从盈江、梁河等地来带来丰富的祭品，这些祭品都会成为下午聚餐的佳肴。祭祖仪式中的文艺表演，大部分也是这些族人带来的少数民族舞蹈。从仪式的民族构成来看，和顺的宗族已经不再是严格意义上汉族父系世系原则下的传统组织，今日的宗族与传统的宗族之间已经表现出明显的差异。祭祖

---

① 赞助属于族外人，一般是族人从外界邀请的嘉宾，比如旅游公司的相关人员，当地的精英等。

第四章 宗祠：宗族、旅游与现代转型

仪式尽管表达更多的是祭祖谱系的文化意义，而不一定是真正的客观血缘，但对地缘和血缘的强调与重申，强化了族人本体性意义上的认同感和归属感。

4. 华人华侨回乡祭祖

从仪式的规模、主体构成以及分布可以看出，祭祖仪式为和顺与海外华人华侨、内五县、外五县族人之间的联结与互动创造了有利条件，回乡祭祖的人员中有相当一部分是海外华人华侨。2016年以后，回乡祭祖的海外华人华侨逐年增多。由于历史渊源和地缘因素，这些海外华人华侨主要以居住在上缅甸①的族人为主。他们在回乡参加仪式之后，每年在曼德勒也举行祭祖仪式。相比和顺的祭祖仪式，在曼德勒举行的祭祖仪式的内容和程序较为简单。一般情况下，族人聚集在缅甸的云南会馆，摆放出"历代寸氏祖先"的牌位，然后由族长②宣读寸氏宗族的家训族规，告诫族人不忘根本，然后烧香、跪拜。寸有康③今年70多岁，龙陵人。他德高望重、乐善好施，在缅甸族人中享有很高威望，被选为缅甸的族长。对于缅甸的族人祭祖仪式，他说道：

> 在缅甸，寸家有多少人，不好统计，太散了。有些不要说统一，他们和缅人通婚，久而久之连汉语也不会说。在缅甸，寸家也没有什么组织，现在有个家族会，这些年我们才开始祭祖的。祭祖仪式主要在瓦城（曼德勒），瓦城的族人几乎都参加。瓦城

---

① 对于上、下缅甸的界定，目前至少有四种。第一种，《缅甸华侨志》从经济地理的角度提出：缅甸海岸地带为下缅甸，伊洛瓦底江中上游即上缅甸。第二种，王忠敏在《缅甸华侨年鉴》中认为：南北掸邦和曼德勒以北地区为上缅甸；陆路由曼德勒到彬文那，水路由望濑到敏巫，之间的地区为中缅甸；陆路从东吁到丹老，水路由斗宫到勃生之间的地区，成为下缅甸。第三种，以缅甸中部的东吁至卑缪为分界线，北半部成为上缅甸，南半部成为下缅甸。然而，称谓的使用常有约定俗成的惯例，缅华社会一般习惯以曼德勒为分界点，以北称为上缅甸，以南成为下缅甸，这里采用这一界定。详见范宏伟《缅甸华侨华人史》，中国华侨出版社2015年版，第10页。

② 根据宗族理事会成员的职务，在和顺，缅甸的族长被称为"副族长"，而在缅甸，被称为"族长"。

③ 化名。

景观重塑：一个西南边陲侨乡的社会文化重构

没有宗祠这样的地方，我们就去云南会馆。这个地方张家、杨家、李家，不管哪一姓氏都可以举办婚丧嫁娶，也可以祭祖。比如清明节，一姓一天，在里面烧纸、祭献。现在我们每年都组织，聚齐也有二三十桌。

缅甸族人的祭祀祖先仪式也在清明节举行，但一般要到和顺总祠祭祖结束后才进行。按照他们的说法，和顺的宗祠是总祠，故以总祠为大。随着和顺宗族祭祖仪式规模逐年扩大，很多老一辈的缅甸华人也期望参与其中。这些人大都出生于缅甸，从小在缅甸长大，属于第二代、第三代华人，虽然深受缅甸文化的影响，但他们能说一口流利的普通话，甚至有些能说和顺方言。在2017年寸氏宗族的祭祖仪式中，我接触到从曼德勒、东枝来祭祖的几位缅甸华人，了解到他们回乡参与祭祖的缘由。

寸思永[①]（56岁，男，现居住在曼德勒）：

我们从曼德勒坐飞机到密支那，又租车从密支那到甘拜地，到猴桥口岸，再坐一个小时的车就到和顺了。我在这里有亲戚，主要来祭祖，在微信上也和这些亲戚保持联系。我们是去年来祭祖的，以后打算年年来。我在缅甸出生和长大，父亲在和顺出生，三岁就被祖母带到密支那，后来去了曼德勒，就没有回来。我父亲去年来祭祖，80多年来第一次。和顺，已经83岁了。他们（一同而来的缅甸族人）也是70多岁第一次来和顺，旁边这位是我大姐，她也在缅甸出生，没来过和顺。我们约定每年只要有人来祭祖，我们就会约着来。没有来过的我们就带他们参加一下，家乡变化很大，我们在缅甸也会经常谈论家乡的变化。

李茂红[②]（53岁，现居住在东枝，2017年跟随丈夫，带着大儿

---

① 化名。
② 化名。

第四章　宗祠：宗族、旅游与现代转型

子和二女儿参加祭祖仪式）：

  这次来祭祖，我们开车到木姐，然后包车到瑞丽，再来和顺。原来我们家在曼德勒，后来去了东枝，在东枝下的"阔难"，紧挨着泰国。我们来了四次了，每年是来祭祀祖先。四年前，我们不知道自己的家怎么来的，根源在哪里，老人就拿来一个家谱给我们。我们父母从小就来缅甸了，他们从来没来找过，我们就拿着家谱来找，家谱上写着我们老家在腾冲月牙塘小坡，小坡现在没有了，改成新华。当时我们来了四人，我们是从缅甸来的，另外两个堂兄弟从边境上来。我们找到了在新华的堂哥、堂嫂。他们的祖辈已经过世，就剩下他们和子女了。回到新华，我们才了解到祖辈连坟墓都没有，好像我们活人在洋房下住着，我们祖坟在山坡上在，觉得心里难受。我们就和哥嫂商量，他们出力，我们出钱，一起来修祖坟。我们在四年前找到了亲戚，清明节就年年回来祭祖。现在我们到和顺参加族人祭祖，第二天回新华和家人一起祭拜祖坟，然后才回缅甸。我现在53岁了，我5岁就去缅甸，但对中国感情很深，这里始终是家。以后我们每年都要来，现在小儿子在曼谷上学，小女儿在仰光读国际学校，他们请不了假，这次我带着二女儿和大儿子来的，以后有机会一定还要带着他们来。

  回乡祭祖的缅甸华人华侨对和顺的认识和理解较之其祖辈已经发生了显著变化，参与祭祖仪式的积极性明显比以前高。深受中国传统观念的影响，他们认为回总祠祭祖，不仅能得到祖荫下的庇佑，亦是一种"报本反始之心"的心理慰藉。诚然，祭祖并非是他们的回乡的唯一理由。他们从小离开家乡或在缅甸出生，对于他们来说昔日的和顺是他们父母甚至祖辈留存在记忆中的故乡。今日和顺乃至中国的迅速发展，以及生活在其中的人已是另一幅景象。倘若他们有机会回到和顺参加祭祖仪式，一般会停留6—7天走访亲戚，同时也借此机会感受故乡的变化。除了缅甸的华人华侨，我在两次寸氏宗族的祭祖

仪式上，也曾遇到回乡祭祖的海外华人，他们在20世纪50年代初离开和顺去缅甸，之后又辗转去了其他地方，子女出生在国外，从小接受当地教育。对于他们的子女而言，和顺显然已经是另一个国度，仅仅通过一些长辈、亲友的故事或经历去感受想象中的家园。因而，父母带他们回乡祭祖，一是为了知晓祖宗根脉、保持和国内亲戚的联系与交往；二是为了感受中国日新月异的变化与发展。

这几年祭祖仪式最突出的变化是海外华人华侨参与者的规模。严格意义上而言，宗族是以父系单系世系的亲属法则组织起来的血缘团体，其成员资格具有排他性，无法任意扩充，但是宗族往往为了达成某种社会功能而尽量延伸其范围。从参与仪式的族人来看，族人已经突破了原来以和顺人为主的界限，除了少数民族的族人，还有来自世界各地的华人华侨。每年祭祖仪式中海外华人华侨人数增多，一方面是因为国家为宗族活动的正常运作提供了一个相对宽松的社会环境，族间通过宗族活动努力契合国家话语获得其合法性；另一方面，中国的崛起和人们认祖归宗的文化实践极大地促进了海外华人华侨与侨乡的联系。由此，宗族通过其特有的血缘、亲缘、地缘关系，形成一个特有的引力场，将散居全国乃至世界各地人群紧紧吸附于和顺这一特殊的地理单元①，而宗族建立起在地乃至跨地域的联结与宗族的权力结构和社会网络的形成与发展密切相关。

第二节　宗族的权力结构与社会网络

和顺是一个典型的宗族村落，宗祠、族训家规、楹联牌匾无疑成为旅游开发中的重要资源，尤其承载着族人历史与文化的宗祠，历经多次修缮，其建筑体例、祖先牌位、牌匾、楹联、墓碑保存完好。这些宗族文化的要件集中展示了宗族的精神要义和文化特征。位于核心保护区的李氏宗祠、刘氏宗祠、寸氏宗祠、尹氏宗祠、贾氏宗祠、张

---

① 刘旭临：《"有形"与"无形"：和顺古镇之宗族景观》，《中南民族大学学报》2017年第5期。

第四章 宗祠：宗族、旅游与现代转型

氏宗祠，对宗祠是否应该向游客开放这一件事情上持有不同的态度。2016 年，我第一次去和顺做田野调查，刘氏宗祠、李氏宗祠已经成为 BL 公司经营的旅游景点，需要门票才能进入参观。寸氏宗祠、尹氏宗祠虽然不是 BL 公司经营的旅游景点，但免费对外开放，而张氏宗祠与贾氏宗祠则是族间的"私人"场所，只有族间活动才打开大门。田野调查期间，一些宗祠出租引发了乡民的热议，我经常听到乡民议论，"祖先被卖掉了"。这一观点是否代表着乡间对此问题的普遍看法？为什么一些宗祠出租，另一些宗祠不租？不同宗族在"租"与"不租"上反映出怎样的立场、利益诉求和行为策略？为此，我将根据不同宗族参与旅游开发的程度以及与 BL 公司合作的态度，将核心保护区的六家宗祠分为参与旅游、半参与旅游和拒绝参与旅游三种类型。

以前，和顺没有严格意义上的宗族组织，只有"族老会"，由族长、族老、族望等班辈较高、年纪较长的族人组成。他们在祭祖仪式、族内纷争、惩戒族人等方面享有绝对的权威，但实际上是一个相对松散的组织，管理上缺乏相应的约束力和监督机制。到了 21 世纪初，和顺的各姓宗族纷纷建立起"宗族理事会"，但在建立之初，岗位设置并不健全，人数的数量及范围也相对有限。一般情况下，理事会只有一二十名成员，而且全部是和顺人。理事会成员轮流在宗祠值班，负责打扫卫生、浇花，或是组织简单的春祭和秋祭。2016 年之后，理事会成员开始逐渐增多，岗位设置也日臻完善，下设理事长、副理事长、办公室主任、常务理事、理事，其中理事长为族长，副理事长为副族长。宗族理事会对成员也没有严格的约束力，只要热心、认真、负责、甘愿为族人服务，都可以获得宗族理事会颁发的聘书。倘若要退出理事会，只要有相应的"接班人"即可。如今，寸氏宗族理事会已经发展到 89 名成员，其中族长 1 人，办公室主任 1 人、副族长 2—3 人、常务理事 50 人、理事若干人。这些成员不仅来自和顺、还有绮罗、城关、中和、昔马、梁河、弄换、盈江、孟连、保山、施甸、洞平、龙陵、芒市、瑞丽、姐告、勐卯、南坎、洋人街、清平等地，几乎囊括了内、外五县及缅甸的族人。宗族权力结构的扩

大说明宗族组织在族间日常运作中的作用及影响。以下，我将通过以寸氏宗族修葺祖坟、重修大殿、重编族谱的过程为例，探讨和顺宗族权力结构形成的外在需求和文化动力，以及宗族组织在处理族间事务和公共事务中的重要角色。

一 修葺祖坟

寸族长今年64岁，以前是清水中学的一名教师，其父亲曾是小学老师，退休后曾担任过族长。深受父亲的影响，同时又因熟悉族间事务、有较强的组织和管理能力，2013年退休后他被族间推选为新一任族长。寸族长上任以后，组建了和顺"第一届寸氏宗族理事会"，包括族长1人、副族长2人、出纳1人、会计1人。自宗族理事会成立以来，理事会筹划在未来三年之内完成族间的三间大事：修葺祖坟、重修大殿和重撰族谱。早在1983年，寸族长的父亲曾组织族人修葺祖坟。当时和顺人的经济、生活水平有限，族间才筹集到五千元。族间将原来掩埋于土中的断碣残碑挖掘出后，在旧址上新建了一块新的始祖墓碑。但是，墓碑四周杂草丛生，族人苦于没有磕头、献祭的地方，于是在90年代购买了墓碑前的一块土地，作为族间祭拜之用。2014年以后，和顺的其余宗族已经相继建起了祖先陵园，而寸氏祖坟四周全是农田和树林，甚至没有一条通往祖坟的正规通道。寸族长上任以后便向族间提出重修陵园一事。族间陆续捐款，将筹集的30多万元购买了土地。到了2016年，陵园已经初见规模。建成后的陵园面积300多平方米，北面右上角修建了历代始祖坟墓，呈半圆形，中间为始祖寸庆之墓，左右两旁分别是二世祖成、亨、通、坚、赐之墓以及重建二世祖五公墓碑记。墓碑四周修建了围墙，围墙上镶嵌着寸氏宗族的名人录。寸氏陵园位于和顺后头坡，这是民居聚居区。通往陵园的左右两侧空地原来是属于外姓人的土地，为了陵园不被挤占，寸族长与理事会再次商议购买土地。这片土地当时值四十多万元，而族间前期修建陵园已耗资几十万元，资金短缺成了族间的最大难题。寸族长这样描述当时买地的经历：

第四章 宗祠：宗族、旅游与现代转型

> 门口那片土地是姓李的外姓人，起初他一直不卖，后来我和另一个副族长去家里找他，我就劝他把那块地卖给我们，他一口价43万元，我立马答应。先给他支付了3万元定金，答应他一年之内全部付清余款。其实当时族上只有3万元，我和副族长商量，先去向族人集资，如果筹集不到，我就用我的房产证抵押，自己贷款来买。

为了筹集资金，寸族长成立了五人临时小组，分两次到龙陵、芒市、瑞丽、南坎（缅甸）、章凤（德宏）、盈江、保山、施甸等地去联族，每到一个地方都得到了族人的积极响应。寸族长借此推选出各地的常务理事和理事，并当即发放由族间理事会颁布的聘书。在各地常务理事和理事的号召下，临时小组在这次行动中共筹集到一百多万元的资金，寸族长对此感慨万千：

> 我们去龙陵有我们寸家的地方，有个地方叫"郭里村"，那里寸家人最多。第一天去的时候，他们组织了老前辈来路边等我们，他们都杀猪宰羊，很热情。最让我感动的是我们去芒市的三台山，七八十岁的老人听说总族的人来了，从山里走出五六公里来迎接我们，虽然他们的日子并不富裕，但是也捐了钱。这一趟跑下来我们就筹集到一百多万元，和顺人也捐了不少，但总体上来说，还是在外的族人捐得最多。

据临时小组的其他成员介绍，一些地方尤其是少数民族地区的寸姓并不知道其祖辈的渊源，他们便拿出家谱、介绍信和宗族理事会的公章证明自己的身份，在道明来意之后，这些人都表现出极大的热情，积极踊跃地捐款。寸氏宗族筹资行动在族间造成了很大影响，包括缅甸的华人华侨也组织族人捐款，甚至一些并非是同一祖先繁衍派系下的省外寸姓也参与进来。这次行动对寸氏宗族权力结构的扩展产生了极为重大的影响。宗族理事会成立之初，没有内、外五县的族人加入，而这次临时小组的行动使宗族理事会的成员从原来几人扩展到

几十人,地域也突破了和顺的范围。这次联族引起了族人强烈的情感共鸣和认同,反映出宗族文化感染力中所包含的非经济和非政治的特征。显然,这一群众基础更为深刻的根源存在于宗族成员对宗族文化价值的内在体认①。

二 重修宗祠

族间的第二件事情是重修宗祠,但因为资金问题,迟迟尚未动工。实际上,和顺的很多宗祠在20世纪80年代后期至90年代初期已经重修。造成这一情形的原因除了传统生产方式与社会关系的复归、国家控制力的减退,以及弥补公社化生产所造成的社会关系缺失,还有海外华人华侨的促进和推动②。这一时期,和顺各姓宗族受华侨资助开始重修祠堂。例如,1994年刘氏宗族成立了临时"修复委员会",曾向华侨发出捐款倡议,刘氏宗族获得海外华人华侨捐款12万元。寸氏宗祠从1949年后一直作为小学用地,直至2015年学校搬离以后,重修宗祠才被提上议事议程。随着国家政治经济环境的变化,国内族人生活水平的提高,宗族权力机构的健全,寸氏宗族重修宗祠的情形已经与以前大不相同。

寸氏宗祠虽遵循中国传统建祠礼制,但在建筑中融入了南亚、东南亚的建筑风格,是八大宗祠中最具特色的宗祠。这座宗祠始建于清朝嘉庆十三年(1809),历时四年建成大门、走廊、厅房、照壁、家堂。据《寸氏宗谱》载:

> (嘉庆)至十三年腊月初二日竖正房大门。十四年夏……起两山墙围墙以及廊阶……二十四年建厅房,道光二年同仰止修厅前照壁,三年修家堂座,五年修暖阁牌位,匾封庄颜,六年修月

---

① 钱杭、谢维扬:《传统与转型:江西泰和农村宗族形态——一项社会人类学的研究》,上海社会科学院出版社1995年版,第196—197页。
② 段颖:《边陲侨乡的历史、记忆与象征:云南腾冲和顺宗族、社会变迁的个案研究》,载陈志明、丁毓玲、王连茂主编《跨国网络与华南侨乡:文化、认同与社会变迁》,香港中文大学香港亚太研究所2006年版。

第四章 宗祠：宗族、旅游与现代转型

台，尚欠两厢，攻难告竣，嗟嗟时事变迁，日月易迈，忽忽二有四年矣，大约用费银壹千有零……①

整个宗祠占地面积 2000 多平方米，坐南朝北，宗祠外围修建一座大型月台，围以石栏。月台中央左右两边矗立着两根双斗石杆，每根石杆含两个"斗"，表明寸氏家族中出过举人②，但"文化大革命"时期，石杆已遭毁坏，现存的石杆于 2006 年仿照原来的样式恢复重建。石杆两旁放置一对白玉石狮，由缅甸族裔 2009 年捐赠。拾阶而上是寸氏宗祠三孔圆拱石门。这道石门重建于 1935 年，由时任寸族长主持修建。整个大门的造型由印度工程师设计、缅甸和印度工匠完成。所用材料也都是通过马帮从当时英属殖民地缅甸运回和顺。大门是典型的南亚建筑风格，周围中国传统文化中的匾额、楹联、书画，再加上月台、标杆和栏杆，形成了别具特色、气势恢宏的建筑景观。以前，进出大门有严格的规定，中间主门供具有官阶和德高望重的人出入，左右两旁供一般身份的族人进出。在"文化大革命"时期，门顶被拆除，只留下三扇大门。2000 年，地方政府为打造和顺最富建筑特色的名片，出资 10 万元用火山石按原样帮助寸氏族人恢复了门顶。进入大门，左右两旁石墙刻有捐资芳名录。穿过花荫，拾级而上，左右两边是厢房，四周悬挂匾额（如图 4-6）。中央便是矗立在中轴线上的大殿。大殿属于木质砖瓦结构，有上、下两层，整个建筑显得古朴而庄重。一楼中间供奉着五代始祖牌位（如图 4-7），四周墙壁悬挂家训韵语十六章：孝、弟、忠、信、礼、义、廉、耻、恭、俭、慈、让、勤、谨、宽、和。寸氏宗祠在清朝末年作为乡间的教育场所，20 世纪 20 年代初从私塾改为学堂。正因为如此，祠堂的整个建筑在动乱年代才没有被大规模地破坏。2015 年 3 月，小学搬走以后结束了寸氏宗祠作为学校的历史。

---

① 《寸氏宗谱·修建宗祠序》，公元 2016 年清明重印。
② "斗"象征着科举考试中的等级，如果无"斗"意味着族人在科举考试中没有功名，如果是一个"斗"表示中了举人，如果是两个"斗"表明中了进士。

（北） 乙酉年清明　吉旦 裔孙　重立 白发朝仪	（南） 寸氏阖族敬刊 明德惟馨 公元二千零五年岁次乙酉清明　吉旦	（二进院正中前门） 公元二〇〇七年　清明 知恩图报 和顺理事会成员　敬刊
（西） 弄焕寸氏族裔 勋垂百代 公元二千零八年岁在戊子清明　吉旦 敬献	（东） 勐连寸氏族裔　敬献 族裔繁昌 公元二〇〇八年岁在戊子清明　吉旦	

图 4-6　寸氏宗祠二进院四周匾额内容（原文为繁体）

2016 年清明节，族人寸思成①（男，56 岁）从芒市回乡祭祖，目睹宗祠大殿破损严重，与整个宗祠的建筑格格不入，倡议重修大殿。寸思成早年往返于缅甸与芒市之间，经营木材、树化玉、紫檀，之后在芒市投资建设了一些重要景区，是族间有名望的富商。他首先向族间捐赠了 18 根当年从缅甸运回的柚木。在他的带领下，其他族

---

① 化名。

第四章 宗祠：宗族、旅游与现代转型

```
五世祖讳文用公录荣公潒公薰公文学公　之灵位
大明腾冲卫千户指挥始祖太师庆寸公　神位
二世祖　三世祖　四世祖　之灵位
```

图4-7　寸氏宗族正厅祖先牌位（原文为繁体）

人也慷慨捐赠，纷纷捐出砖、石料、瓦、花脊、铺面石及油漆等建筑材料。为了保证重修大殿能顺利进行，寸族长曾在寸氏宗祠召开了"寸氏宗族大殿建设讨论会"，参会人员包括来自国内各地及缅甸的族人共40余人。会议对大殿的风水、坐落、层数、形制、风格等展开讨论。这次会议虽然在一些细节上存在分歧，但族人一致认为重修大殿是族间最重要的事情，资金短缺仍然是修建大殿遇到的最大阻力。为此，族间理事会发起第二次捐款，由于理事会在之前修葺祖坟时建立的族人网络，族间在短短数月内就筹集到几百万元的捐款。资金如何使用、如何管理，成为族间最敏感的话题，族人对此寄予了很高的期望，因此寸族长显得更加谨慎：

> 在宗祠我们有个保险柜，只有我和两位副族长在场才能打开，我们的经济账目就存在保险柜里。我们要做好，就要我们的族人相信我们清正廉洁，你捐了多少钱，榜上有名，有账本，有单据。既然要做大家信任的事情，经济上要让人信任。不信任大家心就冷了，理事会就无法开展工作。

图4-8 重修前的宗祠大殿　　　　图4-9 正在重建中的大殿
　　　（寸族长提供）　　　　　　　　　（2017年3月）

　　寸族长认为宗族理事会如果账目不清，族人会对他们失去最根本的信任，那么宗族最后也就成了一盘散沙，因而寸族长希望能带领理事会在族间建立起"信任"。为了更好地管理捐款，寸族长成立了一个由三人组成的专款小组，包括族长、出纳和会计。凡是族间开支，原则上都要族长签字才能支出，出纳负责具体账目的收支，会计负责记账，整个账目由理事会办公室主任和副族长负责监督。在宗祠大殿修建期间，寸族长每天去宗祠监督修建过程，对送来的每一项建筑材料都一一过目，并亲自核对账目和监督质量。除了成立专款小组、监督机构，他力图所有的账目公开、透明，并在每年的清明节祭祖仪式上公布当年宗族的收支情况。2017年，清明节祭祖时，大殿已经大体完工。在祭祖仪式上，副族长代表理事会公开了当年的收支明细。他们对财务的谨慎态度使宗族理事会在族间获得了认可。因而，在后期大殿装修过程中，理事会因资金不足再次发起捐款倡议时，又得到了族人的鼎力支持。诚如族长所言，倘若族人没有建立对理事会的信任，第二轮、第三轮捐款可能没有任何成效。事实上，理事会在这次重修大殿的过程中建立的信任，以及行之有效的管理制度和监督体制不仅筹集到了巨额资金，对整个宗族理事会日后开展工作也起到了不

第四章　宗祠：宗族、旅游与现代转型

可估量的作用。

三　重编族谱

2018年下半年，理事会按原计划开始了重撰族谱的活动，这是族间继修葺祖坟、重修大殿之后的另一件大事。寸氏宗族的第一份族谱是由族间名人寸开泰在1917年组织编纂的，第二次族谱编纂是寸族长的父亲在1988年组织的。当年参与编纂的年轻人，现在已经是耄耋之年。据他们回忆，当时交通不便，族人散居各处，给重编族谱带来了困难。他们分头在和顺、勐连、绮罗、荷花、新华、龙陵、路西等各州县登记归谱，但有些地方是山区，车辆不能通行，很多时候靠走路。由于当时条件有限，很多地方的族人都没能登记入谱。按照族间规定，族谱每三十年重修一次，2018年已经到重编族谱的规定年限。理事会召开重编族谱筹备会，并向族人发出通知。

2018年11月我对和顺进行回访时，寸副族长正在腾冲周围收集谱系，他白天出门找常务理事，晚上回到寸族长家里商讨存在的问题。我去寸族长家进行访谈时，他正好从市区归来，与族长一起整理族谱。

> 寸副族长（58岁）：我一来就住在族长家，每个地方都亲自去跑，有时候一出来就是十多天。我们寸家的族人分散在各地，要整理出族谱，确实不容易。不过，现在交通也方便了，到了各地，只要找到常务理事，基本就能整理出这个地方的谱系。这一次整理族谱，我们理事会商量加入了一些新的内容，要与时俱进，不能按着老一套。

宗族理事会的扩大与发展显然对族谱编纂起到了重要作用。早期编纂谱没有各地常务理事作为连接，负责人需要挨家挨户采集家谱，加上交通限制，族谱未见周全。如今，常务理事之下有负责更小地域的理事，他们能在短时间内收集到管辖范围内各家各户的信息，能保证编纂工作更加细致、深入地开展。同时，寸族长在2016年组建了

景观重塑：一个西南边陲侨乡的社会文化重构

一个"世界各地寸氏大本营"的微信群，起初有十多人加入，目前达到 500 多人，包含缅甸、美国、加拿大的寸氏族人。理事会的通知和决策几乎在同一时间能通过微信群传达给常务理事，这一做法在宗族的权力机构与族人之间建立起上传下达的渠道。此外，宗族理事会在此次编纂族谱中对入谱原则的适当调整，反映出理事会所倡导的时代精神。比如：第一，女性可入谱。包括未出嫁的女儿、独生女或是嫁入的女性，女性可以使用全名，而不是姓氏；第二，入赘男性也可以入谱，但是需要取一个以"寸"为姓的名字，虽然在生活中不一定使用这个名字，但作为入谱使用；第三，倘若一户先养育一女，已入家谱，后又养育一男，女孩就不得入谱，男孩入谱。如果男孩不姓寸，也需要取一个"寸"姓名字。父系世系原则是中国传统宗族形态下亲属格局的基本原则，也是宗族得以维系的根本前提。如果该宗族要证明自己是一个宗族，并且这个"宗族"是有来历的，它就必须认真地"建构"、合乎规范地展示自己的"世系"①。因而，理事会放宽族人身份，包括少数民族、同姓不同宗、女性、入赘男性均可入谱，这表现出当代宗族适应新时代社会关系的特点。

以上通过族间举行的重大活动，探讨寸氏宗族理事会权力结构的形成以及内在运行机制。回到族间日常事务的现实场景中，我们也可窥见宗族理事会在族人日常生活中的影响。例如，族间购买土地或出租宗祠，族间以"宗族理事会"的名义在合同书上签字盖章。倘若外地的族人举行婚礼、丧葬或做寿，族间也以理事会的名义参加。2016 年，缅甸木姐一位百岁老人庆生，寸族长带领几位理事会成员去木姐参加生日宴，并以寸氏宗族理事会的名义敬赠了贺寿牌匾。此外，理事会还建立了一个"寸家爱心捐助"微信群，所有族人均可参加。如果族人遇到困难，可以在微信群中提出申请，理事会派常务理事进行核实，一经属实，理事会将号召族人在群里捐款。这说明理事会开展的宗族活动虽然是宗族性的，但同时也以促进亲属互助和公益事业为宗旨。

---

① 钱杭：《宗族建构过程中的血缘与世系》，《历史研究》2009 年第 4 期。

第四章 宗祠：宗族、旅游与现代转型

四 族长的角色

族长是宗族理事会的重要角色之一。理事会的会长由族长担任，乡民习惯性称之为族长，但在面对外地人时，他们有意改为"理事会会长"以规避"族长"遗留的封建化烙印。如今，新任族长一般由上任族长推荐，然后理事会召开会议投票选出。班辈和年龄往往不是推选族长的先决条件，族人更加注重其个人能力和奉献精神。在他们心中族长不仅要有号召力，还要善于交际、有魄力和胆识，更要能写祭文和致辞等重要材料。虽然宗族理事会成立以后，族间在处理日常事务和公共事务中以理事会代表族人出场，但是族长的地位并未因此而削弱，族长的能力直接影响着宗族活动的有效开展，这不仅表现出族长在宗族日常运作中作为"领头羊"的角色，还表现出族长在仪式中的象征意义。

图4-10　重建大殿仪式　　　　图4-11　丢蛮首

2017年，寸氏宗族重修大殿，地师①根据寸族长的生辰八字确定族间举行"架马""竖柱""上梁"等仪式的具体日期。正月十三，祠

---

① 当地看风水的人被称为"地师"。和顺人盖房子都要请地师"看日子"，并依据男主人的生辰八字来决定仪式时间。

堂中央一前一后放置两个木头搭建的三脚架,寸族长将选好的"中梁"架于其上(形象地称之为"架马")。根据当地习俗,中梁必须由族长亲自从所有准备的建筑用料中挑选出来。倘若道士对"中梁"做完法事,这根"中梁"除了族长不允许任何人触碰。"架马"仪式结束之后,族长将"中梁"放在二楼的厢房直至"上梁"之日才能抬出。上梁是建造房子最重要的仪式,包含祭献、装仓、挂梁、丢蛮首①等程序。上梁当日,宗祠院落设置祭台,摆放猪头三牲、鸡蛋、水果、糖果、蜡烛等祭品,族长代表族人磕头、上香。之后,族长将"中梁"从二楼厢房抬到院子里进行"装仓",木匠先将"中梁"凿开一个小洞,族长将包好的五子、五宝②装入洞中,然后塞好洞口,再用米饭将周围缝隙粘紧,最后用一块道士做过法事并绘有八卦图案的红布将洞包裹起来。族人在"中梁"的左右两端系上长绳、挂上炮竹、插上小旗、挂在房顶(称为"挂梁"),从房顶向中梁两端浇水(称为"浇梁水")③,再往四面八方"丢蛮首"。族长带领族间有威望、地位高的族人,各拉着毛毯的一角,迎接从房顶上扔下来的"大蛮首"④,其余族人或观众只能接"小蛮首"。

清明节祭祖是族间最盛大的活动,涉及的人数多,安排各项事务是一件繁重的任务。虽然仪式由宗族理事会来操办,但每一项安排族长几乎事必躬亲。除此之外,撰写祭祖祭文和致辞也常常成为族长的一项重要任务。

"祭文"是族人祭奠和颂扬祖先的文章,包含祖先的功绩与庇佑、家族的繁荣与昌盛、族人的责任与使命,一般为三五百字,以"四言"为主,内容短小精悍,语言需要符合古代祭文的特点及要求。"致辞"有所不同,使用的是现代汉语,内容涉及聚会的目的、族人

---

① 蛮首:蛮首是一种用米磨成面做成类似于窝窝头的面点。蛮首有大、小蛮首之分,大蛮首中间包有"大龙元",小蛮首中间包一元硬币。
② 五子:广子、桂子、莲子、松子、绿子;五宝:金子、银子、珍珠、宝石、玉石。盖房子用五子、五宝象征平安。
③ 浇梁水意味着"风调雨顺"。
④ 按照当地习俗,"大蛮首"并非任意人都可以接,必须是家里重要的男性才允许接。接到蛮首的人意味着来年将有好运。

的目标、族人的功绩、家训族规等。"祭文"和"致辞"是仪式中的重要内容，但"祭文"与"致辞"并非由族长一锤定音。通常情况下，族长写好后需要广泛征求族人的意见，并在宗族理事会上讨论后进行修改，但是族长需要对宗族的定位与发展要有准确把握。此外，在祭祖仪式的程序中也可见族长的地位。首先，按照仪式礼制，族长第一个向祖先上香、磕头，其余族人才按照顺序依次进行；其次，作为"一家之长"，族长在弘扬家族精神和教化子孙方面也扮演着重要的角色。2017年寸族长在祭祖仪式的致辞中说道：

> ……一个人，一个家，乃至一个族不能没有精神、信仰和方向，而精神是支撑这个人、这个家或这个族的基石，我族的精神是耕读为本、孝道为先。族亲融合、涵养正气、自律修身，而信仰则为人生的依托。我族的信仰是：以德传家、守法诚信、胸怀四海、成风化人，方向则是家族兴旺发达的奋斗目标。我族的目标是：与时俱进、志存高远、自强不息、商儒隆兴……

显然，寸族长在"祭祖致辞"中，通过宣读家训族规、重申宗族的精神、信仰和目标，以弘扬祖先美德，训诫子孙后代，强调家族的重要性和凝聚力。从中可以看出，族长在每年祭祖仪式的反复操演中获得一种文化意义上的威望与权力。由上可知，在理事会行使职权中，虽然族间一切活动的策划和实施均遵循民主的原则，但族长仍然处于核心位置，其权力与威望通过在宗族理事会中行使的职责有所体现，同时还通过族间的仪式得以强化。

以族长为首的宗族理事会是和顺八大宗族顺应现代社会发展而采取的一种策略，同时也是凝聚族人、保证宗族活动顺利开展的重要手段。各姓宗族由于分支多、人口杂、居住散，宗族的日常运作需要在权力机构与族人之间建立一个沟通的桥梁。因而，宗族理事会在处理族间事务中至关重要。作为大小事务的重要决策机构，宗族理事会保证了宗族的内在稳定性。在理事会权力的运作下，宗族能最大限度地发挥其作为社会组织的整合协调、维护利益、实现目标、凝聚族人的功能。在和顺，各姓宗族的另一个显著特征是，宗族理事会中的常务理事并非按房支选出，而是按地域范围来划分。从空间上看，和顺的八大宗族的宗族组织都与内、外五县及缅甸族人建立了紧密联系，和顺古镇通过宗族建立起一个以和顺为中心，联结内五县、外五县和缅甸的在地乃至跨地域的空间结构。分散在各地的族人正是通过这个权力网络参与宗族事务[①]。宗族理事会的成立表明，宗族的权力结构对现行行政体制的模仿已经成为一种现代意义上的宗族组织。借以某种宗族相关活动而临时组建的宗族组织已经开始向一种稳定的、常态的组织过渡。

正如以上宗族组织的权力网络，最初从几人，扩大到几十人，乃至几百人，从最初的和顺人，延伸至内、外五县和海外华人华侨。权力网络的变化不只是满足宗族功能性的需求，还有其运作的文化动力。在联宗活动中，居住在和顺以外的寸姓人所持有的热情态度、族间为编纂"族谱"所做的努力、族长在仪式过程中的象征意义以及在日常事务中地位，均说明宗族所具有的传统文化观念对族人的影响。宗族最根本的文化机制提供了一种能使族人深层的本体性需求得到充分满足或部分满足的方式及途径。这种本体性的需求——历史感、归属感、道德感、责任感与某些功能相连或不相连，本质上是一种文化和心理上的满足，可以跨时代、跨地域[②]。依靠功能性需求及内在文化动力建立的跨国权力网络在乡村生活中发挥的作用，既覆盖祭祖仪式等重大族间活动、宗族的日常事务，又延伸至族人的日常生活。这样的权力网络在他们处理当下公共事务中也极为重要，尤其是在宗祠出租问题上表现得更加突出。

第三节　租与不租：传统与现代间的抉择

祖先崇拜通常在培养家系观念中起决定性作用，通过祖先崇拜，

[①] 刘旭临：《"有形"与"无形"：和顺古镇之宗族景观》，《中南民族大学学报》2017年第5期。

[②] 钱杭：《宗族的传统建构与现代转型》，上海人民出版社2011年版，第252页。

第四章　宗祠：宗族、旅游与现代转型

将活着的人和死去的人建立起一个共同体。在和顺，祖先崇拜对乡民的影响根深蒂固，祖先崇拜的观念不仅表现在以"族"为单位的仪式实践上，还渗透进人们日常生活。从每天乡民在家中的祭祖行为，以及清明节和中元节的仪式实践足以看出祖先崇对人们的日常生活、观念世界和行为方式的影响。在和顺，日常生活中以"家"为单位的仪式实践又进一步强化着祖先崇拜的传统观念，因而在更大范围内的宗族祭祖仪式上，乡民表现得更加积极，他们认为这是族间最大的事情。在这一传统观念的影响下，当作为祖先祭祀的重要场所——宗祠将要被出租时，乡民的传统观念受到了强烈的冲击。在这一过程中，宗族的权力结构及其跨国网络是不可忽视的重要因素。

一　参与旅游的宗祠

第一种类型是积极与 BL 公司合作，并签订了租赁协议的宗族，其中包括刘氏宗族与李氏宗族。刘氏宗祠与李氏宗祠属于和顺宗祠中的传统建筑风格，祠堂按中轴线延展，有拱门、大门、二门、东西厢楼、左右配间、正殿以及石阶、楼阁、树木。宗祠内存放着重要的石刻、碑记，记载着宗祠的建造过程、芳名录、名人录或重要的历史事件。2003 年，BL 公司投入大量的人力、物力和财力打造和顺特色旅游名片，宗祠作为地方景观中的典型代表不可避免地进入旅游开发的视野。当时 BL 公司的负责人向所有在核心保护区的宗族提出合作，并与每家宗族商量出租宗祠一事，其中最早与 BL 公司达成协议的是刘氏宗族。

20 世纪 50 年代初期，刘氏宗祠曾被生产队用于圈养牲畜，整个宗祠已经破败不堪，直至生产队将使用权归还宗族，族间才在海外华人的支持下于 21 世纪初重修宗祠。宗祠修复前几年，族间每天派人看守，并支付一定费用。BL 公司与刘氏宗族商议出租宗祠时，理事会的负责人考虑到宗族日常维护需要投入大量资金，并且每天请人看守需要支付费用，因而将宗祠出租给了 BL 公司。宗祠的租期从 2003 年开始至 2043 年结束，一共 40 年，直到 BL 公司在和顺的旅游开发经营权终止。双方签订协议以后，BL 公司将刘氏宗祠列为和顺具有代表性的宗祠文化陈列馆，并在宗祠的二进院开辟了一间茶室，专门销售云南的茶叶。按照协议，BL公司负责管理和修缮宗祠，每年向刘氏宗族支付一定的租金。

李氏宗族在2011年也将宗祠出租给了BL公司。在此之前，李氏宗族在2003年曾将宗祠出租给族人经营餐馆，租期原本为40年，但餐馆经营不善，一直处于亏损状态。乡间流传这样的说法："宗祠曾租给一户族人开餐馆，但是这几年生意没有起色，而且老板常年生病。家人请地师来看，地师说宗祠是供奉老祖宗的地方，不能开餐馆，于是他们才向理事会提出放弃经营，将宗祠还给族上。"于是理事会最终决定将宗祠出租给BL公司，协议书的内容大致如下：

......

为发展和顺旅游业，增加景区游览内容，更好修复和保护宗祠，展示宗祠文化，经甲、乙双方协商一致，达成以下协议：

一、甲方同意将宗祠租赁给乙方使用。期限为32年，由2012年1月1日到2043年12月31日止。宗祠的范围包括：宗祠内外全部土地、建筑物、树木等。（附地形图）

二、租赁费用为：每年20000元，合计640000万元。（注：陆拾肆万元）。但上届承租者××所交宗祠租金拾贰万元，扣除已使用年限剩余拾万元租金应计算在乙方将来交甲方租金中。每年4月1日前支付当年租金。

三、乙方接管宗祠后两年内必须对宗祠全面修缮建设完毕。

四、一切税、费由乙方负责。但甲方应按税收政策规定代纳税并提供含税发票，乙方足额支付税金及缴纳的税收。

五、乙方租赁宗族之后，按照修旧如旧的原则全额出资修复宗祠，并且为宗祠春秋祭祀活动提供必要的活动场所，乙方每年必须无条件提供宗祠满足族人春秋祭祀活动1至3天，在乙方租赁32年期间乙方可以自主在宗祠内外开展与旅游文物相关的经营管理活动，但不可以在宗祠里举办舞厅、旅馆。

六、宗祠财产保险由乙方全额负责保险费的支出和保险公司

第四章 宗祠：宗族、旅游与现代转型

理赔。

七、在乙方接管期内，若遇到主观原因造成宗祠毁坏，应由乙方负责修建复原，人力不可抗拒的自然灾害双方协商解决。

八、在乙方接管 32 年期满后，乙方在宗祠内所投资的固定资产，除所能带走的用具外无偿移交给甲方所有。

九、宗祠正厅为祖宗灵堂，乙方只能做宗祠文化，不允许做其他经营活动。

十、乙方在租赁管理期内，族人到宗祠拜祖宗，乙方不能收取费用。

十一、在甲、乙双方签订 32 年租赁合同期内若有政策性变化属政策性终止本合同。

十二、本协议由双方代表签字盖章生效。一式 4 份，具有同等法律效力。本协议有效期 32 年，不因为双方代表人员变更影响协议的法律效力。

十三、违约责任：双方约定，违约方应赔偿对方违约金人民币贰佰万元。甲方违约，除赔偿贰佰万元违约金之外，还应支付乙方修缮建设宗祠投入的全部资金。甲方有责任在协议签订生效之日起，最多 10 个工作日内，将宗祠交给乙方，同时安全责任由乙方负责。否则视为甲方违约。

十四、未定事项友好协商。出现违约双方协商，协商不成，由法院裁决。

以上协议书明确规定了 BL 公司与族间双方应履行的权力和义务，但有几项值得注意的条款：首先，BL 公司在清明节需要无条件将宗祠归还宗族，满足族人在清明节期间的祭祖活动；其次，在租赁期间，BL 公司不得将宗祠作为舞厅和旅社；最后，供奉祖宗的大殿只能作为宗祠文化展示的空间场所，不允许经营任何内容。在与族长及族人的访谈中，他们明确表示这些限制 BL 公司行为的条款是当初宗族理事会出租宗祠的根本前提，如果违反宗祠最根本的祭祀功能，尽管租金再高，族间也不可能与 BL 公司达成协议。同时，他们特别强

景观重塑：一个西南边陲侨乡的社会文化重构

调宗祠作为举行祭祖仪式的场所，BL公司要保证宗族在清明节对宗祠的自由使用权。此外，族间禁止BL公司将宗祠作为舞厅和旅社等场所，因为他们认为这些经营范围掺杂了很多"污秽之事"①，侵犯了宗祠作为尊祖敬宗场所的神圣性。宗祠曾是族人举行婚丧嫁娶的场所，但是各村民小组开始将活动场所移至"公房"，族人也未因宗祠出租而受到丝毫影响，这也是刘氏宗祠和李氏宗祠愿意出租宗祠的原因之一。

起初，出租宗祠在和顺是一件新鲜事，引起乡民的广泛关注。很多乡民，尤其是老一辈的和顺人认为宗祠是祭祀祖先的圣殿，也是族人的举行红白喜事的场所，出租宗祠意味着把祖先的场所交与他人，是一种亵渎祖先的行为。同时，族间举行的活动受到严格限制，只有清明节期间可以使用，这意味着族间丧失了更多的自主权，这对于他们来说是很难接受的。每当提及这个问题时，他们总是感叹这些宗族把"老祖宗卖掉了"。起初，对于乡民的议论，当初签订协议的负责人也有很多担忧，作为和顺第一家与BL公司签订协议的刘氏宗族，一位曾在协议书上带头签字的族人说道：

> 在合同书上签字的时候，我们有好几个理事会成员都签了。当时，我还专门找了几个20多岁的年轻人，让他们也知道这件事，不然老一辈签了协议，等我们不在人世了，他们说我们怎么把老祖宗的地方租出去了。

这位族人的担忧是显而易见的，毕竟出租宗祠是族间大事，乡间对宗祠出租的议论也使他们忧心忡忡。一些乡民认为，签订租赁合同是宗族理事会利用祖先与BL公司进行的交易，对于族间所得的租金宗族理事会并没有明确说明使用情况。因而，当宗族理事会做出决定，并在祭祖仪式上将宗祠出租一事告知族人时，这一行为引起一些

---

① 在笔者访谈中，李氏族长和刘氏族长都谈到舞厅和旅馆涉及形形色色的人物，其中还包括男女交往，在他们看来，这些都是"污秽之事"，会玷污祖宗的灵堂。

第四章 宗祠：宗族、旅游与现代转型

族人的不满。他们认为出租宗祠是理事会的决定，并不代表族间广大族人的利益。但是在调查中，很大一部分族人对此有不同的看法：

笔者：宗祠出租有没有问过您们的意见？您觉得应不应该出租？

刘佑民[①]（56岁，男）

出租是经过理事会讨论，然后在祭祖仪式上举手表决，有几个族人还是反对，他们认为我们把祖宗"卖"掉了。宗祠是供奉老祖宗，任何人都不能贪。交给BL公司，原因是宗祠每一年都要几万元维修费，每一年都要请人管理，工资都从族上出，少了不好意思给，多了出不起，综合考虑还是请BL公司来管理，我们叫做"管理"，我们不是把祖宗卖掉，也不叫"租"，他们只是"修"和"补"。理事会只是让他们管理，BL出管理费，哪里危险，就请他们维修。如果哪里坏了，就必须来修。如果他们没有修，倒塌了就赔偿租金的80%，只要真的倒塌或者破坏，我们就终止合同。BL现在请了一个人帮我们守宗祠，每天帮我们向老祖宗烧香，我们用的是功德箱里的钱烧香。如果没有钱了，我们族上就自己出。我们出租宗祠是40年，几年前，我们因为修祖坟买地钱不够，后来和BL说，他们就提前把租金预支给我们一部分，所以我们拿这些钱也是处理族间事务。

李绍东[②]（48岁，男）

祭祖的时候，族长问大家同不同意把宗祠租出去，后来大家没有反对意见，就出租了。以前请自己的族人管理还要付费，现在BL公司请人守就没有问题，还有就是BL可以修缮宗祠，我觉得还是好的。

---

① 化名。
② 化名。

李世华[①]（76 岁，男）

刚开始的时候，他们把宗祠出租给一个族人开餐馆，我反对，可是很多人都支持，我也就没有说什么。最后餐馆开不下去，他们才将宗祠转让出租给 BL。租给 BL 我觉得也不合适，毕竟是祖先在的地方。不过如果从管理的角度上考虑，也有一定的好处。理事会开会讨论过的，后来在祭祖的时候向大家公布，主要负责帮我们修缮。

李卫明[②]（74 岁，男）

宗族理事会讨论了以后，在祭祖的时候宣布，大家同意，我们就租给 BL 了。主要是他们帮我们管理和修缮，以前要请人守，一天 24 小时都要在，早晚也要烧香，比较麻烦，晚上也要在里面过夜，现在 BL 请人来帮我们看守，还帮助我们修缮，我们觉得还是好的。

由上可知，并不能简单地将出租宗祠视为李氏宗族和刘氏宗族与 BL 公司之间的经济交换，而应放置在更为具体的社会情景中，并结合理事会和族人的态度加以考察。从访谈中可以看出，租金并非是出租宗祠的唯一考量，更在于宗祠的管理与修缮涉及巨大费用。通过出租，族间将宗祠移交给 BL 公司，某种程度上既获得了经费来源，也避免了宗祠管理和维护中的开销，这一点在族间得到了广泛认可。很多族人并不认为这是"出卖祖宗"的行为。

二 半参与旅游的宗祠

第二类为半参与旅游的宗祠，即宗族拒绝与 BL 公司合作，但间接参与旅游活动的宗祠，如寸氏宗祠和尹氏宗祠。寸氏宗族理事会将宗祠的一部分出租给外地人销售中草药材，之后药铺经营不善，族间

[①] 化名。
[②] 化名。

第四章 宗祠：宗族、旅游与现代转型

又将其租给玉石商。除了宗祠的大殿完全属于族人的空间，不允许任何经营活动之外，宗祠的其余部分都成为这家玉石商铺的经营场所和生活空间。大殿左边的两层楼以及院子的左右厢房均是玉石的销售区，宗祠的小花园成为租客的厨房和餐厅。在 BL 公司筹划打造宗祠文化伊始，寸氏宗祠因为其家族声望和独特的建筑风格，曾是 BL 公司积极争取的对象，但由于遭到族人的拒绝而冷冷收场。上任寸族长（78 岁）回忆起 BL 公司来协商时的情形，态度仍然很坚决：

> 我们不租，租给 BL 公司，参观就要收门票了。老祖宗在的地方怎么能收钱，这是对祖宗不尊重，对后世也不好。我们宁愿租给其他人，也只是出租一小部分，我们仍然有相当大的自由权，想收回也可以，宗祠还是我们负责管理，所有人可以免费参观。租给旅游公司，他们就要帮我们管理，我们就没自由了。如果是修宗祠，族人可以捐钱，我们族人很多，不需要他们给钱。

虽然除了大殿，宗祠的大部分空间已经出租给玉石商铺，但是族人认为玉石商仅仅将宗祠作为销售场所，这并不影响族间在宗祠内进行的一切活动，而且每年族间也将获得一定的租金。如果租给 BL 公司，族人实际上会丧失更多的自主权，宗祠只能像刘氏宗祠和李氏宗祠一样，只有清明节才能对族人开放。刘氏和李氏两大宗族最后将宗祠出租，目的是 BL 公司可以对宗祠进行维修和免费管理，但是对于寸氏宗族而言，这一问题可以通过族间的力量来解决。寸氏宗族是乡间的名门望族，历史上出过举人，以及享誉乡间的朝廷官员，加之派系繁多、人口众多，维修和管理费用可以通过族间捐款的方式筹集，族间还有一部分常年在外做生意的富商，他们每年的捐款金额相当可观。较之其他宗族，寸氏宗族在宗族日常管理和重大活动上的经费来源更有保障。正如上述寸氏宗族在修葺祖坟、重修宗祠的过程中，虽然由于缺乏资金受到重重阻碍，但是经过在族间发起捐款，资金问题很快就能得到解决。

寸氏宗族拒绝与 BL 公司合作的态度还与宗族在当地的影响力有

关。在寸族长的带领下，宗族理事会的运作日趋完善，理事会的成员责权分明，开展活动有章可循，逐渐在族间建立起威望。通过到各地联族、号召捐款和登记入谱，寸氏宗族将内、外五县和海外华侨华人广大的寸姓紧密地联结起来，寸氏宗族一跃成为乡间势力最强的宗族。近几年寸氏宗族举办的祭祖仪式中，仪式内容丰富，参与人数众多，这样的盛大场面吸引着国内外众多族人的注意力，加之寸氏宗族开展的活动契合当下国家话语，强调家风、宣扬美德、弘扬祖训，引起了开发商、政府、媒体的广泛关注，每年关于祭祖仪式的各种新闻报道加大了对整个和顺的宣传。此外，寸氏宗祠修复以后，中西合璧的大门、金碧辉煌的大殿、宝石镶嵌的始祖像以及大殿中悬挂的匾额、楹联、书画，使寸氏宗祠在建筑风格上独树一帜，成为乡间宗祠建筑的典范。由于寸氏宗族在当地的影响力及媒体的宣传，如今寸氏宗族已经成为宣传和顺宗族文化的一张名片，是每位游客来和顺旅游的必经之地。尽管族人拒绝与 BL 公司合作的理由是"对祖先不尊重"，但是拒绝的背后显然掺杂着资本和权力的因素。

尹氏宗祠建于 1830 年，坐南朝北，门前有石栏杆、石杆和月台，月台东南面为荷塘。宗祠院内也有一池荷塘，塘中筑有高台，种植紫薇。前厅左面墙壁嵌入"流芳后世""流芳碑"两块石碑，前方放置一块残缺不全的始祖墓碑，但字迹仍清晰可辨。前厅过后是东西厢房，院落左右各种植一株古桂，再往前是大殿，中间供奉红底金字木牌"明诰封武略将军尹氏始祖讳图功灵位"，左右两侧为历代祖宗牌位。宗祠最早为私塾，后为乡间小学的分校区。"文化大革命"期间，大门被毁，现存的大门由小学出资修建。重修后的大门为砖瓦结构，"尹氏宗祠"四个金色大字嵌于门头，左右两侧矗立着两头缅甸族裔捐赠的石狮。尹氏宗祠作为小学校舍期间，两个荷塘已被填平，门外的池塘被改建成宽阔的道路，门内的池塘被改建成宽阔的院落。2003 年，小学将学校的使用权交回宗祠，尹氏族人对宗祠进行了修缮，族间商议将原来门内池塘改建的院落作为"公共停车场"。和顺古镇仅有一个公共停车场，位于古镇的入口，而尹氏宗族位于和顺古镇向西延展的边缘地带，与和顺古镇的入口相隔甚远。尹家宗祠周围

第四章 宗祠：宗族、旅游与现代转型

有一片荒芜的田地，以前一些游客在此停放临时车辆，但这个地方没有监控，也无人管理。尹家宗祠作为停车场以后，为入住这一带客栈的游客提供了停车场所。最初在尹氏宗祠停车，白天不收费，过夜收10元，倘若遇到旅游黄金周，停车费涨到20元。从2014年12月1日起，过夜停车从10元增至20元，到了黄金周就涨到30元。尹氏宗族每年从停车费中获得的收入达到八九万元，其中20%作为看守人的回报，其余80%留作宗族的收入。当年尹氏宗族也拒绝与BL公司合作，一位高龄87岁的宗族理事会成员说道：

> 以前，乡间有人来租过宗祠，开餐馆或是卖珠宝，办旅社是绝对不允许的，他们虽然已经交了定金，但是后来我们还是退给他们了。到了BL公司来租的时候，主要是我们缅甸的族人反对，因为大家认为这是祖宗的地方，不希望出租。租给他们，宗祠的面貌很快就会变化的。

尹氏宗族的族人认为将宗祠出租给BL公司是对祖宗的冒犯，但他们并非恪守传统观念，而是以一种灵活的方式介入旅游活动之中，使其在获得经济收入的同时，也拥有了对宗祠的自主权，这一点在尹氏宗族拒绝BL公司的决定上显得至关重要。当然，尹氏宗祠作为停车场每年有几万元的收入，所得收益也远远高于BL公司所能支付的租金。跨国网络在尹氏宗族的决策中，也扮演着重要的角色，缅甸的族人强烈反对宗祠出租。他们一致认为，宗祠神圣而不可侵犯，并承诺在宗祠维修方面将竭尽全力，这解除了族间对修缮费用的后顾之忧。此外，宗祠除了作为公共停车场，族人婚事嫁娶、满月寿辰等重大活动几乎也在宗祠内举行。如果将宗祠出租，族间将没有更大的空间满足族人的需求，族人的利益也将受到影响。

三 拒绝参与旅游的宗祠

第三类为拒绝参与旅游的宗祠，宗族拒绝与BL公司合作，也不在宗祠内开展任何形式的旅游活动或将宗祠出租给其他的外来商，如

景观重塑：一个西南边陲侨乡的社会文化重构

贾氏宗祠和张氏宗祠。这两家宗祠虽然位于环村主道上，但由于地处古镇的边缘，平日游客量相对较少。贾氏宗祠和张氏宗祠几乎都是大门紧锁，谢绝参观。只有在清明节祭祖活动、族间举行红白喜事或是宗祠进行修缮时才能看到族人在宗祠中的活动场景。BL 公司在建立宗祠博物馆之初，贾氏宗祠与张氏宗祠也被列入开发对象，但遭到族人的强烈反对。

  贾氏族长（73 岁）：它们（BL）来租过，我们不租，因为宗祠是族间宗族在的地方，不喜欢乱七八糟，特别是我们缅甸的族人反对。我们宗祠解放后，关过马，后来被征用，作为粮食局的仓库。改革开放后，缅甸华侨捐款修缮，特别我们有个族人，在缅甸是石油大王，他捐了差不多 20 万。我们不租，租了以后办事不方便，宗祠是我们的公共场所。

  张氏族长（65 岁）：BL 公司来找我们说要弄个马帮博物馆，国外的族人不同意，现在我们举办婚丧嫁娶，宗祠是可以提供场地的。如果租出去就不方便，其他外族人办事要租用我们的宗祠，我们也租，只要出水电费、场地费和炊具费。

贾氏宗祠和张氏宗祠的所在地主要是贾氏族人、张氏族人的聚居地，兼有几户异姓杂居其间，这些宗祠是附近村民举行婚丧嫁娶、寿宴满月等活动的主要场所。宗祠附近没有"公房"或其他宽阔的场所可作为族人的活动场地，宗祠出租无疑对族人的日常生活将造成严重影响。另外，在与贾氏族长和张氏族长的访谈中，他们反复强调缅甸族人对出租宗祠一事持有反对意见。缅甸族人认为，出租宗祠，一方面玷污了祖宗圣地；另一方面清明节回乡祭祖也极为不便。尽管不愿出租宗祠，贾氏宗祠与张氏宗祠也并未像寸氏宗祠和尹氏宗祠一样开辟出一定的空间进行商业活动，其中一个原因在于这两家宗祠位于古镇的边缘，加之空间狭小，游客很少前往，宗祠并没有潜在的商业价值，因而贾氏宗祠与张氏宗祠在客观条件的制约下，出租给其他外来商的可能性也极小。

第四章 宗祠：宗族、旅游与现代转型

随着时间的推移和社会环境的变化，宗族作为乡土社会的权力秩序，已经丧失了往昔的权力和功能。从这个意义上而言，宗族式微已成定局，但这并不意味着宗族仅仅是停留在以父系世系认定成员的文化符号层面上。在和顺，宗族仍然是族人利益的代表和构建社会网络的重要民间力量，因而当旅游开发中不同主体介入之后，宗族也不可避免地卷入利益的角逐之中。但是，在这一过程中，起决定作用的是宗族理事会。从与 BL 公司谈判中，宗族理事会代表族人在公共事务中行使权力。以宗族理事会为核心形成的权力网络，尤其是与缅甸族人之间建立的联系，在宗族理事会的决策过程中也扮演重要的角色，一些宗族拒绝与 BL 公司合作很大程度上是因为缅甸族人的反对。从宗族参与、半参与、拒绝参与旅游的不同态度中可以看出，面对宗祠的"租"与"不租"，不同宗族的选择背后都有复杂的动因。这与他们现实生活中的旨趣相关联，其中伴随着传统观念、经济实力、跨国网络等多种因素相互交织下的利益诉求。

小 结

和顺历史上遗留下的宗祠，因数量众多、风格各异，加之很多宗族景观历史悠久，保存完好，在旅游开发的推动下成为乡土社会中独具特色的文化展演空间而备受关注。社会学家 MacCannell 将"前台、后台"表述为，前台是东道主与游客的交互地带，东道主通过展演部分呈现社区的真实生活，游客体验到的是舞台真实（Staged authenticity）；后台是东道主文化的原生空间，呈现出社区民众真实生活的原貌（the ture inner workings of societies），这里通常是游客不在意或难以进入的空间领域[1]。在和顺，宗祠是地方文化最具特色的代表，从中游客可以了解宗族的形成过程、文化内涵和传统观念。对于游客来说，宗祠作为旅游活动中的"前台"，是游客体验地方文化的媒介。

---

[1] MacCannell, D., *The Tourist: A New Theory of the Leisure Class*, Berkeley: University of California Press, 1999, pp. 91 – 107.

景观重塑：一个西南边陲侨乡的社会文化重构

然而，鉴于游客的目的和旅游体验，游客（outsider）对宗族景观的感知与当地人（insider）之间存在不同的理解维度。于当地人而言，宗祠展现的"后台"延伸至宗族的仪式实践、权力结构、社会网络及旅游场景下的利益诉求，是一部动态且嵌入社区内部的真实生活。从中我们也可以看到，宗族在现代转型中的文化实践，在承袭和实践传统的同时，在新旧、内外等文化因素及社会环境中表现为传统与现代的相互吸收。宗族作为地方社区的"社会施为者"之一，正努力寻找其合适的方式与国家意识形态和更大的社会环境相衔接，并在不同的社会文化脉络和历史进程中，表现出极强的适应性和能动性，并不断吸收、融入各种积极因素促进自身发展。在和顺，祭祖仪式已经脱离了旧有的框架，融入了新的内容，使其在社会的现代化进程中实现了宗族的内在机制创新。祭祖仪式并非是对传统的简单复兴，而是呈现出新的特征。仪式已经从单一的文化实践扩展到与当下的社会公共生活相契合的仪式活动，体现了国家的主流文化介入宗族观念过程中的更新与改造。一些宗族，不有余力地借由仪式扩大宗族在当地的影响力。宗族通过借助媒体和各界人士的力量，将祭祖从专属族人的仪式操演以文化展演的方式进入旅游。

在和顺，宗族以一种灵活的方式保持与现代社会的意识形态和生活秩序对接，实现了传统宗族的现代转型。当极具宗族文化象征意义的宗祠出租给开发商作为旅游景观时，乡民在传统观念与现代语境的遭遇中表现出矛盾、困惑与焦虑的情绪，甚至一些乡民因"祖先被卖"而感到失望。对于族人而言，宗祠是"尊祖敬宗"的重要场所，是凝结一个宗族的精神纽带。透过宗祠的祭祀仪式和象征意义，族人追求对历史感、归属感、道德感和责任感的内在体认。宗祠从社区生活内部的"后台"成为旅游展演的"前台"，某种程度上已经触及宗祠作为联结祖先与族人的根本性象征，祖先崇拜的传统观念受到了强烈冲击。宗祠从私领域向公领域的转变，造成乡民在传统与现代抉择中进退两难的境地。但族间对此问题的态度也如仪式和权力结构一般，寻找适当的路径在现代语境中不断地做出适应性调整。面对传统与现代的抉择，不同宗族在恪守祖先崇拜传统观念的同时，也以灵活的方式参与旅游活动。比如，刘氏与李氏宗族在协议中明确规定，宗祠的大殿只允许参观，不允许作为经营活动场所；宗祠禁止作为歌舞厅和旅馆，在此条件得以满足的前提下，刘氏与李氏宗族才同意将宗祠出租给 BL 公司。寸氏和尹氏宗族，坚持祖宗的地方不能出租，拒绝与 BL 签订合作协议，但是通过出租给外来商或开辟停车场的方式介入旅游。张氏宗祠与贾氏宗祠由于地处边缘和空间范围等客观原因，加之缅甸族人的强烈反对，两大宗族拒绝了与 BL 公司合作。在处理公共事务中，"宗族理事会"的存在使宗族能够代表族人在利益的角逐中做出决策。在和顺，"宗族理事会"的成立与发展说明宗族开始以规范、有序的方式处理族间一切事务和重大活动。其中由宗族理事会建立起的跨国网络使海内外族人能够参与进族间的一切事务，跨国网络显然影响到宗族理事会的决策。由上可知，不同宗族在宗祠出租决策上的态度，透露出复杂、多元的利益诉求，除了受传统观念的影响外，还与宗族自身的经济实力、跨国网络，以及在当地的影响力等因素息息相关。

第五章 乡土景观的"前台化"

"景观"是形塑地方感和社区感的背景（perceiced setting）。"地方"可理解为历史维度中一个充满社会意义和可辨识的空间；"社区"是在特定的社会文化脉络中具有共性的社群，他们共享文化价值观、地方认同并相互团结；"景观"是一种情景中的认知，展现历史进程中的"前景"（foreground）和"后景"（background），使人们感知那就是他们生活的世界，而这一切都是由人们的认知和行为共同形塑的。这样的塑造，正如 Hirch 所言，可以将"景观"视为一个过程。之所以如此，是因为无论何时景观的外观都反映了一种变化，或者本身就是变化的一部分。①

Stewart 与 Strathern 在阐释景观、地方、社区的相互关系时指出，它们之间尽管有语义上的重叠和交叉，但并不能将之视为同义语，而是将三者之间的关系表述为：景观是形塑地方世界与社区社会文化的"语境"。从这一观点出发，和顺古镇新型景观的出现和乡土景观的"前台化"预示着一个社区乃至生活于其中的社群在日常生活和观念世界上的变化。正如，Stewart 与 Strathern 所言："景观就是人们生活的世界，由他们的认知与行为共同形塑，并且景观的外观反映了一种变化，或者景观本身就是社区生活变化的一部分。"以上章节探讨了从乡土世界中滋生的玉石商铺和客栈，以及联结乡民亲属关系、祖先

---

① Stewart, P. J. and Strathern, A. (eds.), *Landscape, Memory and History: Anthropological Perspectives*, London: Pluto Press, 2003, p. 4.

第五章 乡土景观的"前台化"

崇拜的宗族景观，本章将聚焦于与乡民日常生活实践相关联的乡土景观，以及开发商结合周围的自然环境，对当地的历史文化因素进行重组以后新建的旅游景观。在旅游开发中这些景观经历了新一轮的景观营造，重塑着村落形貌和日常生活空间，改变着乡民的生活、态度和情感。本章将探讨以下几个问题：当学者、媒体、政府、开发商介入旅游开发以后，乡土景观经历着怎样的景观营造？旅游场景中的两家民居博物馆，经营理念和管理方式有何不同，其中民居主人在与政府、开发商的博弈中，通过怎样的方式争取自身权益？旅游开发之后，大部分乡民放弃了原有的农田，并通过各种方式参与旅游开发，生产生活的转变如何重塑了古镇的聚落空间、巷道空间与私人空间？本章从日常生活中景观的"前台化"来探讨社区民众生产生活的变化，以及他们在旅游发展中表现出的生存心态和行为实践。

第一节 新一轮景观营造

新一轮景观营造是从旅游开发以后开始的。开发商出资修复了乡间的重要景观，并将这些景观纳入旅游线路之中。与此同时，开发商在原来乡民的农田上投资新建了旅游景观，将和顺的自然风光、历史文化与商业消费集结于古镇一个宽阔的空间地带。开发商、游客和乡民以不同的方式分享着新建景观带来的成果。对于开发商而言，新建的旅游景观是门票中的景点之一，他们在投资与回报之间实现了景观的资本化；新建的旅游景观作为游客的一种文化消费，为游客提供了解地方历史文化、欣赏田园景色，满足休闲和怀旧的旅游体验；而对于乡民，新建的旅游景观成了旅游开发之后人们聚集交流的场所。然而，与新建景观不同的是，众多遗留在乡间的人文景观，原来是乡民日常生活的一部分，在旅游开发之后，从原生景观变成旅游景观，乡民日常交流的公共空间让渡为旅游空间。

一 开发后的新景观

BL公司进驻和顺之后，曾对和顺的旅游线路进行细致而周密的

景观重塑：一个西南边陲侨乡的社会文化重构

规划。根据当年公司的规划方案，BL公司计划重点打造四条旅游文化路线①：其一，双虹桥向东的侨乡文化游。主要景点包括和顺图书馆、科举亚元刘宗鉴故居内的侨乡民俗馆、刘氏宗祠内的宗祠纪念馆、李氏宗祠内的和顺名人纪念馆、元龙阁、艾思奇故居、大月台、龙潭、洗衣亭、大水车、水碾、水碓、水磨等，品尝侨乡特色餐饮；其二，双虹桥向西的马帮文化游。新建马帮文化博物馆，修复财神殿，游客骑马参观马帮驮来的"三成号"、翡翠大王张宝庭等富豪的故居，然后在中天寺许愿，在财神殿抽签，过隔娘坡感受和顺先辈"走夷方"的情景，之后从捷报桥由和顺乡亲为游客披红挂彩，到宗祠谢祖宗，到马店喝雷响茶，吃马帮饭，看赶马调表演；其三，抗战文化游。和顺曾是滇缅抗战胜利反攻的指挥部。BL公司计划陈列3000多件与之相关的文物，建立滇缅抗战博物馆，同时开展国内外的学术文化交流，以及博物馆巡展活动；其四，田园风光农耕文化游，包括：1.和顺湿地游。在对湿地保护的基础上，在大柳树下修一些亭子，周围20个水塘种植荷花、菱角等观赏性作物。游客乘竹筏进入，观赏湿地风光、观鸟、品茶、捡鸭蛋、采菱角、赏荷花、摸泥鳅。2.和顺山水游。游客沿三合河与大盈江向西步行，也可以骑马、坐滑竿、观赏"千手观音"等古树名木，途经野鸭塘、千年古蕨、野生樱花林、野生茶花林，直到薄刀岭峡谷，一路野生树木遮天蔽日，奇花异草遍地丛生。3.和顺火山公园游。开发扑锅山、老龟坡和锦蝠洞、大叠水瀑布，修复高花园，连成火山公园游路。另外，欣赏稻花、油菜花等田园牧歌和世外桃源景致，让游客帮农民牵牛、犁田、插秧、收谷子，了解传统农耕文化知识。

为了增加旅游线路中的文化内涵、扩大游览空间，BL公司策划在现有自然环境和历史人文景观的基础上，重点打造"和顺东巷"（以下称为"和顺小巷"）与"和顺西巷"，东巷主要与"湿地和顺""火山和顺"等主题融为一体，而西巷与"夜和顺""和顺SPA"构

---

① 李秀春、王用刚：《柏联集团：文化产业兴边富民》，《云南日报》2005年3月28日。

成另一游览单元。旅游开发初期，BL公司修复和改造了元龙阁、大月台、水车、水碓、水磨、亭子等历史人文景观，并在公共设施建设方面投入大量资金，扩建了部分环村道路，修建了入门口的公共停车场，新建了和顺小巷。经过多年努力，BL公司建设完成第一条旅游线路"双虹桥向东的侨乡文化游"，但在随后的几十年间，由于公司内部重组和资金问题，从尹氏宗祠沿张家坡一带原计划建设和顺西巷的农田至今荒芜，其余的旅游路线也未能实施。之后BL公司利用图书馆对面征收的农田种植荷花和油菜花，增加了季节性观赏的田园景观。和顺独特的自然风光、丰富的文化遗产、乡间的原生景观，以及人造景观，共同构成了古镇的旅游景观。

表 5-1　　　　　　　　　　和顺的旅游景观

顺序	景观	特　点
1	双虹桥	建桥的历史、贞洁牌坊的文化内涵
2	和顺图书馆	中西合璧的历史建筑，著名的侨乡景观，被誉为"中国最大的乡村图书馆"
3	文昌宫	建于清代道光年间，内有腾冲神马艺术展、和顺申报魅力名镇展
4	和顺小巷	集马帮文化、商贸文化、和顺历史于一体的展示区。自然景观中的陷河与商业一条街也是构成和顺小巷的一部分。
5	刘氏宗祠	被BL公司挂牌为宗祠文化博物馆
6	李氏宗祠	传统、恢弘的建筑风格、宗祠文化的集中展示区
7	元龙阁、大月台	元龙阁是"儒释道"三教合一的道观，道观旁有"黑龙潭"是整个古镇的水源，前方有一个大月台，供游客游玩休憩，四方小贩汇集于此，熙熙攘攘。
8	野鸭湖	原为农田，已改造成一个人工湖泊，湖泊中间有许多石头露出水面，一个紧挨着一个，连接湖泊两端，搭建成"石桥"供游客游玩嬉戏。湖面静谧，能观四周景色，群鸭戏水，风景优美。

续表

顺序	景观	特　点
9	艾思奇故居	展现毛泽东的哲学顾问、大众哲学家艾思奇的生命历程。
10	民居博物馆	和顺民居建筑的典型代表。著名跨国商号的一部创业史、家族史；空间在使用上相对独立、主次分明，体现亲疏有别、长幼有序的人伦秩序。
11	照壁、闾门、月台、牌坊	数量众多、大小不一、风格各异，是和顺人文景观的标志性建筑，与四周的自然环境构建出和顺人居和谐兼具人文内涵的聚落环境
12	洗衣亭	著名的侨乡景观之一，沿河分布、间隔适度、造型别致
13	荷塘、油菜田	位于陷河湿地、和顺图书馆前的农田，属于季节性观赏景观。

　　BL公司在和顺制定的旅游线路以图书馆为起点，途经"和顺小巷"、刘氏宗祠、李氏宗祠、元龙阁前的大月台，最后到达艾思奇故居，其中"和顺小巷"是BL公司开发古镇以后修建的人造景观。"和顺小巷"与双虹桥相邻，位于图书馆对面的东侧，顺着环村三合河而建，一直延伸至野鸭湖。整个景观由历史文物展览馆、旅游商品消费区、酒吧一条街和陷河湿地构成。整个建筑沿湿地而建，三合河穿流而过，与树木、洗衣亭、荷塘相映成趣。"和顺小巷"的主体部分集中展示了南方丝绸古道、和顺的财富故事与人文精神。凡是能融入和顺文化的元素，都充分在景区设计以及旅游产品上呈现出来。基于最初的构想，"和顺小巷"已建成一个集聚和顺历史文化、特色商品与现代消费文化于一体的旅游景点。

　　进入"和顺小巷"的大门，右侧是南方丝绸之路浮雕以及马锅头牵马的雕塑。浮雕展示了南方丝绸之路从宜宾，途经腾冲，通往缅甸，最后到达印度的路线图。"滇商馆"和"马帮馆"位于两组雕塑前方，展馆分为三个部分，中间是旅游纪念品销售区，左右两侧为主题展示区。"滇商馆"四周悬挂着民国时期和顺享誉国内外的跨国商号，两侧柜台陈列着缅甸的日常器物，以及商号印章、商贸契约、出国护照等中缅商贸交往的物件。"马帮馆"展示的是南方丝绸之路上的马具，以及马帮使用的日常用品，如马鞍、马铃、马镫、马灯、电筒、铜锅。这些展览品大部分是乡民"走夷方"时期的日常生活用具。BL公司为了筹建展览馆，曾向乡间收购遗留的旧物件，这些展品很多从乡民手中购得，也有一部分是仿制品。"滇商馆"与"马帮馆"相互连通，穿过前半部分展示区，后半部分则是有山、有水的院落。这里四周树木遮荫，中间放置石桌，四周石凳供游客驻足、休憩。院子的西部相对狭小，而东部则是一个更广阔的空间，中间设有戏台，台下放置一排排长凳，游客可以在此观看演出。戏台周围展出书法、木雕、洞经和皮影戏。走出院落，继续往前便是旅游商品的销售区，这里销售翡翠、腾宣①、南红②及茶叶。销售区再往前有一个小广场，一侧通往环村主道，另一侧是陷河、湿地和洗衣亭。这里风景优美、空间开阔，小摊贩常常聚集于此，卖烧饵块、松花糕、水果或是旅游纪念品。穿过广场是酒吧一条街，沿街有四五家酒吧、咖啡屋和旅游纪念品商铺。

  BL公司最初建造"和顺小巷"，目的是在这里集中展示和顺的历史文化、商业传统和田园景观，并希望通过在小巷内增加一些销售当地特产的商铺、酒吧一条街以及旅游项目带动游客消费。因而，BL公司在入口处设置了门票检验处，使"和顺小巷"成为旅游线路上的重要景观。然而，BL公司新建设的旅游景观并未完全取得预期效果。为了拉动游客消费，BL公司曾利用湿地开发"乘坐竹筏游湿地"的旅游项目，但是由于湿地本身的空间范围狭小，竹筏游览的路程相对较短，驻足岸边就能欣赏周围景致，对于游客而言，并不能获得由此带来的旅游体验。那些销售当地特产的商铺也很冷清，参观的游客很多，但是真正购买的游客却很少。游客认为，在这样凭票而入的景区购买旅游纪念品，实际上要花费更贵的价钱。白天，和顺小巷游人如织，但是到了傍晚时分，酒吧一条街灯火通红，音乐震耳欲聋，实

---

① "腾宣"是当地人制造的宣纸。
② 南红主要是产于云南保山市的一种玛瑙。

际上并没有太多的游客。虽然 BL 公司到了傍晚已经不再检验门票，任何人都可以自由出入，但与古镇巷道中心的酒吧相比，酒吧一条街却显得格外冷清。很多体验古镇夜生活的游客，宁愿选择客栈、酒吧、商铺、咖啡店融为一体的古镇巷道，他们认为这比独立设置在景区中的酒吧更贴近地方生活。

作为乡民，"和顺小巷"在任何时段都可以随意进出，不受门票限制。小巷的两端，一端连接着古镇的社区生活；另一端则通往古镇的出口。乡民经常将之作为出入古镇的便捷通道。对于乡民而言，和顺小巷的"滇商馆"和"马帮馆"中展品是他们不再使用的旧物件，临河而建的古朴建筑也是对民居的仿造，离他们的日常生活相距甚远。小巷内的商铺和酒吧一条街则是另一个世界，当问及乡民是否也在酒吧一条街消费时，他们的回答几乎是："那些是城市人去的地方，通常卖的东西也很贵。"但是，和顺小巷却是乡民自旅游开发之后聚集人数最多的场所，吸引他们的是小巷宽阔的空间和周围的田园风光。最初，"和顺小巷"一带是乡民的农田，在开发商修建了新的旅游景观以后，小河、湿地、树木、荷塘、野鸭构成了乡民休闲和娱乐的最佳去处。傍晚过后，白天的游客已经渐渐散去，四周的乡民都喜欢到这里散步。很多不常见面的乡民总能在此碰面，或是相约至此，三五成群围坐在广场周围，一直至月色渐深，才缓缓离去。

BL 公司最初的规划是尽可能将和顺重要的人文景观全部列入旅游开发的对象，将之作为旅游线路上凭票而入的景点，但由于缺乏资金和公司内部等原因，BL 公司只实现了部分愿望。其余的乡土景观，虽然不是凭票而入的景点，但在 BL 公司和政府的修复下，也构成和顺整体旅游资源的一部分，吸引着很多游客到古镇旅游，带动了 BL 公司经营下的景点消费。"和顺小巷"是公司这十多年来建设的规模最大的新景观。开发商希望投入大量资金，从中获得更多的经济回报，但是实际收效和期望之间存在着很大差距。尽管"和顺小巷"凭票而入，但商业销售区和酒吧一条街很少有人问津。商铺内统一着装的销售员以及展览历史与文化的展示馆加深了新景观的商业印象，游客的消费欲望也随之减退。有趣的是，这个集中体现传统、现代、消费、休闲、

第五章 乡土景观的"前台化"

娱乐、观光的旅游空间,却成为乡民原来公共场所被"占据"之后的公共空间。在这一新建的景观中,政府、开发商、游客、乡民按照各自的利益诉求和行为逻辑组成了错综复杂的旅游场域。

二 从原生景观到旅游景观

随着旅游开发的深入,乡民的日常生活空间已经逐渐变成旅游空间。比如,乡间的集市位于古镇核心位置的十字路街,这里自古是乡民的菜市场,富有浓郁的生活气息与韵味。早晨,农户沿着狭长的巷道,在道路两旁摆满了蔬菜、水果、特产、肉食等各种各样的农产品。集市从清晨七点开始一直持续到中午十二点,巷道两旁挤满了人群,热闹非凡。随后几年,集市周围出现了药店和百货商场,为乡民的生活提供了便利。由于古镇核心保护区范围较小,乡民之间彼此认识,集市不仅为乡民提供物资,也成为乡民互相问候、嘘寒问暖的空间场所。如今,菜市场周围出现了玉石商铺以及销售茶叶、银器、藤编等商品的商铺,等待中午集市散去,四周的商铺愈显热闹,乡民的日常生活空间变成游客消费的商业场所。近几年,还有很多游客将菜市场作为体验古镇日常生活的一种方式,除了在这里拍照,还在市场

图 5-1 十字路街菜市场(2018 年 2 月)

上购买皂角米、铁皮石斛、灵芝、松花粉等当地的名品特产。乡间的其余景观诸如月台、洗衣亭、图书馆、元龙阁、艾思奇故居，也从乡民的日常生活逐渐走进了旅游的"前台"，甚至一些景观完全成了旅游景观。

1. 月台、洗衣亭的变化

和顺有众多大大小小的月台，很多位于环村主道。月台通常位于间门或巷道的正前方，兼具多种功能。按照乡民的说法，月台的建造不仅为了避免河流将村中的财富冲走，还在于月台可抬高地势，防止坍塌。月台中央种植树木，树下放置石桌、石凳供乡民乘风纳凉。最小的月台可以容纳十几人，多则可以到几十人。乡民回忆，以前晚饭过后，乡民就会到月台闲聊，男性、女性分别围坐在一起，各自讨论感兴趣的话题，小孩在旁边嬉戏打闹。倘若遇到乡民路过，他们也会加入讨论。月台曾是乡民聚集闲聊、互通有无、交换信息的公共空间。如今，这里已经是另一番景象。白天挤满了在此休息或拍照的游客，而临近傍晚，位于古镇中心区域的月台早已摆满了烧烤和小吃摊，周围几乎是摊贩和游客，很少见到乡民再次聚集的场景。

作为乡民日常生活的空间，洗衣亭也是乡间独特的人文景观。洗衣亭临河而建，共有六座。整个建筑飞檐瓦顶，地面石板纵横交错，形成田字格，露出河面。洗衣亭会随着四周植物、花卉在不同季节的变化，展现出不同的韵味，尤其在稻谷成熟或荷花盛开的季节，洗衣亭与周围的景色构成了风景如画的画面，很多游客喜欢在此拍照。洗衣亭不仅建筑独特，还有独特的文化寓意。在电视、杂志、书籍等媒体的渲染下，洗衣亭常常被描绘为"走夷方"的男性为留守家中的妻子和老人建造的"公益"①。这里曾是乡间女性洗衣、洗菜的地方，她们在此简单地攀谈和信息交流。如今，很难见到乡民在洗衣亭中的身影，大多都是拍照的游客。这些年随着旅游发展与景观营造，很多临河的稻田改建为停车场和荷塘，导致三合河水流不畅，洗衣亭也逐

---

① 王洪波、何真：《百年绝唱——一部早年云南山里人的"出国必读"》，云南大学出版社 2005 年版。

渐成了滞景。

2. 图书馆的变化

在和顺，最具代表性的乡土景观还有华侨捐资建成的"和顺图书馆"。图书馆的前方是双虹桥和荷塘，波光粼粼的池塘与岸边的绿杨翠柳相互辉映，整栋建筑巍峨秀丽。图书馆位于整个聚落的中轴线上，与毗邻的文昌宫构成一个整体单元。文昌宫坐落在九级台阶之上，大门为重檐歇山顶的宫殿式建筑，气宇轩昂，全部建筑包括大殿、后殿、魁星阁、朱衣阁、过厅、左右厢房和门前的大月台。文昌宫原为和顺供奉文昌帝君的庙宇，后来作为乡间教育的办学场所，学校搬迁以后一直闲置，直至旅游开发后文昌宫变成一个旅游的景点。如今，大殿内已经没有文昌帝君，仅有大殿四周墙壁展出的图片。过厅已经成为销售腾冲非物质文化遗产"神马艺术"工艺品的场所。图书馆的前身为"咸新社"，是和顺传播新思想、新知识的读书会。随后"咸新社"在所遗图书的基础上，又添置了大量书刊，组织了"书报社"。1925年缅甸华侨捐资在"书报社"的原址修建了图书馆，直至1938年中西合璧的新馆落成。图书馆建成之初，为方便了当地群众看报读书，曾在和顺的焦溪、尹家坡、大石巷设立了分馆。管内所陈列的书报一部分由当地人捐赠，一部分由图书馆总管拨发。除了借阅书刊外，图书馆还刊行新闻，曾编辑出版地方性期刊《和顺乡》。如今，这一刊物虽然刊发单位和内容已经发生重大变化，但仍然是记载和顺文史源流、人文景观、风土习俗的重要杂志。图书馆刊发的另一份刊物是《和顺图书馆无线电刊》，后改为《每日要讯》，从三日一刊发展为日刊。在当时交通闭塞的滇西南地区，这份小报及时将中国抗日战争的消息传遍全乡、县城乃至邻县，份数从几百张到一千五百多张，使和顺图书馆成为向滇西南发布抗战消息的新闻中心[①]。

图书馆建立之初给乡民带来极大便利，他们不仅可以自由翻阅图书，也可以凭借图书证享受随时外借，外借书籍的数量有时达到上千

---

① 杨发熹：《百年沧桑说原变》，《和顺乡》1999年12月复刊。

景观重塑:一个西南边陲侨乡的社会文化重构

本。有些大众爱好的图书,每年借出次数,可达到五十多次,流通区域也由本乡扩展到县城或是临近乡村①。一些少数珍贵书刊,属于科研和教学需求范畴,只要出具单位证明也可以酌情借予,当时和顺图书馆的使用率高并借出量大,已经超过了当地的县城图书馆。如今,原来的图书馆分馆已经消逝,留下的是图书馆总馆,后来为了方便古镇核心开发区对面的大庄村村民,又在大庄村设立了一个分馆。目前,和顺图书馆总馆藏书共有八万多册,其中包含大量的古籍文献、孤本善本、大型丛书、类书以及缅甸史及华侨史等珍贵资料。就其规模和藏书量而言,和顺图书馆在中国乡村实属罕见,被誉为"中国最大的乡村图书馆"。

图书馆在乡间是最具代表性的建筑景观之一,它坐落于古镇的核心位置,整个古镇的聚落布局以图书馆为中轴线展开。进入古镇之后,这是第一座引入眼帘的雄伟建筑。图书馆的规模宏大,建筑精美、设计典雅、中西合璧、独具风格。和顺图书馆从建立以来,作为一个乡村图书馆,在当地的影响力远远超过了市区的图书馆。图书馆的影响力不仅在于这是中国乡土社会中建筑精美、占地面积大、藏书量最大的乡村图书馆,还在于这是乡民以及海外华人华侨共同建设的民间图书馆,在特殊历史时期,曾发挥着重要的作用。图书馆的历史地位及文化价值使其成为地方政府对外宣传的重要窗口。在文化交流活动与合作项目中,和顺图书馆作为首选被极力推荐。和顺图书馆的重要性在旅游初期就受到了开发商的关注。因而,BL公司很快与图书馆的归属部门达成协议,将图书馆纳入凭票而入的景点。如今,图书馆上午八点开门,晚上七点关闭。每天,导游拿着扩音器一边讲解图书馆的历史,一边带着游客参观,之后便从阅览室的过厅走向文昌宫。虽然整个游览时间不超过二十分钟,但是每天从早到晚,游客络绎不绝。在所有的建筑景观之中,和顺图书馆几乎是每位游客的必经之地。通过对图书馆的了解,游客可以将整个和顺的历史与国家,乃至世界联系起来,揭秘一个地处边陲的村落如何成为一个富庶而具有

---

① 尹文和:《云南和顺侨乡史概述》,云南美术出版社2003年版,第147页。

第五章 乡土景观的"前台化"

文化底蕴的地方。因此，很多游客认为，如果没去参观图书馆，就不算真正到过和顺。

和顺图书馆原本属于乡民。在乡民心中，图书馆最引以为豪的是它曾作为传播新思想、新文化的阵地，是乡间的文化之津和智慧源泉。图书馆无疑是最珍贵的遗产，但是图书馆成为旅游景观之后，他们曾在图书馆阅读的场景已经成为遥远的记忆。游客的到来已经打扰了图书馆原有的清净。李大琪①（47岁，男）是图书馆的一名保安，说起图书馆万分感叹：

> 以前大家经常来图书馆，有的干完农活，回家放好锄头和镰刀就来图书馆。有些带着帽子、卷着裤腿，裤子边缘还沾满泥土，就来这里读书。有的坐在图书馆看书，有的干脆就坐在草地上看。那些年，除了挂钟嘀嗒嘀嗒的声音，任何声音都听不到，很安静。原来中学就在旁边的文昌宫，很多学生也来借书看，现在学校搬走了，来的人就少了。那些年，有些外地来搞研究的，也会来图书馆查阅书籍。但是，现在图书馆已经成为景区了，整天有导游带着游客来参观，一天进进出出，根本看不进去书。

李大琪代表了大部分乡民的观点，他们感叹图书馆已经不再是读书的地方，几乎不去。尽管现在的图书馆也有部分借阅者，其中包括乡民，还有长期居住在和顺的外地人，他们只要出示身份证，缴纳一定的费用，就能办理图书证，随时可以借阅，但是极少有人在图书馆读书看报，外借图书的数量较之以前也已经减少。根据2015—2018年"外借图书登记簿"的记录，每年外借图书的人数在400—500人，最高达到570人。这些借阅的书籍大多与家庭、生活、健康等主题有关，而阅览室桌上摆放的报纸和杂志几乎无人问津，仅成为增添读书氛围的装饰品，珍藏善本、珍本、孤本的楼宇也出于管理和保护的缘由而关闭。诚然，由于手机的普及和电子读物的便利，读者数量受到

---

① 化名。

景观重塑：一个西南边陲侨乡的社会文化重构

图 5-2 和顺图书馆（巴胜超摄，2018 年 7 月）

很大影响，但是图书馆每天人来人往，乡民寻求在安静的阅览室中读书几乎不可能。图书馆的阅读室现在已经是游客参观的主要场所，导游的讲解打扰了阅读的安静，再加上每天到访的游客络绎不绝，使原本有限的空间显得更加拥挤。乡民不愿在此读书，不仅因为这里声音嘈杂、拥挤不堪，还因为他们不愿意成为导游讲解的对象。有时，他们坐在阅览室一角安静读书，导游便会借此作为讲解图书馆的开端。此外，正如一些乡民所言，他们参与旅游开发之后，整日忙忙碌碌，无暇静心阅读。

3. 黑龙潭、元龙阁、艾思奇故居的变化

除了图书馆和文昌宫，黑龙潭和大月台也成为游客聚集最多的公共空间。黑龙潭水质清澈、三面环山、树木参天。此潭原为古镇的水源，也是野鸭湖的源头，水潭中间有一座凉亭，走廊蜿蜒延伸至岸边的洗衣亭。龙潭前方是一个大型的月台，这里实际上是一个广场。广场中央有两棵千年古树，枝叶茂盛，四周以石凳作为围栏，可供行人休憩。原先这里是乡民集会的公共场所，他们喜欢在黑龙潭游泳、嬉戏。因为空间相对广阔，每逢重大节日，乡民会在此表演节目。现在，聚集在广场的大多是卖烧饵块、松花糕、胭脂果和儿童玩具的小

第五章 乡土景观的"前台化"

贩和驻足休息的游客。除了节庆，乡民仍然聚集于此观看民间舞蹈和洞经表演，平时很难见到大量乡民聚集的场景。

　　黑龙潭右侧是元龙阁，背山临水，是一组规模庞大的建筑群。整个建筑依山而建，依次是山门、关帝殿、地藏殿、魁阁、观音殿，殿内除了道观的主要神祇，还增加很多佛像。元龙阁虽然不是凭票而入的景区，但因为地处风景秀丽的黑龙潭湖畔，又是旅游线路的必经之路，加之这是观光电瓶车的停靠之地，很多游客在广场停留时，顺道进入元龙阁参观。常见的情形是，一些在元龙阁拍照的游客经常被管理员制止，然后管理员借此上前劝说游客捐赠功德。如果游客捐了钱，管理员就拿出一份功德表让他填写，填完之后一边焚烧功德表，一边为游客祈福。虽然很多游客在此祈福，实际上他们并不在意殿内供奉的神祇。和顺人在与当地民族融合的过程中创造出乡土世界中的多元宗教与信仰，囊括了佛教、道教、伊斯兰教，以及自然崇拜、风水信仰、祖先崇拜、神灵崇拜、村落集体信仰。在和顺，这些承载宗教与信仰的物质空间共有八座，散落在整个乡间，其中元龙阁是当地的道观。尽管元龙阁是乡土社会中的宗教，却很少有当地人去烧香、祈福。如果遇到道观举行法会，主要是市区或周围邻村的民众参加。一位乡民解释道："元龙阁是一个外地人承包的道观，现在有很多游客，和顺人几乎不去。"事实上，每逢初一、十五，临近寺庙的僧尼和四方香客都去当地香火旺盛的中天寺。但是元龙阁的特殊地理位置，却使其从地方世界的宗教中抽离出来，无意间成了旅游景观。

　　艾思奇故居虽然远离和顺古镇中心，位于半山坡上，还是有很多游客前往参观，尤其是上了年纪的游客，艾思奇在他们心中留下了深刻的印象，参观艾思奇故居是他们到和顺旅游的目的。艾思奇故居是旅游线路中最后一个景点，与黑龙潭与元龙阁构成一个游览单元。艾思奇故居的建筑风格以中国传统的四合院为主体，点缀西式阳台，"人"字顶窗户，整体建筑精雕细刻，典雅别致。艾思奇，原名李生萱，其父李曰垓是护国名将。因为父亲居官在外，幼年随父亲在外读书，早年留学日本，后来回国在上海从事抗日救亡的宣传工作，并成长为马克思主义哲学家，著有《大众哲学》《哲学与生活》，毛泽东对其推崇有加。艾思奇故居原先一直闲置，1980年艾思奇的夫人王一丹从北京来到和顺，将故居捐赠给了地方政府。为了纪念艾思奇并弘扬爱国主义精神，地方政府在故居的基础上修建了艾思奇纪念馆。1984年，地方政府根据各界人士提议将其命名为"艾思奇故居"。艾思奇故居经过修缮之后，陈列了大量有关艾思奇生平业绩的文献、实物和图片。现在艾思奇故居是"爱国主义教育基地"，隶属于腾冲相关管理部门。BL公司在取得和顺旅游开发经营权以后，艾思奇故居与图书馆、刘氏宗祠、李氏宗祠，共同构成旅游线路上凭票而入的旅游景点。每天BL公司派1—2名员工负责在门口验票，同时也负责景区的卫生与管理。艾思奇故居与乡间大部分民居不同，这栋私人住宅在乡间被广为称颂，因为故居的主人代表着李氏家族三位在中国近现代上有名的人物，其中包括艾思奇的父亲与哥哥。乡民一开始便对艾思奇纪念馆的建立持积极态度，如今纪念馆已经成为旅游之地，这无疑扩大了和顺作为魅力名镇的影响力。

在和顺，昔日的繁荣已经逝去，留在乡间的是凝结着乡民历史心性与情感归属的人文景观，这些景观沉淀着和顺的人文生态、历史文化、跨国网络和人文精神，影响着当地人在其中的理解与认知，但是这些原生景观在旅游开发过程中经历着极大的转变。乡土世界的人文景观进入新一轮的历史建构与发明之中，逐渐形成文化消费中的经济资本，资本置换重塑着景观之于乡民的原初意义，很多公共空间已经渐渐脱离人们的日常生活，成为失去乡土气息的旅游景观。对于这些转变，乡民的态度是极其复杂的，一方面他们为月台、洗衣亭、图书馆等公共空间被侵扰而感到失落；另一方面他们对乡间景观的变化并非完全持否定态度，比如为游客而建立的和顺小巷，成为乡民聚集、休闲的最佳去处，而艾思奇故居的建立得到广大乡民的肯定和支持，他们认为故居所代表的名人志士以及人文精神有助于塑造和顺的地方形象。由此可见，旅游开发中景观的变化，影响着人们日常交流的公共空间，同时也形塑着乡民的日常生活和观念世界。

第五章 乡土景观的"前台化"

第二节 旅游景观中的民居博物馆

　　坐落乡间的民居建筑群，依山傍水、鳞次栉比，既相互毗邻，又错落有致。如前所述，乡间的民居大部分都是"走夷方"赚了钱的和顺人建盖的，他们出国经商，眼界开阔，经济实力雄厚，所盖的房屋兼具中西合璧的风格。从清乾隆年间开始，历经嘉庆、道光、咸丰、同治、光绪几代，直到民国初年，最终形成了一个庞大的民居建筑群①。旅游开发初期，乡民并未意识到民居在旅游开发中的潜在价值，一部分民居长期闲置，没有发挥应有的社会和经济效益。刚开始，和顺尚无接待游客的相关设施，随着游客增多，乡民开始利用民居经营民宿。民居不仅是乡民身处其中的日常生活空间，其本身与社区的历史文化紧密相连，是古镇社区生活的"活态博物馆"。这些历史悠久、数量众多、建筑独特的民居在旅游中的价值逐渐凸显出来，除了作为民宿，民居作为旅游景观的价值也逐渐吸引了地方政府和开发商的注意力。

一 开发商经营

　　民居在和顺景观中的独特地位使其成为 BL 公司旅游开发的重点对象。当时 BL 公司计划在当地选出几户最具特色和保存完好的民居建立一个民居博物馆。于是，公司聘请了几名乡贤作为顾问，一同对民居进行考察。他们陪同公司的负责人对和顺具有代表性的民居进行影像记录，包括民居的建筑外观、民居的历史以及对主人的访谈。经过多次考察，BL 公司将目标选定在一条巷道中的几户民居。这些民居历史悠久，祖辈曾是乡间的富商。虽然年代久远，但建筑形制保存完好，是和顺民居中的典型代表。BL 公司与民居的主人协商将他们的住所作为旅游景点，如果有游客来参观，由他们负责讲解，BL 公

---

① 杨福泉：《云南名镇名村的保护和发展研究》，中国书籍出版社 2010 年版，第 240—241 页。

景观重塑：一个西南边陲侨乡的社会文化重构

司支付一定的酬金，但是这一提议并未得到乡民的响应，一位姓刘的村民（35，男）这样评价：

> 这里是我们的家，我们要在里面生活，如果游客来了，整天都很吵，我们都没办法生活。后来，我带头拒绝了。他们（BL公司）也就没有搞成。

起初，BL公司建立民居博物馆的规划并未引起乡民的重视，甚至遭受乡民的强烈反对，因为他们认为这会打扰他们的日常生活，也担忧公司是否能支付他们应得的回报。事实上，建立民居博物馆的计划早在BL公司进入和顺之间就已经开始实施。1998年由云南省、腾冲县文博专家、人类学者联合组成的研究团队，在美国福特基金会的资助下，期望将和顺建成生态环境与人文景观结合的"文化生态博物馆"，建立和顺民居博物馆就是该计划中的一个项目。虽然和顺的许多民居是侨乡文化的重要象征和珍贵的文化遗产，但是许多建筑要件、雕刻、装饰、牌匾在"文化大革命"期间的浩劫中遭到破坏。改革开放以后，部分民居建筑面临被拆除的厄运，有的已经改头换面，失去了原来的韵味。因而，项目组向各级部门发出倡议，希望能够采取措施保护和顺民居，并提议建设一个和顺民居文化博物馆以宣传、弘扬、研究和顺的民居文化。经过项目组调查论证，最终选择以"福园"①创建"和顺民居文化博物馆"。

"福园"是近代腾冲著名跨国商号的旧宅，建于清朝末年，是一座由三个互相连通的"三坊一照壁"组合而成的建筑群，建筑面积为951.97平方米。"福园"是典型的和顺传统民居，每个堂屋中央供奉着祖先牌位、天地君亲师和灶神，大门悬挂楹联牌匾，厢房为账房和厨房，院子和花园种植树木花卉，与照壁、月台浑然一体，清新雅致。"福园"最初的建造者曾在缅甸的曼德勒、仰光、八莫、腊戌、南坎、果敢等城市，以及昆明、腾冲、保山、下关、上海等地设立分

---

① 化名。

号。"福园"经商百余年,历经五代人,是腾冲最具带代表性的跨国商号。同时祖辈曾在辛亥革命、抗日战争中捐赠图书、购买图书、支持教育,为国家、社会作出重大贡献,在腾冲华侨中也较有影响力。鉴于家族的经商史、民居的规模和家族的影响力,项目组将其纳为民居博物馆建设的首选。之后,项目组对房子进行修缮、清洗、彩绘,并购买设备、设计布展、制作文物征集,最终于当年4月28日成立"和顺民居博物馆",并正式开馆①。在后期工作中,项目组遇到许多困难。尽管和顺具有丰富的人文资源,但要进行旅游开发,涉及面相当广泛,已超出项目组所能掌控的范围。文化生态村项目是学术性的应用研究,既无实权,又无充足的资金,很多意见得不到采纳,加之当地复杂的社会关系,最终被迫退出和顺②。项目组撤走以后,产权人又将房子委托地方政府代管,后来政府主导的旅游公司成立,房子交由该旅游公司,直到2003年BL公司开始负责管理。

和顺的民居是国内外多支人共同占有的遗产,"福园"也不例外,房子的共有人达到400多人,大部分居住在缅甸、加拿大、美国等地,部分散居在国内。现在房子主要由一位老奶奶看守,她叫李月清③,今年83岁,是这个家族的后人。年轻时她嫁到和顺的其他巷道,丈夫去世以后又回到故居居住。如今她的儿女在市区工作,也在市区买了房,但她还是愿意留在老房子里。民居中第二个"三坊一照壁"的宅院的二楼有一间很小的屋子是她的卧室。一楼靠近账房的一侧是她的厨房,十多平米,厨房中间有一个很小的天井,右侧是一个用瓷砖镶嵌的旧式灶台,周围摆放着桌椅。厨房的各个角落散乱着一些旧家具、毛巾、餐碗和菜盆,与外围干净整洁的院落形成鲜明的对比。刚开始,她只知道项目组对旧宅进行修缮,便期望项目组能保护好房子,后来在项目组没有达到她的预期时,她却对此颇有微词。项

---

① 和顺文化生态建设项目组:《创建和顺民居博物馆》,载杨发恩主编《和顺·乡土卷》,云南教育出版社2005年版,第36—41页。
② 段颖:《谁的古镇?谁的侨乡?——腾冲和顺旅游开发与社会发展的个案研究》,载杨慧主编《旅游·少数民族与多元文化》,云南大学出版社2011年版。
③ 化名。

| 景观重塑：一个西南边陲侨乡的社会文化重构

目组将民居改建为"民居文化博物馆"是为了激发乡民的文化自觉，对和顺的文化遗产进行保护，但是乡民对此并不理解，只知道他们是在进行文物考察、旧宅修缮等工作。乡民认为，房子修缮完全是项目组的事情，只要房子出现问题，不管任何原因都应在第一时间完成修缮。但是，项目组由于客观原因未能完成项目的期待时，引起了乡民的抱怨。项目组退出和顺以后，"福园"最初成了政府主导的旅游开发公司旗下的博物馆，游客需要在民居门口购买门票才能进入参观。按照李月清与旅游公司的协议，李月清可以住在老房子里，为游客讲解房子的历史，她可以从中得到回报。但是，双方合作未见成效，李月清这样描述自己的遭遇：

  博物馆建好后，我一个人又要开门，又要打扫，又栽花草，还要迎接游客。当时在门口就卖门票，相关部门的人把门票钱收走了，我没有得到任何工资。

在此之后，李月清锁上了大门，将问题反应给地方政府，希望得到应有的补偿。经过多次努力，她终于达成了自己的愿望。2003年当BL公司接管博物馆之后，李月清与族间达成共识，他们既不要房租也不入股，只需要公司负责修缮，李月清仍然留在老房子中，BL公司每月向她支付工资。现在，李月清是BL公司的一名员工，她经常说的一句话就是："我在自己的老宅里上班。"每天，在博物馆对外开放的时间，她一直守在老宅子里。如果没有游客，她便与门口验票处的两名工作人员攀谈几句。大部分时候，她独自坐在厨房门口，看到游客走进来，起身热情带领游客参观。这时李月清开始向游客讲解家族的经商史以及家族为地方作出的贡献，有时也会介绍桌上摆放的书籍，这些书籍大多关于和顺的历史与文化。她给大部分游客的印象极为深刻，虽然年事已高，但讲起家族史头头是道，思路清晰，而她对老房子的期望以及为保护房子所做出的努力更是令游客感到钦佩。

最初，地方政府对民居的重视出于对地方文化的保护，因而在

第五章 乡土景观的"前台化"

旅游开发之前项目组对建立和顺民居博物馆的提议得到了当地政府的积极响应和支持。随后几年，地方政府对上百座传统民居进行考察，对其中一些"老房子"进行挂牌保护，并对民居的建筑、维护和修缮出台了相应的管理条例。在旅游之初，地方政府希望乡民能成为和顺旅游开发的积极参与者，劝说乡民修缮房屋、打扫院落，树立和顺古镇良好的旅游形象。之后政府又动员乡民利用民居开办民宿，提高和顺的旅游接待能力。旅游开发过程中，这些独具特色的房屋吸引着众多游客，民居的价值也在旅游活动中凸显出来。地方政府希望一些具有代表性的民居能够从所有民居中脱颖而出，通过对民居的宣传，突出和顺作为一个侨乡的历史文化价值。"福园"在这样的情况下，再次走进了游客的视野。如今，"福园"已经成为BL公司旅游线路中凭票而入的另一个旅游景点。"福园"的建筑风格和家族影响力作为民居中的代表为开发商赢得了经济回报，同时也增添了古镇作为边陲侨乡的魅力。开发商也意识到民居主人对民居博物馆的潜在价值，因此出资聘请主人作为"讲解员"。民居主人以真实、生动的方式讲述家族史，使民居博物馆成为古镇最具"人气"的旅游景观。

二　私人经营

在和顺，"福园"并不是唯一的民居博物馆，在另一条巷道还有一家叫作"永兴和"[①]的博物馆。这家博物馆与"福园"不同，是一家私人博物馆，并非BL公司经营的旅游景点。这座民居的男主人杨爱忠[②]，1934出生于缅甸，之后回到和顺做了乡村医生。他的妻子李又琴[③]在和顺出生，今年已经79岁。1951年，她从和顺去缅甸仰光，在父母经营的餐馆里帮忙。1968年李又琴又回到和顺，原本打算在国内上大学，因为碰上"文化大革命"，她去了芒市当了华侨知青。

---

① 化名。
② 化名。
③ 化名。

景观重塑：一个西南边陲侨乡的社会文化重构

再次回到和顺时，她认识了杨爱忠，并与他结为夫妻。刚开始，她在当地做缝纫工，多年以后在腾冲开了一家缝纫店，但所得收入只能贴补一些家用。杨爱忠平时爱收集旧物件和邮票，和顺成为旅游古镇以后，他敏锐地意识到可以利用老房子建立一个私人博物馆，展出自己收藏的物品。在与妻子商量后，他们重新装修了房子，开办了一家私人博物馆，取名"永兴和"，并于2006年正式对外开放，每位来参观的游客需要支付10元的门票费。

在最初的田野调查中，我并没有注意到这家博物馆，因为博物馆位于一条里巷，位置隐蔽，不易发现。乡民平时谈论最多的是"福园"，而对"永兴和"几乎无人提及，乡民也很少去参观。我第一次听说这家博物馆源于一次偶然的机会。一个到和顺做博物馆研究的学者向我描述了让她惊讶而略带愤怒的经历。她告诉我，在和顺旅游景区导游示意图中，"永兴和"这个不太起眼的地图标识曾引起了她的注意，她决定带着自己的研究团队寻访这家私人博物馆。她们去到博物馆，发现大门紧闭，就去敲门，来开门的是一位70多岁的老妇。她们说明了来意之后，老妇热情将她们引进屋内，并开始介绍这间屋子的来历，以及祖辈的经商史，然后带她们参观了展览室。朋友见到展室里陈列的邮票和老物件时，兴奋不已，因为她发现这些邮票全部盖有1999年10月1日同一天的邮戳，具有博物馆收藏价值，而其余的物件在乡间也难得一见。老妇告诉她们，这是先生生前的遗物，他们开办博物馆的初衷就是要展出这些珍贵的物品，让大家有机会了解和顺的历史与文化，但是几年前杨先生得病去世了，她希望继续坚守这个博物馆。参观完展室，老妇带她们走进厢房一侧的小屋。屋内装修别致，柜台里摆满了玉石。一进屋，屋内的两名年轻女孩便迎上前，向她们介绍这些玉石的场地和质地。后来这位学者告诉我，当她还沉浸在老妇与先生创建博物馆的不易与艰辛时，寻思如何建议她申请政府资助，但是玉石店打消了她的念头。这位学者的经历激起了我的好奇心，之后我决定去博物馆做一次调查。当我去到博物馆，并没有见到任何人，空荡荡的房屋与乡间"三坊一照壁"的老房子在建筑风格上并无多大区别。中间的堂屋宽敞明亮，两侧厢房装饰精美，

第五章 乡土景观的"前台化"

照壁旁有一道小门,通往后花园和厨房。这座房屋里的家具摆放得井井有条,没有丝毫的杂乱。院子也干净整洁,从柱子和屋门透亮的油漆上,可以判断这是最近装修过房子。过了一会儿,一位老妇从后花园的厨房走出来,见我在院子里参观,便询问我的来意。我向她表明想要参观展览室时,她才从衣兜里缓缓掏出一串钥匙,带着我走向堂屋。堂屋左侧有一个楼梯通道,通往二楼,光线不足,略显幽暗,打开灯才能看清屋里的物品。楼道将展览室分隔成左右两个部分。楼道中间挂着记载家族史的牌匾。楼道左边的展览室展出的是一套56个民族的邮票。再往里走,四周墙壁挂满了杨爱忠在缅甸时的照片,以及一些在民国和抗日战争时期拍摄的图片。房间的一角堆放着祖辈遗留下的钢丝床和美军飞虎队的空军服。楼道右边的展览室展出的物品与左边完全不同,主要是杨爱忠爷爷遗留的实物。房间大约二十平米,虽然空间有限,但展出的物品繁多,包含床、茶几、椅子、凳子、梳妆台、茶盒、茶具、食盒、漆器、瓷器、算盘、箱子等家庭用品;马灯、马镫、马鞍等马帮用品;华侨证件、华侨物资供应票、进口物资海关纳税证、民国股票、公债券等票证;还有来自缅甸的孔雀琴、竹排琴等。这些物品真实再现了当时和顺侨商的日常生活和生意往来。参观结束后,老妇将展览室的门锁上,下楼后,自己便去了厨房,和另外两个人忙忙碌碌,再也没出来。

"永兴和"从2006年以后就从私人住宅变成了一个所谓的私人博物馆。刚开始,由于博物馆地理位置的限制,参观的游客很少,但是随着知名度提高,越来越多的游客前来参观,便引起了BL公司的注意。公司曾派人与民居主人协商接收博物馆,但双方由于经费问题未达成共识,这件事也就搁浅了。2014年,杨爱忠因病去世后,正好遇上昆明另一家旅游公司来租博物馆。李又琴希望能保留先生遗留的博物馆,但又深感管理不易,在与这家旅游公司多次协商后,她决定将博物馆出租。这家旅游公司在腾冲建了一家酒店,按照公司对游客的行程安排,在公司酒店入住的游客如果参加和顺一日游,午饭安排在和顺用餐,游客可在和顺享受腾冲的特色佳肴。"永兴和"的东西厢房就是该公司的用餐地点,屋内摆放着木质桌椅,四周悬挂字词书画,整个房间古朴雅致。按照双方约定,公司向李又琴支付房租,她帮助公司招待游客。公司还聘请了两位当地人,一名负责打扫卫生,另一名准备饮食。平时李又琴几乎足不出门,待在老房子里简单收拾一下堂屋,或是做些自己喜欢的活计,有时听听收音机、跟着平板电脑学几句英语。如果遇到公司安排的游客,她便放下所有的活计,热情接待他们,讲解房屋的建筑、展室、家族史,等等。但是,如果是普通游客,她几乎专注于自己的事情,任由游客参观,从不提及二楼的展室。只有当有人询问时,她才会打开展室。李又琴经常说,博物馆是"私人会所":

说实话,我这里只接待团队,公司带来的游客,他们要在这里吃饭,每人100元。有一些散客进来,我就告诉他们这里是个私人会所,他们一听就离开了。但是如果是其他人介绍来或是真的对文化感兴趣,说要看一下展览室,我也会带他们参观一下。公司请来做饭和卖玉石的,都是公司的事情,我只是守着我的博物馆,做好讲解。

在之后的接触中,我与李又琴渐渐熟悉起来。她告诉我,她育有一男一女,他们都在市区工作,也有房子,但还是不愿意和他们一起居住。她之所以坚守在老房子,既可以守护祖辈的遗产和先生的展室,又可以从中获得租金,而招待公司的游客也有一定的收入。2019年5月博物馆的租期就满五年,虽然旅游公司每年向她支付租金,但实际上老房子并非李又琴的个人财产,而属于和顺和缅甸亲人共有的祖产。由于前几年缅甸共有人主动放弃了和顺的产权,这间屋子事实上是国内四户人共同所有,所得租金也就在共有人之间平分。

民居博物馆使民居成为文化展演的"前台",其中地方政府、开发商和民居主人对博物馆表现出不同的态度和看法。地方政府强调,民居作为和顺历史与文化的代表,应该进行保护,并通过对博物馆的宣传树立民居保护的重要性,同时扩大和顺的知名度。开发商或旅游

第五章 乡土景观的"前台化"

公司则借助博物馆吸引更多的游客,实现经济回报。对于乡民而言,旅游开发后,在学者、媒体、政府、开发商的推动下,民居作为珍贵的文化遗产备受关注,乡民对房子的理解经历着从"祖产"到"遗产"的转变,博物馆的建立正好为她们参与旅游开发提供了难得的契机。"福园"作为BL公司管理下的重要景观,从管理模式而言,民居主人将房子移交BL公司,不收取任何租金,公司负责修缮房子,主人最初是以"保护老房子"的名义参与进来。与此不同,"永兴和"出租给旅游公司之后,虽然名义上免费对外开放,但严格意义上说只针对该公司的游客,建立之初主人强调的是作为可盈利的民居博物馆。尽管两者在管理模式和经营方式上存在着很大差异,但是都反映出乡民在民居价值转变中的态度和行为策略。第一,虽然老房子是旅游景点,但她们仍然可以与往常一样自由自在地在老宅子里生活,多年的生活经历使老房子已经成为她们情感、记忆和生活的寄托;第二,乡民能通过民居博物馆的建立对民居进行保护,在与开发商或旅游公司合作期间房屋由公司负责出资修缮,这为她们节约了很大的开支,也不必再为房屋共有人之间由谁出资而争论;第三,开发商或旅游公司对民居博物馆的宣传,也是扩大家族影响力和保护财产的一种行为,而这一行为仅仅依靠民居主人的力量是相当有限的。比如,"福源"是乡间最有名的跨国商号,而"永兴和"则是希望保留主人收集的珍贵物件;第四,民居主人在博物馆为游客讲解民居的历史,能定期从开发商或旅游公司获得"工资",因此,从一开始她们便以积极的心态参与民居博物馆的建立。从以上两家民居博物馆中可以看出,当政府、开发商、旅游公司等多方力量介入时,乡民如何争取自己的权益。李月清曾告诉我,如果BL公司不给她发工资,她就将博物馆收回,这正好说明她在利益角逐中的态度和立场。同样,李又琴经营的私人博物馆,起初因为租金问题拒绝与BL公司合作,后来又将博物馆出租给出价更高的旅游公司。由上可知乡民在旅游开发中的应对策略和利益考量,从中反映出她们在景观争夺中表现出的生存心态。

第三节 生产生活与空间重塑

新建的景观以及从原生景观到旅游景观的转变,使和顺成为乡民的"私人空间"与游客的"旅游空间"相互并存的古镇。在这一过程中,资本、权力和利益等政治经济要素和力量对空间进行重新塑造,并以其作为底板、介质或产物,形成空间的社会化结构和社会的空间性关系[①]。在市场经济的推动下,现代化及其相关要素渗透到旅游开发之中,古镇的原生空间在以资本为逻辑动力的生产之中,显现出传统与现代、生产与消费、单一与多元的空间形态。如今,古镇的巷道更加热闹,挤满着商家、游客和乡民。巷道中的生意行为不仅有销售玉石和纪念品的商铺,也有咖啡屋、餐馆、客栈,还有周围贩卖小吃和廉价纪念品的摊贩。资本和权力在空间上的重新配置,使传统的聚落空间、巷道空间和私人空间经历着不同程度的重塑。这样的商业氛围以及乡民的参与,共同影响着空间重塑以及他们的生产生活。

一 聚落空间

《阳温暾小引》是一部早年和顺人的"出国必读",在这部曾传遍了腾冲、缅甸和东南亚云南侨商的"小引"中有这样一段描述:"父母恩,好一似,天高地厚;在一日,孝一日,岂可远游;不得已,为家贫,不得不走;游有方,急早回,以解亲忧;我中华,开缅甸,汉夷授受;冬月去,到春月,即早回头;办棉花、买珠宝,回家销售;此乃是,吾腾冲,衣食计谋。"[②] 20 世纪 50 年代以前,一代又一代的和顺人通过"走夷方",参与到跨越流动和工商业活动之中,人口的流动与寓居,打破了传统农耕社会自给自足的封闭格局,从而使和顺由一个传统的"农耕社会"转变为一个从事跨国商业的地方社

---

① 郭文:《旅游空间生产:理论探索与古镇实践》,科学出版社 2015 年版,第 52 页。
② 王洪波、何真:《百年绝唱——一部早年云南山里人的"出国必读"》,云南大学出版社 2005 年版。

第五章 乡土景观的"前台化"

会。和顺人因此积累了财富，他们衣锦还乡，建造房屋、修建道路、兴办学校。乡间众多的建筑，如图书馆、益群中学、民居宅院、灯芯路、洗衣亭等都是这一时期遗留的景观，这些景观与乡民的生活经验共同塑造着侨乡的村落形貌和聚落空间。但是，从抗日战争到1950年，乃至改革开放前的一段时间，由于战争和国家政治经济格局的变化，和顺人再次回到以农为本的生计方式，曾经因跨境贸易带来的观念、意识被狭小的土地和封闭的环境所束缚。

当时的农田面积，包括环村主道从黑龙潭一直延伸至张家坡的一大片土地，以及东山脚的全部农田，这些农田构成聚落空间的重要组成部分。和顺旅游开发之后，地方政府、开发商曾对农田进行了不同程度地改造：其一，修建了腾冲通往和顺的公路。原先从腾冲通往和顺仅有一条相对狭窄的道路，道路两旁是农民和生产队的农田。地方政府征收了乡民的农田扩宽了道路，并强行拆毁了沿线建于清代的凉亭。如今，部分农田已经改建为腾冲通往和顺的重要通道。通往古镇大门的两旁道路成为销售地方特产和小吃的商铺，还有满足乡民日常生活需求的银行、公交车站和快递公司。在不到古镇大门两百米处的地方，BL公司利用征收的农田修建了游客停车场；其二，建造"和顺小巷"。地方政府从农民手中征收农田，之后又将农田转租给BL公司。BL公司利用这片农田，用大量收购的旧屋木料，按照古镇的传统建筑风格沿着三合河修建了一排木质结构的楼房。"和顺小巷"的修建改变了和顺主要灌溉水系的方向，同时也改变着原来农田的形态；其三，修建野鸭湖。野鸭湖原来是湿地和农田，随后经过景观改造，使龙潭的水流顺流而下，形成一个具有观赏价值的人工湖；其四，修建荷塘和油菜花田。图书馆前曾是一片广袤的农田，田间纵横交错的小沟和石埂将之分为大小不一的农田，以前这是乡民集中种植水稻、蔬菜和玉米的地方。

昔日的农田逐渐被乡间道路、人造景观、荷塘和油菜花田所代替，这些满足城市人田园乡愁的旅游景观重塑着村落的空间格局。空间格局的变化伴随着乡民对待农田态度的转变。原来乡民在农田种植粮食和蔬菜，除了将之满足日常生活所需，剩余的拿到市场上出售，以此维持简单的生计。随着城市的经济发展和劳务需求的增加，很多年轻人已经放弃了祖辈遗留的农田，去临近的市区或更大的城市打工，而他们的父辈耕种粮食和蔬菜只是为了满足日常生活。旅游开发以后，乡民开始尝到旅游带来的"甜头"，他们放弃了原来的农田，通过开办民宿、经营餐馆、卖小吃和旅游纪念品参与旅游开发，对农田的依赖随之发生了变化。随后乡民又通过"租地""租房""租铺面"获得丰厚的租金，已经很少再去关注农田。很多农田闲置下来，BL公司注意到农田带来的商机，向乡民承包了几十亩农田，改建成荷塘或油菜花田。每逢时节，荷塘和油菜花成为吸引游客的旅游景观。农田的改造只是聚落景观变化的一部分，而更大的变化实际上是由巷道空间与私人空间共同形塑的。

二 巷道空间

和顺古镇的核心保护区是水碓村与十字路村的交汇处，坐南朝北呈扇形分布，这里人口密集，处于古镇中心位置的十字路街，自古以来是乡民经济、文化、社会交往的中心。古镇的巷道从南至北并行排列，依次是大桥巷、李家巷、大石巷、尹家巷四条主要巷道，十字路街与环村主道两条巷道从西到东横贯其间，其余小巷与主巷交错相接，构成网状结构。每个主巷巷口建有"闾门"，历史上最早迁移到和顺的屯军以血缘关系（宗族）或虚拟血缘（共同来源地）聚族而居，并以"巷道"为单位形成不同的居住群体。为了与原住民抢占资源，屯军以闾门进行区隔，通过"划地而居"的方式聚居。早期，巷道居住的人群出自于同姓宗族，后来乡民逐渐开始接纳一些异姓居住。按照当地人的说法，巷道内为同宗派系，尊卑有别、长幼有序，整条巷道失去活力，倘若有外姓人加入，交往就相对随意，也能互相借鉴和学习。闾门建成之初，每日按规定的时间启闭，客观上起到了防匪、防盗的作用。时至今日，闾门的客观功能已经逐渐丧失，但是作为一种特殊形制的建筑承载着和顺的历史、记忆与文化。这些纵横交错的巷道与闾门奠定了的巷道的空间结构与邻里关系。

第五章 乡土景观的"前台化"

古镇除了十字路街是乡民进行商品买卖的集市,其余巷道两旁几乎是彼此相邻的民居。如今,这些临街的巷道已经被林林总总的商铺所占据,一间又一间商铺紧密相连。截至2016年,和顺共有285家商铺[①]。李家巷是位于古镇核心位置的一条主巷道,巷道内虽然有几户外姓人居住,但大部分还是李姓。巷头、巷尾各保留着一道闸门,白墙灰瓦,门额题词"景物和煦""兴仁讲让",坯墙略有损毁。主巷道宽两米至三米,巷道两旁共有八条与主巷道交错相接的里巷,其中包括以近代著名跨国商号"三成号"命名的里巷。据乡民回忆,以前李家巷沿街的民居一户紧挨一户,外墙高筑,只有一道小门通往屋内。外墙属于土木结构,墙面没有粉刷,房顶的砖瓦有些已经散落。主巷道的路面凹凸不平,有些地方已经损毁,水从民居墙角渗透出来,路面常常积水成滩,有的路段堆放着乱石砖瓦,但是旅游开发后的巷道完全没有了昔日破败不堪的景象。凹凸不平的道路已经变成平坦的石板路,主巷道两旁全是乡民出租给外地人的商铺。里巷中的民居很多也成了客栈,这些客栈有一部分是当地人的民宿,很多则是出租给外地人经营。我在访谈时,谈及古镇的变化与发展,乡民说令他们印象最深刻的是2012年。这一年以后,和顺的巷道内不仅出现了很多的客栈,还出现了众多的商铺,古镇的快速发展让他们始料未及。刚开始很多乡民对出租持观望态度,但随着租金的上涨,乡民拆除民居的外墙建盖商铺,使之不断地产生利润。为了获得更多的租金,乡民在修建商铺时尽可能从外墙的一侧延伸至另一侧,仅仅保留原来外墙旁的小门,有的甚至直接将门的朝向改在里巷。商铺的高额租金进一步刺激着乡民改变外墙来盈利。李家巷某一村民小组,共有54户,200多人,其中30户已将民居或商铺出租。出租商铺的不仅有个人,还有以集体为单位的村民小组。李家巷巷头有一间商铺原为村民小组的共同财产,经大家商议出租给外地人做生意,村民小组每年可以得到20多万元的收入,每年年底每户将得到几千元的分红,这对于一些原本收入很低的乡民无疑是一笔很大的收入。

[①] 腾冲和顺古镇保护管理局相关人员提供的数据,2018年2月21日。

图 5-3　李家巷巷头（2018 年 2 月）

最初，李家巷只有零星几家玉石商铺，老板都是当地人。但随后几年，商铺不断由外地人经营，销售的商品种类也逐渐丰富起来，除了餐馆、酒吧、咖啡屋，还有销售玛瑙、奶酪、鲜花饼、茶叶、东南亚特产等商品的商店。每天李家巷热闹非凡，大约早晨 9 点，很多商铺已经开门，老板就开始清扫柜台上的灰尘，或是在商铺门口摆放一些廉价的纪念品来吸引游客。除了路边乡民的早点摊，很多餐厅还没人关顾，但是店主已经开始忙里忙外运送食材。11 点 30 分以后，游客渐渐多了起来，巷道里的商铺和餐厅挤满了人群，整条巷道熙熙攘攘，开始了一天的热闹时光，这样的热闹一直持续到夜晚。傍晚过后，李家巷灯火通红，酒吧和咖啡屋不时传出流行音乐声，客栈、商铺、餐厅门口的霓虹灯闪烁耀眼。闾门对面的月台早已摆满了乡民经营的小吃摊，周围坐满了品尝当地小吃的游客。李家巷口位于环村主道，离图书馆不远，这里来来往往的游客很多。李家巷从一条寂静的乡间小巷变成一条喧嚣吵嚷的商业街，每天外地人的商铺和当地人的摊位前挤满了游客。巷道内的民居、客栈、商铺、摊位盘互交错，拥挤的人潮，吵杂的声音，使得古镇充满着浓厚的商业气息，而位于核心保护区的其余巷道与李家巷相似，在商业利益的推动下经历着同样

第五章 乡土景观的"前台化"

的空间重塑。

如今的巷道是玉石商铺、现代消费场所、小摊、民居、客栈共同构成的空间,嵌入其中的生意主体不仅有玉石商、客栈老板、开民宿的乡民,还有很多摊贩。这些摊贩几乎都是和顺人。很多乡民在民居门口摆摊卖早点或小吃,有的利用墙角销售当地的特产。按照古镇相关管理规定,为了树立和顺良好的旅游形象,维护道路的整洁与秩序,摊贩不允许随意在古镇摆摊,但是如果没有相关部门的监督和管理,乡民还是会在人流量集中的地点摆摊,或者灵活移动摊位避免追查,而大部分乡民实际上在自己居住的巷道内摆摊,这里不受太多限制。乡民的摊位有的出现在巷口的闾门,有的在里巷与主巷的交接口,大部分乡民则将摊位摆在家门口,旁边是他们出租给商家的铺面。摊贩的生意为古镇增添了一份乡土气息,他们销售广受民间口碑称颂的小吃和特产成为游客追求地方真实和体验地方生活的一种方式,深受游客欢迎。尽管这些小摊出现在商铺一侧,但并没有影响到商铺的生意,反而带来了更多的游客。有时候游客从商铺出来,就坐在小摊边休息或愉快地品尝美食,或是游客向摊贩购买小吃后,顺道逛一逛旁边的商铺。

摊贩大部分是乡间的中年妇女或老人,她们很多是家中闲置的劳动力,大部分在乡间固定的位置摆摊。杨琼英①是经常在李家巷口见到的乡民,她今年已经51岁,这些年一直在巷口的闾门卖松花糕、油豆②和松花粉。年轻时,她从对面的大庄村嫁到李家巷,一直靠种植庄稼为生。古镇刚有游客来的时候,她每天在农忙之余从田里掰回玉米煮熟后卖给游客,每天有几十元的收入。几年后,她和丈夫在李家巷盖了一栋新房,出租给北京人做客栈。她和家人住在新房旁边的三间平房,儿女常年在外打工,平时她主要和丈夫、婆婆在一起生活。每天早晨7点,她已经在厨房制作松花糕。大约10点,她来到巷口摆摊一直到晚上七八点才收工,有时候也会根据情况灵活调整时

---

① 化名。
② 油豆是当地的一种食物。

景观重塑：一个西南边陲侨乡的社会文化重构

间。她做买卖淡定悠闲，既不吆喝，也不担忧能否卖完。李家巷的乡民回家途经巷口，他们会在此闲聊，杨琼英也会加入其中。如果有卖不完的松花糕，她就会送给周围的乡民或朋友。事实上，杨琼英每天做的松花糕很少有剩余，因为松花糕①的制作过程并不复杂，大约需要半个小时，杨琼英每次只做五六十块，等卖完后又回家重新制作。

摊贩的生计主要依赖其快速地闯入游客的"私人领域"，建立接触已达成交易，他们接触越多的游客，成交的机会也就越高②。"吆喝"是摊贩与顾客接触最常见的方式，通过大声叫喊吸引游客的注意力，但是这些摊贩却很少吆喝，如果看见游客经过，她们只是轻声询问，或者当游客主动购买时，他们才开始交流。摊贩的买卖比较随意，摆摊的时间并不固定，如遇家中有事，可能几天不见踪影，有时也因为参加乡间的婚丧嫁娶，或遇到天气变化，而早早收摊。诸如杨琼英一样的摊贩，摆摊不是她们主要的经济来源，很多摊贩将商铺或房子租给外来商，生活已经有一定的物质保障。她们的买卖只不过是主要经济来源之外的补充。当乡民感觉到游客对当地小吃或特产很感兴趣时，她们开始利用巷道空间摆摊设点，面对每天人来人往的游客，让她们感觉有生意可做，也想加入其中。她们不愿闲在家中，希望通过力所能及的买卖参与旅游。正如一位乡民所说："在和顺，只要你愿意，就可以找到事情做，也可以像外地人一样赚钱。"这实际上反映了乡民的普遍心理。但值得注意的是，摊贩的生意并非是单一的买卖，在很多情况下，当游客在购买她们的物品时，她们会趁机询问游客是否已经找到住所，如果没有，便让其他乡民看着摊位，然后起身带着游客去自己开办的民宿入住，或是将她们介绍给出租她们房子的外来商。尽管摊位并未像租房、开餐馆、经营民宿那样有很大的

---

① 松花糕制作过程：先用加入猪油的水将豆沙煮干，然后将豆沙放置在一个木制的模具上，摊开、压紧。然后再用加入白糖的水调制松花粉，最后将松花粉铺在豆沙上，等待冷却以后切成小块。因为食材易得，制作简单，松花糕成为古镇最常见的小吃。

② Richardson, M., "Being-In-The-Market Versus Being-in-Plaza: Material Culture and the Construction of Social Reality in Spanish American", *American Ethnologist* 9 (2): 421-436, 1982.

利润空间，但是蜂拥而至的游客，每天也会为他们带来微薄的利润，甚至为自己的民宿或租户带来更多的客人。由上可知，巷道空间快速变化的背后实际上是由旅游市场所推动的。

三　私人空间

巷道空间的变化很大程度上由私人空间的变化所导致。如前所述，很多临街民居的外墙已经改建成商铺，仅仅保留了一道进出民居的小门。一旁高档的商铺与普通的小门造成视觉上的强烈反差。在多数情况下，外来商只愿意向乡民租铺面，而对于生活空间，他们更希望在市区购房或租住远离古镇中心的民居。这些临街的民居大部分还是由乡民居住，他们极其羡慕周围已经将整座房子出租给外来商的乡民，但是又由于客观条件的限制或是不愿离开生活多年的古镇，他们通过对民居的多功能利用和空间区隔实现房屋的经济价值。与普通民居相比，这些民居已经不再是乡民的私人生活空间。起初，乡民只是出租铺面，后来他们通过改变自己的私人空间，使其成为半私人半公共化的空间场所。

寸家湾附近的一条主巷道，原先称之为"染布巷"，一直延伸至十字路街，是人口较为集中的巷道之一。这条巷道正如李家巷一样，商铺鳞次栉比，有咖啡屋、玉石商铺、鲜花饼店、餐厅、客栈、文玩店等，平时这里游客如织，异常热闹。马志军①（男，65岁）家的民居就位于"染布巷"，占地220平方米，如今已成为一个集聚商铺、客栈和私人住所的"大院"。与很多和顺人不同，马志军的祖辈是从外地迁移至此的农民，世代靠种地为生。多年来他吃苦耐劳、省吃俭用盖起了一栋简单的两层楼。谈及房子，马志军颇为自豪，因为房子是他一点一滴盖起来的，没有向外人借了一分钱，在乡间能通过自己的努力盖起房子，代表着个人能力，因而旅游开发之后，尽管乡间有很多房子整栋出租，他也希望一家人能继续住在这里。2011年，马志军打算重新装修房子经营民宿。2016年，房子装修以后，正式对

---

① 化名。

景观重塑：一个西南边陲侨乡的社会文化重构

外营业。马志军的房屋虽然是新盖的，但是整个房间布局和空间结构按照古镇传统民居的风格所建，是一个典型的"四合五天井"民居。新装修的房间刷了白色油漆，明显比以前宽敞明亮。平时，这座四合院没有大多人居住，他的女儿在昆明打工，只有儿子和儿媳同他们居住，其余的大部分房间刚好可以用作客房。房子的主体建筑除了右侧一间是儿子和儿媳的房间，其余楼上、楼下的房间均为客房。作为新型民宿，房间里除了电视机、电视柜，还有衣架和现代化的卫生间。二楼有一个宽敞的阳台，这个阳台将左边的家堂和右边临街的二楼连接在一起。这栋临街的两层楼是马志军在2011年将临街的围墙拆除以后新盖的，一层为铺面，租给了玉石商。二楼有三间房间，相对较矮、光线不足，房间狭小，其中一间是马志军和妻子的房间，另外两间留作客房。与其余的客房相比，这两间客房空间有限，光线不足，价格也相对便宜。自从开了民宿以后，马志军和妻子的生活已经有了很大改变，平时帮忙照顾还未上幼儿园的孙子，大部分时间他们就呆在家里，如果有客人来入住，他们就帮助整理房间和做饭。原有的农田已经承包给外地人，以前靠种田为生的生活已经离他们而去。马志军所在的这个村民小组，大部分的乡民已经不在农田里干活，他们改造了自己的民居或是通过其他方式参与旅游。据村民小组组长张立华[①]（男，51岁）介绍：

> 我们村民小组有365人，农业人口330人，每人有七分水田，土地生不加，死不减。现在当地人基本不种地，70%的人把土地承包给外地人种植，自己开客栈、做餐厅生意，还有10%左右的人在外打工。传统的耕作发生了变化，一般土地包给外地人，虽然莲藕产值也很高，有些当地人也在耕种，但是已经很少了。

以上虽然是一个村民小组的情况，但实际上这代表着大多数和顺

---

① 化名。

第五章 乡土景观的"前台化"

人的选择。他们不再以耕种为生，而是利用房屋、土地等乡土资源或是凭着自己的手艺，加入旅游活动之中，创造的收益是农田收益的很多倍。其中，利用民居空间实现经济价值是乡间最常见的一种形式，从最初租房子到租铺面，再到民居、铺面、民宿为一体的多功能使用推动了私人空间的变革。一些乡民的家庭成员也积极参与进来，最大化地利用民居。比如，张立华也将原来的农田出租了，现在利用民居经营民宿，同时还开了餐馆和服装店。他家的四合院经历多次改造，一楼临街的房间改为商铺，由女儿自己经营服装店。服装店右侧是四合院的大门，进入大门是餐厅的柜台，一直通往厨房。厨房的左侧是院落，里面放置着餐桌和椅子。张立华的妻子早年经过厨师培训获得了合格证，自从装修民居以后，就利用院子宽阔的空间经营餐馆。除了服装店和餐馆，这座四合院同时也经营民宿，张立华曾对二楼进行改造，除了主人的卧室，几间闲置的房间均改为客房，私人空间成为一个多功能的空间。正如张立华一家，和顺的很多家庭成员之间开始分工协作，充分地利用民居的空间盈利。

　　随着私人空间的商业化，家庭成员在空间上的重新安排使私人空间缩小到有限范围，更多的空间成为消费场所，但是空间改变并未从根本上影响他们作为"后台"的生活空间，主要体现在乡民在民居中举行的仪式。乡民除了晚上在房间休息，白天大部分时间都在院子和家堂。家堂在正房一楼的中心位置，平时堆放着私人杂物，摆放着电视机、茶几、椅子，这里不仅是乡民会客和家人聚会的主要空间，也是日常生活和重要节日的仪式空间。在和顺，很多民居都保留着汉人传统的家堂牌位，家堂中间供奉天地君亲师，在人们的传统观念中，灶君地位高于祖先，因而左边供奉灶君，右边供奉祖先。在动荡年代，也有一些家庭将中间的天地牌，改为"天地国亲师"，一直沿袭至今。家堂是和顺人最重要的仪式空间，他们通常会在家堂牌位前摆放一张案台，用于供奉香火和祭品。乡民每天早晨仍然在家堂牌位前敬香、磕头。每逢春节、清明节、中元节等节庆或是举行生命礼仪，除了敬香、磕头之外，还在民居中举行其他仪式。比如，和顺的春节从腊月二十三开始一直延续到正月十五，其间举行送灶、接灶、供斋、接财神等一系列仪式,这些仪式除了在民居的门口举行,大部分都是在家堂完成的。在清明节,除了在宗祠祭祀祖先,家庭祭祀也很隆重,包括靠柳①、祭献祭品、焚烧纸钱、聚餐。按照当地传统,清明节前一天,家家户户去祖坟前靠柳,拜祭祖坟,然后回到家中将柳枝插在民居的门头,祈求来年清吉平安。家祭一般从清明节开始第一天至第十五天内任选一天举行,第一天称为"开山门",第十六天起一切祭祀活动将停止,称为"关山门"。以前乡民带着炊具、酒水、食物上山,在祖宗坟前烹饪食物,然后在坟前敬献祭品、茶酒、蜡烛、熟食、焚烧纸火,现在这些仪式主要在民居中进行,仪式结束后之后家人围坐在一起共进晚餐、叙家常。除了清明节,中元节的祭祖仪式也是在民居中完成。和顺人将五服之内的"亡单"②挂于家堂牌位之前,从农历7月1日开始"接亡"(接亡人进家门)至7月15日"送亡"(送亡人出家门),时间持续半个月。每天他们在"亡单"前根据祖先生前的喜好敬献一日三餐。"送亡"是中元节最重要的仪式,时间是从农历十日至十五日选择一天举行,和顺人在这一天会准备比往日更为丰富的祭品。"送亡"之日,乡民要在民居中举行"读包"和"烧包"③等仪式。家里德高望重的长辈"读包"④,读完之后将"包"放入民居门口的火盆中焚烧,随后从剩余物中取出部分残余与米饭、饭菜混合在一起,扔进河中,意味着将祖先送回冥界。

---

① 在和顺,除了一些年过六旬的老人和地方精英,大部分人已经不知道"靠柳"的缘由,只是将这一行为视为祭奠祖宗、缅怀先人、祈求保佑的传统习俗。对于柳枝的选择,当地人也有严格的规定,一般不用垂柳而用杨柳。他们认为垂柳是"垂下来"之意,并不吉利。

② 亡单:指亡人的名单,一般在一张白纸上写上家族中亡人的名字,白纸往往留有很多的空间以便增加后来亡人的名字。中间写有"××氏门中历代宗亲魂位,左右两边分为上下两个部分,画满竖格,每个竖格填写一个祖先的名字,上写称呼下写名字,从右到左按辈分排列。亡单中的已故亲人都限制在五服之内,右半部分为嫡亲,左半部分为姻亲。

③ 所谓"包"是用厚宣纸做成的长方形斜跨包,包里装满纸做的衣服、黄白两色锡箔纸折成的金银锞锭、纸钱,有时还放入纸做成的手机、房子,以及各式各样的现代生活用品。

④ 读包:阅读包上写的内容,以便冥府中的亡人能够准确确认领到自己的所属之物,也知晓烧包者是谁。

第五章 乡土景观的"前台化"

很多乡民认为，民居的空间结构虽然发生了改变，但是民居举行的仪式并未受到影响，从这个意义上而言，私人空间的变革仅仅意味着自己空间范围的缩小，并没有改变人们的日常生活。

旅游开发之后，民居中家庭成员的房间与对外空间（客房、商铺）之间相互区分开来，但是同时又存在乡民与游客相互交融的公共空间，比如厨房、院子和家堂，尤其是家堂，除了作为仪式实践的核心空间，也是乡民日常生活和游客闲聊的主要场所。在民居原有的仪式实践得以正常进行的情况下，乡民的生活环境以及家庭生活也并未因为私人空间的改造而造成负面影响。按照传统四合院的建造格局，堂屋的窗户正对着院子，相对宽敞、采光也好，被认为是最舒适、最体面的房屋，通常留给家中的长辈以及已婚的长子。相反，偏房及二楼低矮、昏暗、没有窗户，一般用于储存杂物。这样的空间布局以及家庭成员在其中的居住格局，仪式化地揭示、安排和维持了家庭等级制及权力关系，但是旅游开发之后乡民对民居的空间和居住方式的重新安排实际上打破了原有的关系和秩序。他们愿意搬进狭窄、昏暗的房间，也要把最好的房间留作客房。按照马志军的说法："有了这样的机遇，要利用好房子，能够让出来的地方就要让出来。"尽管乡民住进相对较小和光线不足的卧室，但因满足游客需求而进行的房屋改造，使他们享有更宽敞的厨房、带有太阳能的浴室以及现代化的卫生间。此外，家庭成员的空间分配也并未因为私人空间的商业化而干扰了他们的日常生活。这些民居有很多闲置的空间，即使不开办民宿，家庭成员使用的房间数量也很有限。尽管父辈将相对较好的房间留给子女，他们白天忙于工作很少回家，很少占用留给游客的公共空间，而另一些子女直接加入家庭经营的经济活动中，与父母共同协作，最大限度地使私人空间利用起来，很少因为空间让渡而产生抱怨。

作为私人空间的民居从旅游初期就发生着变化。最初乡民利用私人空间开办民居旅社，让出厢房、书房，甚至将二楼的杂物间作为客房，一楼的厢房常被改为现代化的厨房，后院或花厅的部分空间改建为公开浴室和卫生间。随着外地人的到来，一部分乡民直接将所有的私人空间租给外来商，其中一些有能力的乡民另建新房，同时也将部分私人空间作为新型民宿，而另一部分乡民则举家搬迁到城里。还有的民居以博物馆的形式展现给游客，除了民居主人极其有限的生活空间，其余大部分私人空间已经成为文化展演的场所。诸如马志军和张立华这样的乡民，他们的民居位于古镇的主要巷道，这些巷道在旅游开发之后成为主要的旅游区和商业中心。他们利用民居在巷道中的重要位置，不断地改变私人空间的结构，使其发挥出最大的经济效益。民居从家庭的、私密的、内在的空间过渡为半公共的、商业化的和对外的空间，出现集民宿、商铺、餐馆和私人空间于一体的空间结构。乡民改造私人空间并非为了最大限度地追求经济回报，相比那些获得一大笔租金，搬离和顺的乡民而言，很多乡民认为不断使私人空间产生利润，并且参与到经济活动中，说明民居主人愈加有能力和本事，这一行为更容易得到乡邻的认可。于是，在乡间有这样的家庭，容易引起乡民的羡慕和议论。同时，在邻里的相互攀比和议论中，乡民更愿意尽其所能地利用私人空间，充分调动家庭成员，以实现私人空间的最大价值。由上可知，乡民的实践表明，私人空间的变化并非是乡民追求经济回报的一种被动行为，而应将之理解为他们在旅游活动中作出的策略性选择。

小 结

Tilley 在讨论景观的社会构建中强调，景观并非是纯粹的自然化物体或是人类的对立面，而是社会化的产物。景观作为一种象征，代表的是一系列符号，与日常生活中延续的历史和生活于其中的人们密切相关[1]。这些承载着和顺历史与文化的景观，在社会发展中逐渐积累起人们的"地方感"，它是人们在日常生活中对景观的具身体验，培养出一种当地人与景观之间的感性习俗及其行为方式。人们可以通过具体的景观以及与景观关联的事件去构建记忆，以及寻求情感归属

---

[1] Tilley, C., *A Phenomenology of Landscape: Places, Paths and Monuments*, Oxford: Berg, 1994, p. 35.

第五章 乡土景观的"前台化"

与自我认同。然而，旅游活动中的资本与权力使景观进入新一轮的营造。新建的景观成了一个休闲、旅游、消费相互交织的场所，原本是一个脱离地方民众的旅游景观，却无意间进入了乡民的日常生活。新建的旅游景观使开发商、政府、乡民和游客各自的利益诉求呈现出不同的空间实践。随着原生景观的前台化，景观所构筑的公共空间在一定程度上被削弱，消逝的并非是原有的建筑景观和空间格局，而是嵌入人们日常生活中的情感记忆以及空间中独特的社会关系。乡民在景观重塑过程中也表现出矛盾和复杂的心态，既因为原有的公共空间被游客占据而抱有负面情绪，又因为一些景观的变化加大了对和顺的宣传力度而持有积极态度。作为私人空间的景观，民居原先是人们情感的附属物和生活空间，如今民居博物馆的建立使民居成为旅游活动中的文化展演。在政府、开发商与乡民进行"资源"争夺的过程中，不同主体有各自的利益考量，而乡民通过各种策略争取自身的权益。

空间不只是地理形式或建构的环境，更是人们在其中的相互运作，最终建构出社会关系、文化习惯、意识形态或政治经济等新的空间类别。这些不同的空间建构，不但可以相互结合运作，更与社会生活的多层面结合使其更有深度及广泛性。[①] 旅游地的空间因资本与权力的介入导致了聚落空间、巷道空间以及私人空间的变化，其中伴随着乡民生产生活以及情感和态度的转变。很多乡民放弃原来的农田，投入极大的热情参与到旅游活动中来。除了在巷道摆摊卖小吃或特产，乡民将民居进行多功能分割，将私人空间缩小到一个更小的范围，让渡出更多的空间作为民宿、餐馆或是商铺，从而使民居成为一个生产生活与旅游空间相互交织的空间。私人空间的商业化不仅仅是实现房子的经济价值，他们对空间的利用与改造更体现出一种主体能动性。空间的变化是由于景观的变化而引起的，其中不同主体对景观的争夺与分享是推动这一变化的重要力量。这些变化预示着乡土世界中原本单一的社会关系和社群利益变得更加多元、复杂，他们之间的互动导致整个古镇社会关系的重组。

---

① 黄应贵：《空间、力与社会》，"中研院"民族所1995年版，第124页。

第六章　重构中的社会关系

　　旅游开发之后的和顺景观发生了很大变化，玉石商铺、客栈的出现改变了原有的村落结构，形成了旅游商业文化之下的新型景观。根植于地方性文化之中的宗祠，以及嵌入当地人历史记忆的图书馆、洗衣亭、元龙阁等日常生活景观在旅游的推动下也成为文化展演的空间。伴随着这些景观的变化，和顺从一个基于血缘、地缘建立起的乡土社会进入一个多元主体并置的空间场所。Lefebver认为，"（社会）空间是（社会）的产物"①。换言之，社会空间由不同主体的经验和行动构成，被不断地感知和利用，当一种空间形态向另一种空间形态转变时，必然伴随着新的社会关系。随着旅游的持续深化，空间通过旅游地不同行动者的行为和交互作用而生产或建构。各个行动者（政府、开发商、乡民、游客、外来商）占据不同的位置，并依据自身的惯习，参与到资源争夺和资本兑换的场域中，空间场域变为介乎于物理与社会之间的"杂合物"（hybirds），呈现出多元化和异质性，多元场域形成了网络空间中新的属格②。空间及空间形态成为物理、社会、文化、政治、经济关系的产物。今日的和顺古镇在维持日常生活形态的同时，空间已经成为多元主体展开利益、矛盾、冲突、博弈的社会场域。本章节将讨论不同主体在参与景观形塑的过程中如何重构了地方社群的关系？他们之间仅仅是一种利益对抗，还是在相互竞争

---

　　① Lefebver, H., *The Production of Space*, translated by Donald Nicholson-Smith, Maiden: Blackwell Publishing, 1991, p. 26.
　　② 郭文：《旅游空间生产：理论探索与古镇实践》，科学出版社2015年版，第132页。

与博弈的外在表象下存在合作与共谋？乡民在竞争与博弈的过程中，表现出怎样的生存心态和情感？他们在多元、复杂的社会关系中如何动用乡土关系和资源充当"中间人"的角色？

第一节　谁的景观？谁的遗产？
乡民—政府—开发商

和顺以汉族文化为基础，兼容并蓄，积极吸纳异域文化和少数民族文化，通过祖辈的努力，创造出辉煌的历史与文化，培育出许多名商巨贾、儒士名流，建造出依山就势、聚族而居、以姓置巷、气势宏伟的古典建筑群，渲染出亦农亦儒亦商的人文精神，使和顺成为著名的南州冠冕古名乡。在社区发展历程中，和顺古镇经历了"南州冠冕古名乡——不合时宜的封建旧物——没落的边境乡村——文化遗产与魅力名镇"的戏剧性变化。乡民对地方文化的认识也随之经历了"亦农亦儒亦商——封建四旧——逝去的繁荣——潜在的人文旅游资源的过程"[①]。和顺丰厚的文化积淀、多彩多姿的亭台寺观与林园池榭，构成了和顺独特的人文景观，这些景观无疑是祖辈留给和顺人珍贵的文化遗产。作为现代性的后果，这些文化遗产不断地被不同的文化实体赋予不同的意义和价值。在大多数情况下，文化遗产理所当然成为现代语境中具有价值的"资本"，人们可以将"文化资本"转化为"经济资本"从而谋取更多的利益，但资本的置换往往导致遗产的主体沦为"失语"的看客。乡民、政府和开发商在资本、权力与权益的博弈中使文化遗产的归属问题显得尤为复杂。

一　博弈中的妥协

最早对和顺抱有旅游开发设想的，既不是政府主导的"和顺侨乡旅游发展有限责任公司"，也不是 BL 等企业性质的旅游开发商，而

[①] 段颖：《谁的古镇？谁的侨乡？——腾冲和顺旅游开发与社会发展的个案研究》，载杨慧主编《旅游·少数民族与多元文化》，云南大学出版社 2011 年版。

景观重塑：一个西南边陲侨乡的社会文化重构

是当时的和顺乡政府。一位副乡长曾告诉我：

"1998年，我在和顺做副乡长，就想在当地搞旅游。我告诉他们种地一天还搞不到十块钱，但是如果是旅游业就不是一回事了。你不要说老百姓了，有些人在乡政府工作了一辈子连昆明都没去过，他们也不知道什么旅游业。我想关键还是要改变他们的观念，我就在党政会议上提议，给乡干部甚至村上的村干部去昆明开开眼界，去世博园、大理，到处看看。大家去其他地方看看人家怎么搞旅游，你要开展旅游业首先要让人有感觉，他都没有出去过，怎么搞旅游业，百闻不如一见。后来我们分批去了，他们看了回来后就有感觉了。我们做了大量细致的工作才有今天的和顺。当时和顺乡乡民刚开始都是种地，基本没有什么收入，还在院子里养猪，院子里到处堆满猪粪。猪尿顺着房屋的墙角流到街上，整个和顺乡道路全是猪尿、苍蝇、蚊子，我们乡政府带头出来打扫卫生，把街道打扫得干干净净。由乡政府出钱雇拖拉机把院子里的猪粪拉走。我们还鼓励乡民想办法与海外华人联系，捐点钱修宗祠。我去的时候宗祠都是很破烂的，到处写着毛泽东语录。当时，和顺乡大量的房子没人住，房子都要垮了，一栋房子四五万就能买到。空房子太多，我们让村民收拾干净，还原古朴。乡民有很多人厨艺很好，我们就鼓励他们开餐馆、办民居旅社，这样游客也有吃住。老百姓刚开始不相信，我是一家一家地动员的，后来他们开始尝到甜头。"

据这位副乡长回忆，当时和顺几乎没有什么游客，乡民对"旅游"也没有太多的想法，也从来没有思考过一种新的发展模式将会对他们的生活造成怎样地影响，只是感觉乡政府要宣传和顺，很多乡民对此并未抱有太大热情，正如副乡长反复强调："乡民并不相信。"在多次动员之后，乡民开始整理和装修自己的老房子，开办民居旅社，一些厨艺好的乡民也开始经营餐馆，但参与旅游的乡民毕竟是少数。和顺的旅游一直处于不温不火的状态，当时乡间很多重要的景观、道路并没有得到改善,更谈不上旅游接待设施。乡政府虽然意识到旅游开发中存在的诸多问题,但是由于基础设施建设和文物修缮需要大量资金投入,乡政府感到无能为力。在20世纪90年代末,在云南省政府大力发展地方旅游,促进地方经济发展的号召下,和顺悠久的历史、深厚的文化底蕴、优美的自然环境和独特的人文景观引起了地方政府的高度重视。随后地方政府主导成立了"和顺侨乡旅游发展有限责任公司"(以下简称"有限责任公司")使和顺正式步入旅游开发的正轨。有限责任公司不仅解决了和顺投资建设的部分资金,也在地方政府的主导下修建了市区至双虹桥二级柏油路,拓宽了乡间的路面并铺就了火山石,修复了文昌宫、图书馆和艾思奇故居等人文景观,并利用征收的农田修建了停车场,带动了整个和顺基础设施的建设。最初,有限责任公司为充分发挥乡民的主体性,激发他们参与旅游开发的热情,承诺旅游开发所得收益按利分成,但是在实施过程中并未实现。有限责任公司曾因为盲目开发激发了乡民的负面情绪,加之缺乏管理经验和旅游发展的构想和规划,最终并未取得实质性成效。因此,有限责任公司将经营权转让给了BL公司,公司以承担该公司全部债权、债务的方式取得在和顺景区的独立开发经营权。2003年11月,有限公司与云南BL集团签订了投资开发、经营管理和顺40年的协议,至此BL公司正式介入对和顺人文景观的保护与开发,使和顺的旅游开发进入一个崭新的发展阶段。

为了充分挖掘当地的人文资源,打造一个享誉国内外的旅游古镇,BL公司投入大量的资金抢救、修复乡间的文化遗产,前期完成了对大月台、龙潭、水车、水碾、水磨、双亭、牌坊和刘氏宗祠的修缮。公司还召开了专家研讨会,决定修复元龙阁、财神殿、魁阁、"翡翠大王"张宝庭故居、跨国商号"三成号"故居等一批有历史地位的古建筑,以带动其他老宅、宗祠、寺庙的保护与开发。BL公司在前期的旅游开发中极为重视保护古镇风貌,并在各种场合呼吁改变和制止一些与古镇建设不协调的建筑和准备进行的建设,并聘请专家对建筑、名木古树的历史和现状进行调查研究,建立档案。此外,BL公司依托和顺优美的自然环境和浓厚的历史文化底蕴,建造了和顺小

| 景观重塑：一个西南边陲侨乡的社会文化重构

巷、酒吧一条街等旅游景观，并将农田改建为荷塘和油菜花田，同时在和顺投资建设了酒店和餐厅。公司还在主要游览线路上建设了一些展现和顺民俗、名人、历史事件的雕塑，如受毛泽东表彰的哲学家艾思奇的雕塑、受孙中山表彰的华侨领袖寸如东的纪念碑。此外，该公司还修建了明朝正德皇帝表彰和顺人寸玉的"圣旨"碑，以及"桥倒碑修、碑到自修"等反映和顺民间传说的石碑。BL公司也在乡间收集和展出历代名人为和顺留下的诗词、书画、对联、牌匾，并出版反映和顺"走夷方"文化的书籍和画册。为进一步培植和发展"创作基地、影视基地""开发民俗和民间文化产品"等新兴文化产业，BL公司推动村镇文化与旅游相结合，规范和整合侨乡文化、马帮文化、抗战文化和农耕文化等一系列旅游路线①。

  BL公司的前期努力使和顺的村落面貌焕然一新，破败不堪的房屋、月台、亭子、牌坊等人文景观得以修缮，乡间的道路改变了以往脏、乱、差的状态而变得平滑整洁，一个没落的边境乡村由此呈现出昔日繁荣的景象。2005年10月，中央电视台中国美丽名镇评选活动中，和顺以最高票数荣膺中国十大魅力名镇之首。2006年8月，和顺经百余媒体评选，公众投票，成为云南省唯一入选的"中国十大最美的村镇"。地方政府的高度重视、BL公司的大力宣传、媒体的大量报道使外地游客纷纷涌入和顺，一些国家领导人、外国元首、政府代表团也屡屡光临，文化名人、摄影家、影视剧组、书法家更是蜂拥而至，从此和顺从一个云南的边陲侨乡一跃成为中国著名的旅游古镇。

  BL公司从一开始就希望能够处理好与当地民众的关系，所以公司入驻后采取了一些有益于乡民和地方发展的措施。比如，在公司基础设施建设项目中，公司尽可能使用本地劳动力，同时在招聘公司员工时优先考虑和顺人；公司除了接收原有限责任公司的债务和23名职工外，吸纳了80多名和顺人，员工的收入和福利待遇比以前也有

---

① 云南BL和顺旅游文化发展有限公司：《弘扬和顺文化　发展文化产业》，载杨发恩主编《和顺·乡土卷》，云南教育出版社2005年版。

了较大提高；公司还为乡间农业户口的乡民每年交纳农村医疗保险，给予村中60岁以上的老人每年50元的补贴；对于在公司工作的和顺人，如果有小孩在上幼儿园的家庭给予500元的上学补助。此外，BL公司还在乡间中小学设立奖学金。BL公司尽管在景观保护、地方发展和乡民福利上表现出积极的态度，但公司的最终目标毕竟在于收益回报，在对和顺旅游发展的整体规划中，其很少征求乡民的意见，甚至出现未顾及乡民利益的情况。

比如，BL公司在和顺成立不久，乡民曾向公司提出按照原来与有限责任公司的约定按利分成，BL公司对此态度冷漠，这一情况曾激发了乡民的不满和疑虑。一些乡民担忧古镇交给一个民营企业开发，他们对自己的遗产是否还有话语权。为此，BL公司与乡民的关系曾一度紧张。一些极力反对外界力量主导和顺旅游开发的乡民，按照自己的理解，将BL公司在和顺进行旅游开发中出现的种种问题和负面影响告知缅甸曼德勒的和顺联谊会以及益群校友会，曼德勒的和顺籍华人经过讨论后又联名上书给中国驻曼德勒总领事馆，总领事馆出于维护华侨、华人的权益考虑，又将此事转呈中国国务院侨务办公室，侨办将此事转给云南省政府，省政府将当时管辖地方政府的保山市政府调查此事。虽然后来通过多方调解，由BL公司出面，邀请曼德勒和顺联谊会代表以及地方专家联合对和顺的旅游开发进行调查，并对旅缅和顺联谊会的种种问题和疑虑进行一一答复，对现有的旅游规划进行调整，最终才平息此事[①]。这一事件导致了地方政府在对待和顺旅游开发的态度上和政策上的改变。地方政府的目的在于通过外来力量，引入灵活、开放的管理机制，促进地方经济发展，因而地方政府对BL公司给予了大力支持，也投入大量资金在和顺进行基础设施，同时在政策上倾向于BL公司。但随着乡民与BL公司之间的矛盾加剧，地方政府开始转变角色，临时抽调人员组建了"和顺古镇保

---

① 段颖：《谁的古镇？谁的侨乡？——腾冲和顺旅游开发与社会发展的个案研究》，载杨慧主编《旅游·少数民族与多元文化》，云南大学出版社2011年版。

护与发展办公室"①，重点在于保持古镇的传统格局和历史风貌，正确处理经济、社会发展和历史文化遗产保护之间的关系。但在一开始，古镇尚未形成规范有序的管理机制，乡间出现了很多违反政策的行为。比如，按照《古镇保护条例》规定，和顺古镇内新建、改建、扩建房屋，凡是进行加固、设施修缮和功能配置调整的单位和个人，应向和顺古镇保护管理局提出书面申请，提交书面建筑方案，经批准后方可按照和顺古镇保护管理局审批的最终建筑、装修方案进行施工，最终由和顺古镇保护管理局进行全程监督和验收。但是，刚开始由于执行力度不强，一些外来商建盖的客栈超过了条例规定的限高，破坏了古镇传统民居的建筑风格。很多违章建筑高于两层，并大面积使用钢筋混泥土和玻璃等建筑材料，而乡民在后期建盖房屋的过程中，对外地人的做法竞相效仿，但是乡民的行为却遭到制止。这种截然不同的态度曾激发了乡民的负面情绪。随后，为了进一步规范管理，地方政府在2015年成立了"综合执法局驻和顺的执法中队"，旨在规范和顺的交通秩序、监管旅游市场、严格房屋建设及商业经营审批流程，房屋的建设才得以规范。此后，地方政府在开发中更多以调解人的身份出现，协调各方之间的利益关系。尽管地方政府、开发商、乡民的反映和行为在发展动机、利益取向上各不相同，但通过相互间的协调，加之乡民开始从旅游活动中受益，最终在博弈中达成妥协。

二 转变态度

在随后的几年中，乡民意识到旅游带来的商机，开始经营民宿、餐馆，有的开始摆地摊卖小吃、特产和旅游纪念品，参与旅游的人数

---

① 《云南省和顺古镇保护条例》内规定"和顺古镇保护与发展办公室"的主要职责包括：（1）宣传、贯彻有关法律、法规；（2）组织实施保护规划、保护详细规划和具体管理措施；（3）维护基础设施、公共设施和文物古迹；（4）负责安全和卫生管理，维护社会秩序；（5）依法集中行使部分行政处罚权；（6）其他有关保护和管理工作。实际管理过程中主要管理的内容包括：（1）和顺古镇内申请商业经营审批；（2）执行商业经营审批过程中的具体事项；（3）古镇内申请修建房屋的管理。

第六章　重构中的社会关系

从最初的几十户乡民覆盖到更广的范围。和顺的旅游发展也引起了外地人的广泛关注，随着古镇知名度提高，他们意识到和顺作为旅游古镇的潜在价值。一些外地人抓住商机，开始在和顺做生意。最初，他们在旅游市场中获得的商业成功带动了更多外地人趋之若鹜。外地人的涌入使乡民通过出租获得了丰厚的经济收入。对此，乡民对BL公司的态度发生了很大转变，他们深知如果没有BL公司的景观改造和大力宣传，和顺便不可能在短短几年中获得迅速发展，乡民的经济收入和生活水平也不会得到如此大的提高，因而乡民对BL公司的态度从最初的冷漠、反对、质疑逐渐到接受，甚至寄望于BL公司加大对和顺旅游开发的投资力度，增加和顺的游客量。但在2016年至2018年，乡民对BL公司的态度变得更加复杂和微妙。

"门票"成为了BL公司与乡民之间新一轮矛盾的焦点。近几年，BL公司在和顺的投资处于停滞状态，下属酒店或餐厅未见太多盈利，便将"门票"视为公司最重要的经济来源。因而，BL公司除了在古镇主要通道设置验票口外，还在通往古镇的其余路口增设了验票处，并在验票处增派了工作人员，验票的时间从原来上午七点至晚上八点，延长至晚上十点，同时加大了对进入古镇乡民的身份检查。一些进入古镇的乡民，时常遭受工作人员的详细盘问，这一举动引发了乡民的反感，有时还会因此引起口角之争。一次，我跟随报道人寸云龙①一家驱车前往市区购物，在返回古镇的途中，我们的车被BL公司的工作人员所阻拦。寸云龙从驾驶座探出头来解释说："我们是回家。"那位工作人员看了一眼我们的车牌，大声嚷嚷："你家在哪里？"寸云龙的儿媳不耐烦地摇下车窗回答说："我们住在高台子。"工作人员又问："高台子哪里？门牌号多少？"这句话彻底地激怒了他们，寸云龙打开车门冲着那位工作人员叫嚷，语气中充满了愤怒："你们经理是当地人，我们都认识，请他出来验证一下我们到底是不是和顺人。"工作人员一看寸云龙的气势，语气缓和下来，最终让我们的车辆通行。事后，寸云龙解释道：

---

①　化名。

景观重塑：一个西南边陲侨乡的社会文化重构

这样的事情在和顺太多了，那些工作人员认不出你是不是当地人，常常发生争吵。最早BL公司来的时候，他们还商量说为了辨认乡民，每个人发一个胸牌，这简直就是荒唐。这是我们的家，哪有自己回家还要挂胸牌的，乡民们都不愿意。现在BL公司也不投资，就只知道收门票。

实际上，"门票"一直是BL公司与乡民之间的矛盾所在。乡民认为古镇是几辈人共同创建的物质环境和精神家园，现在所有的一切被BL公司当作旅游资源，这一行为剥夺了作为古镇所有者原有的权益。在BL公司进入和顺之初，由于BL公司包揽了全部的门票收益，乡民没有得到任何好处，公司曾遭受乡民的强烈反对。但是随着大部分乡民参与到旅游活动中来，他们开始分享到旅游带来的经济收益，对BL公司收取门票的态度开始变得淡然。近几年，在BL公司加强门票监管后，这一矛盾再次凸显出来。很多进入古镇的乡民被工作人员询问，并要求告知具体住址时，乡民感到自己作为古镇村民的身份受到挑战。因而，很多乡民常常感到愤怒，而这样的情绪又因为开客栈的外地人带领游客随意进出古镇而表现得更加突出。一位开民宿的乡民说道：

有些验票处位于古镇核心保护区的边缘，每天都有工作人员看守，很多开高档客栈的外地老板都要从这里经过，有时候他们给那些验票的一些好处，要不然就请他们经常吃饭，他们的客人就大批大批进来了，也不用购买门票。这些客人是来这里度假的，他们对景点不感兴趣，只要不去景点也没有人再去追查。

古镇实行通票，游客购买门票后便可以在两天之内持门票进出古镇中的各个景点。按照BL公司的运营模式，凡是进入古镇的游客都要购买门票。最初，经营民宿的乡民称游客是他们的"亲戚"或"朋友"，带着他们免费进入古镇，而如今自己的身份不仅受到质疑，原本作为乡民所有的一点点好处也被"威胁"。一些在和顺开客栈的

第六章 重构中的社会关系

外地人因为和部分验票员保持往来,他们的客人不购买门票就可以自由进入古镇。乡民认为自己的权益又一次受到了损害。而 BL 公司在近几年并未对和顺的旅游开发作出长远规划,这让乡民开始担忧 BL 公司是否能在将来带动和顺的旅游发展。一位50多岁姓马的当地人,从旅游开发初期到现在一直在古镇摆地摊。他的摊位经常出现在人流量大的双虹桥、寸家湾或和顺小巷。在一次与马先生的交流中,他对 BL 公司在和顺的现状感到失望:

> BL 公司才来的时候,他们有一个外省来的经理,头脑灵活又有想法,和顺古镇就是他在的时候搞得红红火火,魅力名镇评选的时候,他就给我们古镇报了名,没想到和顺真的成了中国的魅力名镇,当时还是第一名。我们和顺有名了,来的人就很多,那时候游客真的太多了,生意也好做。我天天摆摊,每天的收入也是可以的,但是现在不一样了。前几年,集团内部就开始有矛盾,和顺只不过是他们集团开发的一个小镇,他们哪有心思还来投资和管理。一些从农民手中征的地,原先是规划中的旅游线路,结果现在完全荒芜了。原来那个经理早就离开公司了,BL 公司签订协议说是要经营管理我们和顺40年,现在才十多年,公司几乎不投资,也不作为,整个和顺的旅游就浮在了水面。

在我接触的乡民中持有类似观点的是大多数,他们感到近几年 BL 公司并未采取任何措施推动和顺的旅游发展,唯一做的只是加强对门票的监管力度。在 BL 公司处于进退两难之地时,地方政府也曾积极投入和顺的景观营造,美化古镇的外部环境。地方政府出资清理了污染严重的野鸭湖,同时委托村委会成立合作社,向农民征收野鸭湖附近的湿地,这些湿地原是农民的农田、鱼塘和藕塘。该村委会的一位负责人告诉我:"政府征收这片湿地是希望 BL 公司能够进行投资管理,拉动和顺的旅游发展。"然而,BL 公司迟迟未采取行动,这片湿地也就一直闲置下来。大部分乡民认为 BL 公司的运营状况已经走下坡路,用他们的话来说:"BL 公司只管收门票,什么都不做。"

景观重塑：一个西南边陲侨乡的社会文化重构

正当我即将结束田野调查时，得知新的企业集团即将接手 BL 公司对和顺的开发经营权，但最终双方因为在转让资金上未达成共识而草草收场。"转让"一事成了乡民议论的焦点，他们持有不同的看法：

> 乡民甲：现在 BL 的投资已经跟不上了，什么都不做，估计他们也是没有能力了。如果有其他公司进来，我们希望他们能搞活当地的经济，把古镇搞得更热闹些，游客多了我们的生意就会好起来。
>
> 乡民乙：无论哪家企业进来都无所谓，换汤不换药。投资啊、回报啊都是他们说了算。总的来说，和顺的旅游开发乡民还不是说不上话，没有自主权。
>
> 乡民丙：不管哪家企业进来，首先要做的还是收买人心。如果做不到这点，很难长久，就像 BL 公司一样，最后进退两难。

实际上，和顺的旅游开发一直处于动态、变化的发展过程，其间可以观察和顺如何从一个边陲侨乡变成一个凭票而入的"景区"，这个变化使属于乡民的景观构成了旅游场景中的文化展演。在这场景观争夺的权力场域中，乡民、开发商、政府之间根据自己不同的立场不断地发生竞争、冲突和妥协。正如 Foucault 所言，权力是行使出来的而非拥有的[1]。由上可知，地方政府始终处于景观的主导位置，对景观的改造、村落的建设和旅游发展具有绝对的行政话语权，而开发商在权力场域中的位置取决于资本，当开发商将乡土景观转化为旅游景点，并将整个乡民的家园作为"旅游商品"进行出售时，他们显然成为景观的代言人，而作为景观的真正主体，乡民却一直处于权力场域中的边缘位置。如今，和顺的人文景观、公共建筑，乃至整个古镇已经成为权力和资本运作下的支配对象，从这个意义上而言乡民被剥夺了文化遗产的公共话语权。但是，资本与权力对景观的开发和利用

---

[1] Foucault, M., "On Power", in M. Foucalt (ed.), *Politics, Philosophy, Culture: Interviews and Other Writings 1977–1984*, London: Routledge, Champan & Hall, 1984.

引发了各主体之间权力的此消彼长,当开发商对和顺的投资处于缓慢甚至停滞状态时,乡民与开发商的关系也由此发生了新的变化。但值得注意的是,乡民并非是这场权力竞争中的完全被动者,他们利用跨国网络、村民身份以及行为策略,在复杂、多元的社会关系中谋求生存空间和争取自身权益。与此同时,在这个动态变化的权力场域之中,外地人开始作为一股新的力量参与进来。

第二节 竞争抑或合作:乡民—玉石商—客栈老板

旅游兴起之初,和顺的民宿和餐馆只有十多家,全部是当地人经营,鲜有外地人的加入。随着和顺旅游开发的深入,很多外地人开始到和顺做生意。这些外地人,大部分是来自云南以外的省份。在我接触的大部分外地人中,他们来和顺是以"游客"的身份出现,带家人或朋友来腾冲旅游。和顺独特的人文资源、适宜的人居环境让他们意识到和顺将会成为新一轮旅游开发的热点。随后,他们了解到当地有很多闲置的老房子,如果当地人愿意出租,开客栈将会是一次难得的商业投资。旅游开发初期,和顺的租金不高,这些初到和顺开客栈的外地人在投资与回报之间获得了丰厚的利润,随后更多的外地人加入客栈老板的行列。在和顺做生意的外地人中,除了客栈老板,人数最多的是玉石商。由于腾冲在传统玉石贸易中的地位,加之和顺人自古在缅甸经商,旅游开发之后,玉石成了旅游活动中最重要的商品。许多从外地来的玉石商将目光投向了旅游开发中的和顺古镇。他们熟谙玉石交易,懂得玉石鉴定,并且在昔日的玉石生意中积累了大量的资本和人际网络,使他们一进入和顺便很快占领了当地的玉石市场。

起初,外地人进入和顺做生意并未形成规模,乡民也没有意识到这群外地人的加入将会对他们的生活造成怎样的影响。2012年以后,当外地人经营的玉石商铺和客栈遍布古镇时,本地人才感觉到外地人影响了他们的生活。伴随外地人而来的生活观念、消费方式、经营理

> 景观重塑：一个西南边陲侨乡的社会文化重构

念等现代化要素悄无声息地进入地方社会，乡民开始对外地人表现出一种极为复杂的情绪。一方面，与当地人相比，外地人积累的资本、人脉和经验使他们在商业竞争中脱颖而出；另一方面，外地人经营的客栈对乡民的民宿造成很大冲击，一些民宿由于旅游市场中的激烈竞争而备受挤压，有的甚至因此倒闭。对于在和顺做玉石生意的外来商，他们是早年活跃在缅甸、广州等地的生意人，他们有庞大的资金作为支撑，而且建立了开采、加工、销售为一体的生意渠道。和顺街头小巷的玉石商铺大部分由这些有雄厚资金和生意渠道的外地人经营，而本地人经营的玉石商铺则屈指可数。外地人的客栈和玉石商铺无疑使当地人面临着激烈的竞争。但是，外地人与本地人之间并非是单一的对立和竞争关系，在旅游活动中他们发展出一种新型的经济关系，既相互依赖，又相互合作。乡民与外来商（玉石商、客栈老板）在经济活动中最早的接触源于租赁，因为和顺特殊的房子买卖政策，外地人只能通过"租"的方式来寻求做生意的空间和生活空间。租房（土地、铺面）已经发展成为当地最普遍的经济行为。然而，除了租赁关系，他们之间还存在其他类型的合作关系。

一　雇用关系

客栈和玉石商铺的经营除了需要资本投入，还需要劳动力。外来商会在当地招聘一至两名固定的乡民，有时也会根据临时需要雇用更多的员工。如果在客栈，乡民基本上从事前台服务、做饭或打扫卫生等工作。前台服务的员工，除了性别、年龄、相貌等要求外，还要具备较强的沟通能力，符合条件的年轻人大多已经离开和顺外出打工，因而大部分乡民主要是帮助老板做饭和打扫卫生。这些乡民的工作时间比较灵活，只需要在规定的时间内完成任务，就可以不用待在客栈。客栈老板和乡民之间的雇用关系比较松散，如果其中一方不满意对方或临时变动工作，雇用关系就可以随时解除。如果是在玉石商铺，年轻的乡民多数做销售员，而年纪稍大的乡民主要为玉石商铺的老板和员工准备一日三餐，他们对时间的支配更加灵活。

第六章 重构中的社会关系

李霞①（女，45岁）是一家玉石商铺雇用的乡民。早年她从保山市龙陵县嫁到和顺，在古镇百宝街摆摊卖玉石，后来和顺出现了很多玉石商铺，她将百宝街的摊位出租给一位外地人。如今，她从早到晚都很忙绿，每天上午九点多去十字路街摆摊，卖便宜的旅游纪念品。大约在上午十点半去玉石商铺做饭，做好之后又匆匆忙忙赶回家为家人准备饮食，下午四点半她又重复同样的工作。每天李霞穿梭于玉石店和家之间，但是她对自己现在的生活比较满意。我在田野调查中接触到在客栈或玉石商铺兼职的乡民几乎都是中年妇女。很多年轻的女性并不愿意去做类似于煮饭、打扫卫生这样的工作，对她们而言，甚至在市区打工也比煮饭、打扫卫生更加体面。诸如李霞这样在客栈或是玉石商铺打工的乡民，主要是集中在40—50岁的女性。她们没有正式工作，平时在家中主要担负照顾孩子和老人的责任。当乡间很多女性凭着手艺开餐馆和小吃店时，常常引起她们羡慕。尽管她们没有足够的时间、精力和金钱去开店做生意，但也希望自己能利用空闲时间做事。最初她们开始摆地摊，后来发现外地人开始雇用乡民去做饭和打扫卫生，她们认为这是一个很好的机会。对于其中这些乡民而言，为客栈老板或玉石商打工是生活之余的一份"兼职"，不仅使她们发挥自己的能力，而且不耽误照顾家人，从中也能获得一定的经济收入。

乡间还存在一部分为外来商兼职的男性，主要见诸于客栈。与女性兼职群体不同，他们是为客栈接送客人的临时司机。大部分客栈与这些乡民建立了经济上的联系，只要客栈有接送机服务或是包车服务，老板就会联系他们。通常情况下，客人与司机之间直接完成交易，而且每个项目都明码标价。比如，去一趟机场收费50元，如果客人在和顺停留的时间长，中途需要包车服务，价格每天是300元至500元。老板不参与客人与司机之间的经济交易，只是充当"中间人"的角色，解决客栈的交通问题。老板与司机之间并非是单向的合作关系，通过长时间的接触，双方建了信任，很多时候司机也会为老

---

① 化名。

板带来客源，老板会向司机支付中介费。很多乡民同时为几家客栈服务，一个月有几千元收入，这一收入实际上吸引了更多的乡民。

> 王勇①（男，38岁）：我2014年才开始为客栈"跑车"的。古镇有那么多客栈，每天游客来来往往也需要有人接送，如果客栈专门请人，又要付工钱，还要养车，不划算。不如请我们这些司机，其实就是做个中介，他们也不用支付我们什么。车是我们自己的，在家也是闲着，不如出来跑跑，每个月的收入不比开民宿的那些差。现在客人这么多，每天送一两个客人，也有上百元的收入……

乡间从事这一兼职的大多是20岁至50多岁的男性，其中一部分并不是专职司机，只要家里有闲置的面包车或小车，也会为客栈提供交通服务。乡间还有一部分是年轻人，他们毕业或辞职以后没有找到合适的工作，也开始为客栈开车。在大多数乡民眼中，做"司机"不需要像开客栈和商铺那样投入成本，也不需要面对激烈的竞争。他们是利用自己的一技之长来赚钱。他们与客栈老板之间的合作实际上满足了双方各自的需求。虽然这样的"兼职"与客栈雇用女性做饭和打扫卫生明显不同，他们并未获得客栈老板支付的定期工资，但是他们与客栈建立了长期的合作关系，固定为这些客栈提供交通服务，并从中获得收入，形式上却与雇用关系极为类似。司机们经常说的一句话是，"我是这家客栈的专职司机"。

和顺还存在另一群特殊的"兼职"群体，他们是客栈的房东。一些乡民在原来闲置的土地上盖了毛坯房，准备出租给来和顺经营客栈的外地人。这样的毛坯房深受欢迎：一方面，乡民可以借此提高租金；另一方面，外来商可以根据自己的喜好装修客栈。刘艳②（女，63岁）是一位为客栈老板打工的房东。她和丈夫有一男一女，女儿

---

① 化名。
② 化名。

第六章　重构中的社会关系

远嫁江西，儿子在市区打工，儿媳在 BL 公司上班，两个孙女在当地的小学就读，家中还有一位 84 岁的老人。2010 年，他们在老房子隔壁的宅基地上花了 40 多万元建盖了一栋三层楼的房子。当时建好的是毛坯房，为了出租给外来商，房子的主体构架主要按照客栈的样式建造，但是除了设计好不同的客房，整栋楼没有涂漆，也没有装修。2011 年，一位来自深圳的女老板（37 岁）看中了这幢房子，并租下来开客栈，之后花了 20 多万元对房子进行了装修。这位老板常年在深圳做生意，很少来和顺。为了便于管理，她雇用刘艳作为客栈的"代理"，每月向她支付工资。客栈没有聘请其余的临时工，所有的事情都由刘艳负责。每天，刘艳安排好客栈的一切事务之后，还要抽空回家为家人准备日常餐饮。有时候忙不过来时，丈夫也会过来帮忙。刘艳自从开始管理客栈，每天大部分的时间都在客栈度过，为客人办理入住手续、准备早餐、打扫卫生、联系交通。客栈的客房、院子、厨房被打扫得干净有序，尽管家就在隔壁，但是到了晚上她就睡在客栈前台后面的一间小屋，她像爱护自己家一样爱护着客栈。在一次访谈中，她说道：

> 旅游开发之前我在种油菜，后来早上在月台摆摊卖早点，到十二点就收摊了，政府说这些摊位影响古镇的容貌，不给卖了。我就回家照顾一家人，但是现在很好，虽然有时候会很忙，但是比起种田和卖早点轻松多了，每个月还有收入。客栈的女老板在深圳做的是大生意，她也会来和顺，不过不是经常，一年就来一两次。她不可能在这里守着客栈，也找不其他合适的人，后来问我愿不愿意。我当然愿意了，这是我自己的房子，有房租，我也闲不惯。我在这里还可以爱护好这里的一切。

常年不在和顺的客栈老板，他们除了会聘请自己的信任"中间人"之外，另一种常见的情况就是雇用房东作为"代理人"。这种双向互利的过程建立于双方的信任，正如一些房东描述的那样，他们不会谋取任何私利，老板也相信房东会爱护自己的房子。从他们对房子的细心呵护和对客栈的用心管理中可以看出,这样的雇用关系已经超越了纯粹的利益关系,其中掺杂着老板对他们的信任以及他们对房子的感情。乡民认为,在自己的房子里工作是老板给予他们一次难得的机会,他们应该倍加珍惜。在和顺,有些常年不在和顺的老板并非把客栈的盈利放在第一位,他们将主要精力投入"更大"的生意上,客栈只是他们的副业。他们的初衷仅仅希望客栈不亏损、略有盈余,每年可以带着家人、朋友或生意伙伴来这里度假。对于这些客栈老板而言,房东是管理客栈的最佳人选:一方面,雇主不需要另外雇用临时工煮饭或打扫卫生,房东包揽了所有事务;另一方面,他们也不需要向房东支付"中间人"那样高的报酬,这样容易促成双方长期的雇用关系。

综上所述,外地人的涌入打破了地方社会原有的社会关系格局,他们作为新的社会群体嵌入地方社会之中,与乡民、开发商、政府等社会力量相互交织,共同重塑着一个乡土世界复杂的人际关系。外地人在客栈经营和玉石生意中占有优势,而乡民往往处于劣势地位。我们所看到的是,外地人与本地人在客栈和玉石生意上同时为争夺消费者而形成激烈的竞争。但是在竞争背后,本地人与外地人之间发展出一种相互依赖的经济关系。如前所述,如果没有本地人向外地人出租房(土地、铺面),外地人几乎很难立足,根本无法在和顺做生意。同样,没有外地人租房,本地人难以在一年之中达到几十万元甚至上百万元的收入。此外,乡民尽管面对激烈的竞争,但是外地人在和顺做生意客观上又为乡民提供了更多的就业机会。一些乡民开始在外来商的客栈或玉石商铺做"兼职"。这一"雇用关系"使外来商获得了便利和廉价劳动力,又为乡民提供了参与旅游活动的另一种方式。他们通过租赁和雇用,在资本、物质空间、劳动力上实现共赢。

二 生意伙伴

由于腾冲曾是传统玉石贸易的中心,和顺古镇在旅游开发之后被塑造成一个玉石文化之乡。玉石商铺遍布每条巷道,加之跨国流动、玉石贸易、经商传统等故事在乡间广为流传,浓厚的营销氛围使玉石

第六章 重构中的社会关系

成为古镇最具特色的旅游商品。在和顺，玉石商所面对的消费者除了常年积累的人脉，主要是游客。但是，由于玉石本身的价格以及游客对旅游目的地的定位，大部分游客只会购买廉价的玉石作为旅游纪念品，而对于较好的玉石商品往往持一种观望态度，玉石的价格往往超出了游客的消费预期和基本消费水平。在这样的情况下，玉石商希望与游客接触最多的客栈老板建立联系，通过客栈老板作为中间人达成交易。如果交易成功，便给予一定的中介费。随后玉石商意识到乡民也是玉石交易中不可忽视的力量，于是也希望与乡民建立生意上的合作。客栈老板与乡民也存在相互合作，如果乡民向他们介绍游客，同样也能获得中介费。只不过与玉石交易相比，这样的中介费显得微薄。玉石商在面对乡民和客栈老板时，有时会表现出不一样的态度。正如上述所提及，大部分客栈老板和玉石商是外地人，他们之间交往密切，不仅有生意上的往来，还在和顺这个陌生的环境中建立起相互的情感支持和社会网络。客栈老板与玉石商之间的联系更加趋于稳定和长久，而对于乡民，无论是客栈老板或玉石商，他们"给"与"不给"，或"给多少"中介费有时受到诸多因素的影响。

钟妮①是昆明一家生活日用品公司的业务主管。按照公司惯例，每年12月她们公司会在云南某个地方举行一次年会。2017年钟妮向公司推荐了和顺。十多年前，她来和顺的时候，住在乡民李芳家里，时隔多年她对和顺只有模糊的记忆。为了安排好食宿，开会前一个月，她亲自来到和顺找李芳，请她一同寻找合适的客栈。和顺有几百家客栈，虽然很多客栈的住宿条件、卫生、费用已经达到钟妮的要求，但是大多客栈只能容纳一二十人，没有足够的客房可以提供给如此庞大的团队。李芳每天带着钟妮在古镇寻找，最终她们看中了离李芳家不远的一家客栈。这家客栈装修古朴，有上下两层，中间有一个庭院，明亮宽敞，房间设施齐全、干净整洁。相比其他客栈，这里能容纳近30人，是当地相对较大的客栈。客栈老板是40多岁的两姐妹，她们来自四川，早年在丽江开客栈，后来发现在和顺是一个不错

---

① 化名。

的地方，前两年又在和顺开了一家同名客栈。作为本地人，李芳非常自信地为她们争取到价格上的优惠，并再三嘱咐老板要保证服务质量。李芳的村民身份显然在议价中发挥了重要作用，她非常清楚当地民宿和客栈的收费标准，而老板也担忧服务质量会影响到客栈在乡间的信誉。一个星期以后，钟妮和她的同事顺利入住了这家客栈。在入住期间，正如老板所承诺的，为她们提供了优质服务。当他们陆续离开和顺古镇时，李芳却向我抱怨：

> 我去找客栈老板了。按理说，她们是我介绍的，她应该主动给我中介费，但是她也没给我，我就去找她要，她似乎就不认识我了，也不搭理我。我也没办法就回来了，她不给中介费，我又不能去抢。

李芳一直埋怨当初在介绍钟妮入住客栈之前，就应该和老板再次确认中介费的事情，否则她可以将她们带到其他客栈。她理所当然认为，这是外地人来了以后的"行规"，不曾料到自己会被拒绝。诸如李芳这样的乡民，一旦商家拒绝给中介费，是很难将其要回的。相比而言，寸天明①要幸运得多，他倚仗着自己在乡间的威望以及有权势的亲戚，成功争取到一笔差点失去的中介费。寸天明50多岁，是当地小有名气的地方精英，钟妮来和顺时曾结识了寸天明，他能言善道，熟悉地方文化，给她留下了深刻印象，之后他们一直保持联系。这次钟妮便邀请他去给同事们讲解和顺的历史文化。短短一个星期，他的热情、幽默、博学很快赢得大家的赞赏和信任。会议即将结束之前，几名同事要买玉石，钟妮请寸天明带着他们去玉石商铺。经过几天的挑选，她们在当地一家有名的玉石商店购买到心仪的物品。在她们离开和顺之后，这家客栈老板向玉石商索要中介费。按照乡间惯例，钟妮入住的客栈老板理应得到中介费，但是在实际交易中，寸天明才是促成交易的关键人物。玉石老板左右为难，决定把中介费在他

---

① 化名。

第六章 重构中的社会关系

们之间平分,但是寸天明坚持这笔中介费应该归他全部所有。最终玉石老板以出售价格过低,没有任何利润为由回绝了客栈老板,而实际上私下将全部的中介费给了寸天明。事后玉石老板解释道:

> 我们做玉石的,客栈老板和乡民都很重要,因为大部分的客人都是他们介绍的,但是像寸天明这样的村民,在乡间很有威望,经常带着客人来消费。如果这次拒绝了他,损失的不仅是一笔生意,声誉会受到影响,以后很难在乡间立足。

"中介费"实际上是和顺普遍存在的情况,乡民、客栈老板和玉石商由此而形成一个紧密的社会网络。乡民向玉石商推荐客人就能获得一定比例的回报。在多数情况下,外来商会遵守乡民与他们之间的约定,但是诸如李芳的遭遇在乡间也时有耳闻。同样作为乡民,合作关系时常受到其他非利益性的因素的制约。李芳因为年龄和性别,在乡间没有地位和声望,对于不公平的对待也只能接受,但对于寸天明而言,他是地方精英,玉石商担忧因为不给他中介费而影响了玉石商铺的生意。而寸天明对待此事的态度,正如他所言:"如果玉石商不同意将全部的中介费给他,他会寻求家族中有影响力的亲戚帮助。"由此可见,性别、年龄、地位、与商家联系的密切程度、社会关系等因素不仅影响到这些外来商对乡民的态度,同时也影响了乡民自身对这件事所采取的策略。

总体而言,乡民、玉石商和客栈老板之间既有竞争,又相互妥协,最终形成了一个利益三角。从表面上而言,外地人经营的客栈和玉石商铺,不断地占用着乡间的物质资源。乡民通过出租房子、铺面以及土地让渡出更多的资源,虽然他们获得丰厚的租金,但也使他们感觉到自己处于劣势地位,尤其开办民宿的乡民,外地人的客栈使游客有了更多选择,乡民与客栈老板之间的竞争和矛盾显而易见。然而,他们在经济活动中又发展出一种合作关系,除了雇用关系,客栈老板、乡民和玉石商之间形成了生意上的伙伴。虽然玉石商与客栈老板各自经营着自己的生意,经营的内容各不相同,但是他们所面对的消费者同样是到古镇旅游的游客。由于玉石价格昂贵，很多游客对玉石望而却步，玉石商与游客之间的私下交易实际上非常有限。游客最先接触的是客栈老板和经营民宿的乡民，这使他们有机会成为玉石交易的促成者。玉石交易所得回报常常是乡民和客栈老板共同努力的目标，他们极力与玉石商维持一种互惠互利的关系。他们之间建立的合作关系与租赁关系、雇用关系明显不同，合作中的公平常常会因为乡土社会中的权力、地位和互动方式而打破。尽管合作中的不公平现象是常见的情形，但是并未对乡民追求回报的决心造成影响，而恰恰相反，他们利用各种策略、乡土关系以及对玉石的了解，不断地促成玉石交易的发生。

第三节 玉石交易的"中间人"：乡民—游客

我在一年多的田野调查中只听过一个卖假玉石的案例。这个玉石老板是当地人，在古镇停车场的百宝街摆摊做生意，一次卖给一个上海游客一只手镯，游客带回上海鉴定，发现玉石是假货，就回到腾冲投诉，最后这个老板不仅退回全款，还被地方部门处以十多万元的罚款。在和顺，专业商店的玉石商铺，都持有正规营业执照，基本不可能出售假货。但是，玉石市场广为流传着的说法是：普通玉石经过强酸、强碱浸泡，过滤其中的杂质，再通过激光注射颜色可成为 B 货或 C 货[①]，一块普通的石头就能摇身一变成为冰种、玻璃种，价格翻几倍。尽管商铺里出售的是货真价实的玉石商品，很多潜在的消费者并不敢轻易购买，他们担忧价格与商品之间存在巨大鸿沟，更无法在真假难辨的玉石中做出选择。在这样的情况下，很多游客更愿意通过"熟人"购买玉石，从中寻求双重保障：一方面确保玉石的品质；另一方面尽可能缩小价格与物品价值之间的差额。在和顺，很多玉石交易是在民宿主人、玉石商和游客之间完成的，

---

① A 货、B 货或 C 货是指玉石货品的分类，A 货是天然的玉石；B 货或 C 货是通过处理的赝品。

第六章 重构中的社会关系

这些乡民实际上充当了游客所谓的"熟人",他们在玉石交易中扮演着"中间人"的角色。

一 营造氛围

> 到了我这个年龄,什么钻石啊、金银啊、宝石啊我都不喜欢,我就觉得玉石比较有档次,但是看得多,不敢乱买,你不知道会不会花了天价,结果发现买亏了,有时候真假难辨。听朋友说这些玉石经过药水一泡,有些普通玉石就成了"冰种""玻璃种",几千块的东西摇身一变就成几十万的东西,你还敢不敢买。以前我去瑞丽看过很多(玉石),本来很想买,但是想了想,没有认识的人带着去买,还是忍住没买,以后再看看。这次我来和顺,这个地方到处都是玉石,大家在民宿,随时都听着主人讲这些玉石怎么从缅甸来的,又怎么在广州加工。他们很熟悉,从小在这种氛围里长大的人,自然也知道玉石是真、是假。他们在这里时间长,也知道价格。第一次我们来民宿住的时候,听了很多玉石故事,但是没有买。后来与民宿的主人熟悉了,慢慢地也比较信任他们,就让他们带着去买。我买的这个手镯,纹理很细,糯冰,还带翠,这里有一条色带,光泽也好。原来我以为要四五万,后来我给三万多,老板不卖,我就请民宿主人带我去买,他懂货,又是当地人,我们之间是老朋友了,他就去帮忙砍价。如果没有他,估计这个价格也难买到,在其他地方人生地不熟,完全不敢买。
>
> ——2018 年 7 月 14 日与张慧①(56,女)的访谈记录

以上访谈中提及的张慧这几年一直来和顺度假,经常住在一家名为"田园小院"②的民宿里。这家民宿在 BL 公司进驻之前就开始营

---

① 化名。
② 化名。

业，之后房子经过多次改造。虽然客房中的摆设略显陈旧，但是客房中的设备应有尽有。民宿是传统的"四合五天井"，干净整洁，一共有七八间客房，平时房费在一百元至两百元，到了旅游旺季房费最高涨到三四百元，但是这家民宿从来不缺游客光顾。张慧在谈及自己购买玉石的经历时，颇为得意，她认为民宿主人在这次交易中帮助她购买到物有所值的玉石手镯，正如她所说："如果没有他，估计这个价格很难买到。"玉石的价格受很多因素影响，从大的范围说，价格不仅包含原石的成本，还有运输费用、加工、雕刻、打磨、抛光等制作程序中产生的费用，有时也存在倒卖几次出售的情况，每一个过程都会增加所谓的"成本"。每一件玉石又是"独一无二"的，价格自然也难以判断。此外，玉石的价格还附着其他因素，除了重量，还有种水①和颜色，物件是不是透，有没有棉（玉石中的天然杂质，像棉花一样）；玉石是黄色（俗称"黄翡"）、红色（俗称"红翡"）、绿色（俗称"带翠"）或是蓝色（俗称"飘蓝花"），带多少颜色，分布是否均匀都会影响价格，有时多一点透、少一点棉、带一点翠，只要有丝毫的变化，价格会相差几万元，乃至几十万元。甚至玉石的场口②是老坑玉还是新玉或多或少也会对价格造成影响。如果对玉石毫无了解，只是从外观、颜色，当凭喜好购买，不仅买不到中意的玉石，甚至极有可能支付天价。张慧很早就有购买玉石的想法，虽然在很多玉石市场也做过考察，但她仍然举棋不定，最令她担忧的除了玉石真假，还有无法把握市场上的价格，有时可能稍不留意，一丝之差，价格也会相差很多。最终使她下定决心购买玉石，源于她在民宿的经历。张慧曾回忆起民居女主人李丹③的一段描述：

> 当时在缅甸玉石场的段老板挖到一块石头，我们就合伙买下来，现在还藏在瑞丽段老板的地下室，我从来没见过，有一天我

---

① 行话："种"指的是质地；"水"指的是"透明度"。
② 指玉石的出产地，比如缅甸的会卡、帕岗、木那、磨西砂。
③ 化名。

告诉老伴我想看,他就翻看黄历看日子。我们看到这种玉石,是要看日子的,不能随便看。过了几天,我们去到瑞丽段老板的家里,他一打开地下室,灯光透过石头,整间屋子就绿茵茵的,当时我的腿都软了,从来没有见到过那么好的玉石,就上前仔细抚摸它……

这段描述给张慧留下了深刻印象,民宿女主人对玉石的态度和理解完全超乎她的想象,让她感觉到只有真正懂得玉石的人才会与玉石产生神秘的联结。在接下来几天,民宿男主人寸宇[①]对玉石的讲解愈发加深了她的印象。傍晚是民宿最热闹的时候,正如往常,游客归来总喜欢聚集在一楼,围坐在四周的藤椅上,一边喝茶,一边听寸宇讲故事。他经常向游客讲述祖辈从四川、重庆等地到和顺的经历,以及和顺人外出经商、发家致富、回报桑梓的故事。有时话题一转,开始讲述中国远征军战死沙场的岁月沧桑和滇西保卫战的荡气回肠,时而又将话题引入近几年外出旅游时的所见所闻。但是,最令游客着迷的,是他讲述当年和顺人如何进入缅甸玉石场,犹如"博彩"一般徘徊于生死边缘的情景。一次,他从裤兜里掏出手机,翻出几张最近在朋友圈转发的照片,向大家展示了大型机器在玉石场挖玉的场景:尘土飞扬的玉石场已被挖空,挖掘机前方站着一排工人,拿着小锤,睁大双眼,从落下的尘土中,根据石头下落的速度辨别真正的玉石。照片在客人之间一一传阅,引来一阵唏嘘。接着寸宇指着李丹右手佩戴的手镯,教大家如何辨别玉石。他用拿小电筒,将灯光照在手镯上,手镯的整个纹理呈现得一清二楚,絮状的物体时隐时现,指向一头微微的绿带。寸宇从玉石的质地、纹路、种水和色泽分析了这只手镯的成色,并解释了每一个影响价格的因素。几位客人接过电筒,双眼紧盯着手镯,不时惊讶于一只手镯中的"大学问"。

受民宿主人对玉石讲解的影响,张慧打算在离开和顺之前购买一只手镯。这几天在民宿中的所见所闻让她深信民宿主人能够帮助她购

---

① 化名。

景观重塑：一个西南边陲侨乡的社会文化重构

买到心仪的手镯。李丹每天带着张慧走遍了古镇街头巷尾的玉石商铺，如遇心动之物，她们便请店家拿出，逐一"审视"。张慧左手五指紧扣手镯，右手拿出手机，打开电筒模式，仔细从圈内划过，辨别玉石的纹路、质地和瑕疵。倘若中意，张慧便开始试戴，看看是否与手腕的大小匹配、与自己的气质相符。刚开始李丹并不作声，只是默默地守在一旁，只有当张慧看上了某件物品，她才开始从各个方面分析玉石的质地，然后帮助张慧一起议价。最终张慧看中了一只手镯，但是买卖双方价格相差很大，尽管李丹极力去还价，也并未达成交易。第二次，寸宇陪同张慧来到这家玉石商铺，情况发生了一些微妙的变化。与往常一样，老板热情地招待客人到会客区，泡好茶之后开始与顾客攀谈。张慧坐在一旁，双手紧握手镯，缓缓地移动手指，仔细查看手镯是否有裂。李丹坐在旁边听着老板与寸宇的谈话。当张慧再次询问这只手镯的价格时，寸宇与老板之间的谈话才开始转向这只手镯。在议价中，寸宇与妻子李丹相比表现出明显优势。这些年，寸宇经常参加乡间活动，又因为熟悉当地的历史文化，常被地方政府或BL公司选为乡民代表参与和顺宣传。寸宇幽默健谈、心胸开阔、热心公益，极大地促成了他的好人缘和良好信誉，一些游客成了他家的常客。在玉石交易中，他带来的游客大多出自于真诚交易，商家也愿意与他保持生意上的往来，因此游客有很大的议价空间。这次交易，正如寸宇与张慧的预先约定，最终的成交价并未超出她的心理价位。

  作为乡民，他们希望在商家与客人之间寻求一种平衡，努力促成他们之间的交易。对于乡民而言，交易成功往往意味着双赢。一方面，他们与游客的互动决定了民宿的生意；另一方面，他们可以与玉石商家建立良好的合作关系。为此，他们希望借由玉石的谈论和讲解激发游客对玉石消费的兴趣。事实上，乡民对玉石场的情景、玉石的鉴别方法的讲述并不一定能促成玉石交易，但这样的讲述却在很大程度上营造出浓厚的销售氛围，影响着游客的购买欲。有不少游客表示刚开始他们并未打算购买玉石，但是民宿中大家对玉石的反复谈论，刺激着他们对玉石的想象与消费。那些对玉石一直持观望态度的游客在这样的氛围中表现出更加强烈的情绪。游客认为，乡民从小在玉石贸易的环境中长大，耳濡目染，懂得如何鉴别玉石的真假，还能准确把握玉石在交易中的价格，这实际上打破了消费者对于"价格"和"真假"的疑虑。此外，乡民能成功实现"中间人"的角色，还取决于他们如何利用乡土关系和资源，帮助游客争取到最大的优惠，这往往与他们在乡间的威望、地位以及社会网络密切相关。正如，李丹并未能像对寸宇帮助张慧争取到最低价格。乡民在玉石交易中扮演的角色，并非是一种纯粹商品消费中的中间人，还牵涉乡民与游客之间的互动与交往，其间伴随着从"互惠"中延伸的"信任"。

二　互惠与信任

起初，BL公司的旅游路线基本上是景点式旅游，游客从进入古镇就乘坐电瓶车游览各个景点，整个行程大约两个小时，之后便离开古镇。在这样的行程安排中，游客基本不会在和顺停留，乡民很难接触到游客。随着古镇旅游业的兴起，到和顺旅游的散客逐年增多。他们除了游览观光古镇的旅游景点之外，还在当地的客栈和民宿入住，在餐馆、酒吧、咖啡屋消费，购买当地乡民出售的旅游纪念品。散客在古镇的消费与娱乐使作为东道主的乡民有了更多与他们面对面接触的机会，尤其对于开办民宿的乡民而言，他们之间的互动已经远远超越以消费为目的经济关系。之前提及的"养心居"是最早一批由乡民利用自己的老房子开办的民居旅社。如今，房子的主人因为年迈多病，加之市场的激烈竞争，以及装修老房子的限制，已经放弃了经营，房子回归为家庭的日常生活空间。这间房子已经不再招待游客。但是在我入住的九个多月的时间里，住家刘长民和他的妻子时常向我讲述当年游客在他家住宿的情景，尤其是他们与游客之间建立的情感和友谊，其中一位北京游客让他们印象深刻：

> 几年前，北京来了一位游客，估计就三四十岁的样子。来我家住了差不多一个多月，平时吃饭也就和我们一起吃。后来我们熟悉起来，她告诉我们她离婚了，心情也不好，出来散散心。第二次来的时候过了一两年，她也住在我家，一段时间以后她告诉

我她和城里一个保安好上了。这个女的就和他住在城里，也就没来过。有一天，这个女的突然来我家告诉我，她被这个保安骗了，也损失了一笔钱，她想回北京。走之前，她交给我一个大信封，说是先请我保管着，等她回来再找我。过了几个月，有一天突然接到北京一个女的打来电话，说是她姐姐，她告诉我她妹妹，也就是曾今在我家住的那个北京人自杀了，想要回那个信封。姐姐到了和顺，打开信封一看我才知道里面是房产证，当时就大吃一惊，这么重要的东西为什么要交给我……

在"养心居"居住时，这件事被刘长民反复提及。他告诉我，与所有游客的交往中，这位北京游客最令他吃惊，同时又让他感动，正如他反复强调的那句话"这么重要的东西为什么要交给我"。在他看来，当初开办民宿的想法是利用空闲的房间赚取微薄利润，但在与游客的互动中，纯粹的利益关系随之发生了变化。当年开办民宿的刘长民与妻子已经60多岁，民宿的所有事情几乎都由两个老人来管理。刘长民有时根据游客的要求，带着他们浏览腾冲周围的景区，他的妻子则留在家中打扫客房和为客人准备饮食。他们热情好客，而又真诚，赢得了很多游客的信任，而游客将入住民宿的体验视为进入地方世界的另一种生活，与主人同吃、同住，聆听他们讲述老房子的故事，这样的接触拉近了他们与主人之间的距离，某种程度上消弭了因消费关系而造成的陌生感。刘长民与妻子经常提到游客从家乡寄给他们的物品，以及逢年过节的问候，这些看似微小的物品和简单的问候维系着他们之间的互动。他们与其中一些游客建立了多年的友谊。2018年7月中旬，我再次回到和顺进行调查，抽空去看望刘长民与他的妻子，发现老房子里除了他们以及在邻村教书放假回来的女儿和孙子之外，还出现了一对大约30多岁的青年夫妇。那时正值上午十点多，暖暖的太阳照射进院子，为阴暗潮湿的院子增添了一丝暖意，这对年轻夫妇坐在西厢房门口的小凳子上晒太阳，男的在阅读一本书，女的在嗑瓜子。刘长民正在离西厢房一米多的走廊门口与他们闲聊。西厢房原为书房，20多米，东西南三面分别放置着三张单人床，

第六章　重构中的社会关系

北面放置一个正方形老式橱柜，房间角落摆放着一个衣架。这间房位于院落的西面，阳光充足显得宽敞明亮，同时这是距离公用卫生间最近的一个房间，因而是整栋房子最舒适，也是最便利的客房，这对夫妇就住在这里。他们是四川一所中学的老师，从2010年起，他们每隔一两年就来和顺一次，而且每次都住在刘长民家里，这时也正值刘长民的女儿和孙子放假回家，因而他们之间有了更多的互动。这几年，刘长民已经不再经营民宿，但是这对夫妇是多年的回头客，刘长民仍然欢迎他们入住，而且准备了最好的房间。按照刘长民的说法："他们是常客，就像家人一样。"

对于常客，乡民会在房间价格上给予很多优惠，而游客也会通过寄送物品、过节问候，甚至购买玉石等行为来回报乡民。在刘长民家入住的这对青年夫妇，他们每天向主人支付10元一餐的伙食费，50元的住宿费，这样的收费标准事实上远远低于整个和顺的民宿价格，而刘长民的女儿也会牺牲自由时间陪伴他们到处游玩。他们入住期间刘长民的妻子准备的饭菜也会比平时丰盛很多。作为回报，这对夫妇经常给主人购买一些食物和水果，有时邀请他们去市区的餐厅吃饭。在离开古镇之前，他们从刘长民手中购买了一块玉石。原先，刘长民开办民居旅社时，在堂屋走廊右侧摆放着一个玉石柜台。随后和顺出现了更多的玉石商铺，同时随着老牌民宿渐渐退出旅游市场，刘长民也没再继续做玉石生意，只留下几块玉石作为收藏。但是，如果有客人入住家里，他还是会将当年留下的几块玉给客人看，如有客人中意，他也将之出售，如果没看中，刘长民就会带着他们去玉石商铺购买。那对青年夫妇说道：

> 我们都很熟悉了，他以前也是卖玉石的，从他手中买的玉石尽管没有市场上的鉴定证书，我们还是相信他。老人也不会多要，他多多少少要赚点，什么都不赚也说不过去。我们还在他家又住又吃的，收费也便宜。以前我们来的时候也请他带着我们去市场上买，他很懂玉石，价格上没有自己去买那么贵，我们很相信他。

在和顺，大部分的玉石消费者都是民宿的回头客，或是经由回头客介绍专以购买玉石为目的而入住民宿的游客。与客栈老板相比，游客更愿意相信乡民，他们认为乡民不会像客栈老板一样注重私利，并且在长期的接触和互动中形成的"互惠"以及由此发展出的"信任"，使他们在玉石交易中更加放心。正如青年夫妇所说："从他手中买的玉石尽管没有市场上的鉴定证书，我们还是相信他哩。"尽管一些游客从乡民手中购买的玉石没有鉴定证书，游客也对玉石的品质深信不疑，甚至有的游客认为这些玉石远比市场上购买的还要货真价实。诚然，游客直接从乡民手中购买玉石的情况仅仅占据一部分，更多的情况是乡民以"中间人"的身份出现所完成的玉石交易。在被访谈的一些游客中，他们知晓乡民会从玉石商手中得到一定的中介费，但大部分游客对这种行为也较为认可。尽管有中介费的存在，他们对"价格"和"真假"的担忧明显小于自己在市场上购买到的玉石。在和顺，乡民对氛围的营造，以及乡民与游客建立的互惠与信任，使乡民作为玉石交易的"中间人"占很大比例。

小 结

景观并非是独立存在的个体，它存在于具体的时空之中，其内在意蕴与外在表象嵌入当地的历史文化脉络。社会情境的变化意味着景观不是自在而为的"完成时"，而是处于不断变化之中的"正在进行时"，亦即景观是一种过程，这个过程不仅形塑了人们的日常生活，也预示着未来的社会存在（potential social existence）[1]。从时间维度而言，人们在不同时期对景观的认知和表述，嵌入其中的情感、记忆和认同呈现出的是人地之间的复杂性和丰富性。正如 Tilley 所言，一个地方的精神气质附着于景观之上，人们通过景观获得一种归属感、地方感和亲切感（a feeling of belonging, rootedness and a familiarity）。但

---

[1] Hirsch, E. and Hanlon, M. (eds.), *The Anthropology of Landscape: Perspectives on Place and Space*, Oxford: Clarendon Press, 1995, p.22.

第六章 重构中的社会关系

是，景观还存在于空间之中，空间实践与年龄、性别、社会地位和社会关系紧密相连①。因而，景观不仅是一种文化建构，也是社会情境过程中人人关系的动态创造。一个社会的构建及其环境，包括家庭与个人的居所、公共设施和仪式场所，都是这个社会对地方生态环境适应和文化选择的结果，并由此形成一种独特的景观遗产②。这些景观包含着不同背景和不同语境中特殊的价值视野③。反之，景观本身也将影响人们的观念和行为，环境的改变使人们的社会关系和行为规范也随之改变④。

旅游开发之后的和顺，玉石商铺和客栈的出现以及乡土景观的"前台化"重构了以往地方社群之间的相互联结。首先，旅游开发主体的变化，使政府、开发商与乡民处于一个竞争、博弈、妥协、协商的权力场域，三方力量在不同时期的表现和态度呈现出动态的利益权衡。其次，玉石商铺和客栈作为地方社会涌现出的新型景观，预示着大量外地人的进入，使和顺的社会关系结构经历了一次重组，本地人与外地人之间不仅存在着商业竞争，还因租赁关系、雇用关系和伙伴关系而紧密相连。在竞争与妥协中，他们之间又发展出一种相互依赖的经济关系。其中，乡民作为玉石交易的"中间人"由主客观因素促成：一方面，乡民对玉石的讲述以及市场上随处可见的玉石商铺，共同营造出浓厚的玉石营销氛围。在对玉石的讲解中，乡民以"行家"的身份出现，强化了他们对于玉石真假鉴定的权威。他们在乡土社会中建立的社会资源以及与玉石商之间的长期合作，影响着最终的成交价格；另一方面，与客栈老板相比，乡民与游客之间建立的互惠与信任更容易促成玉石交易的发生。

---

① Tilley, C., *A Phenomenology of Landscape: Places, Paths and Monuments*, Oxford: Berg, 1994, pp. 11 – 26.

② Lowenthal, D. and Prince, H. C., *English Landscape Tastes*, New York: American Geographical Society, 1965, pp. 197 – 217.

③ 彭兆荣：《重建中国乡土景观》，中国社会科学出版社2018年版。

④ 葛荣玲：《景观的生产：一个西南屯堡村落旅游开发的十年》，北京大学出版社2014年版，第6页。

结　　论

　　本书探讨了一个西南边陲侨乡从"逝去的繁荣"到"制造的古镇"的社区发展历程，以此透视旅游如何作用于地方。诚然，"旅游业不是大多数社会文化变迁的主要因素"①。然而，当一个社区主要以旅游作为生计模式，旅游地的文化因素、社会关系很有可能在旅游的推动下被频繁地置换和重组，进而呈现出纷繁复杂而又急剧变化的社会文化景象。当和顺古镇作为一个只能通过门票才能进入的旅游目的地时，旅游扮演的角色就显得更加重要。旅游人类学的传统研究路径大致可分为"涵化与发展""个人经历转换""旅游与上层建筑"以及"旅游的应用性研究"②。旅游与社会变迁是旅游人类学的传统命题，随着人类学对旅游现象的关注与发展，旅游人类学无论是在研究的深度或广度，还是在国际间的交流与对话上，都取得了长足的发展，其研究路径也呈现出多样化的特点。一些研究从民族国家、全球化、消费主义等更为广阔的社会范畴来探讨旅游的现代性及其后果③，其研究主题拓展了旅游人类学的研究视野。本书虽然探讨的是旅游地的涵化与发展，但更希望从一个微观的视角，分析旅游地人地关系与人人关系如何经由旅游进入新一轮的重塑过程。

---

　　① ［美］瓦伦·L. 史密斯主编：《东道主与游客》，张晓萍等译，云南大学出版社2002年第二版，第3页。
　　② 张晓萍、李伟：《旅游人类学》，南开大学出版社2008年版，第17—33页。
　　③ Cohen, E. , "Rethinking the Sociology of Tourism", *Annals of Tourism Research* 6, 1992. Graburn, N. , " The Anthropology of Tourism", *Annals of Tourism Research* 10, 1983. Burner, E. M. , "Transformation of Self in Tourism", *Annals of Tourism Research* 18, 1991. ［美］瓦伦·L. 史密斯主编：《东道主与游客》，张晓萍等译，云南大学出版社2002年版，第3页。

结　论

一　景观的资本置换

布尔迪厄将资本划分为经济资本、象征资本和社会资本三种类型。经济资本指金钱、钱财或通过交换实现的经济价值，象征资本指的是遵守公理体系中值得追求和保护的声望、名誉和信用，而社会资本则是保持和不断维护的联盟或关系网络。这些资本总是相互联系，并在社会结构系统中实现转换。[①] 一个以景观作为主要旅游吸引物的旅游目的地，景观的变化必然伴随着景观的资本置换。但是，这一过程还与不同历史时期人们对景观的认知以及人们在日常生活中的现实旨趣相关联，不仅包含不同主体赋予景观的意义和价值，也包含他们对景观的改造。

在和顺，以"老房子"为代表的景观在不同历史时期经历了不同类型的资本置换。"走夷方"时期，"老房子"同时呈现出经济资本（"走夷方"之后发财才能盖房子）、象征资本（书法、楹联、牌匾等儒家文化）和社会资本（由房子建立的海外关系）三种形式。最初，"老房子"的建造容易引起乡民的议论，并通过议论形成了相互之间的竞争和夸耀的象征资本。换言之，"老房子"的建造实现了从经济资本到象征资本的转换，之后经由乡民的谈论，"老房子"又从文化象征转换为商业竞争。因而，嵌入"老房子"的表象（儒家文化、财富象征）与里象（"走夷方"的商业竞争）两套机制共同存在于地方的社会文化脉络之中[②]。昔日流动的地方世界在民族国家形成之后，由于政治经济格局的变化，和顺从一个古名乡成为一个没落的边境乡村，人们对"老房子"的谈论也成为了渐行渐远的故事。之后，和顺的旅游开发又使其经历了一次戏剧性地变化，潜在的人文景观为和顺在旅游发展中赢得了一席之地。在授予"文化遗产与魅力名镇"的殊荣后，和顺作为全国知名的旅游古镇声名远播。在旅游的推动下，和

[①] [法] 皮埃尔·布尔迪厄：《实践理论大纲》，高振华、李思宇译，中国人民大学出版社2017年版，第289—311页。

[②] 方怡洁：《云南和顺地景中的国家象征民间化过程》，《中国农业大学学报（社会科学版）》2008年第2期。

> 景观重塑：一个西南边陲侨乡的社会文化重构

顺的旅游开发唤醒了乡民对地方的文化自觉。他们对"老房子"的叙事将"脱嵌"的历史记忆带回当下，再度"植入"到新一轮的表述之中。一方面，景观叙事与乡民的记忆、情感、认同相关联；另一方面，乡民的表述反映了他们在旅游活动中的利益旨趣。事实上，"老房子"为乡民提供了一个的叙说场域，同时又为外来商进行玉石营销提供了一个叙事对象。这些外来商借用乡民"说景观"的叙事内容，编织家族史作为玉石营销的开场白，从而增强了自己在市场上的竞争力。乡民和商家对景观的叙事互为表里、相互强化，使景观之于乡民原初的意义与价值而不断发生变化和叠加。由此可见，在旅游活动中，老房子呈现出的更多是由跨国流动所形成的文化象征。这些文化象征通过不同主体的叙事与采借将象征资本再次转化为经济资本。景观的表象与里象也从"走夷方"时期的文化象征与商业竞争，转化为旅游开发时期以记忆、认同、情感为叙事的"表象"与以营销为目的"里象"。象征资本与经济资本在不同历史时期所代表的内涵反映出不同主体对景观的认知。

  景观的资本置换，使附着于景观之上的文化象征成为地方的旅游资源，吸引游客到古镇旅游，从而为古镇创造了经济收益，但是景观的资本置换的另一种表现形式是景观本身的变化所产生的经济价值。在和顺，景观的凸显性变化源于新出现的玉石商铺和客栈。在旅游开发短短的十多年间，玉石商铺和客栈从无增至几百家，大大小小的商铺和客栈几乎占据了每条大街小巷。新型景观的出现是乡民装修后的老房子或利用土地盖房之后形成的景观。这些景观无疑重塑了整个古镇的村落形貌。与此同时，景观的资本置换最突出的表现是与乡民日常生活紧密相连的乡土景观到旅游景观的转变，主要是宗祠，以及遗留乡间的人文景观。由于政治话语、社会再生产、商业资本等作用，往往会出现遗产主体性的沦丧，整体性的分解[①]，使乡民在景观的资本置换中在某种程度上沦为失语的看客。但在和顺，从宗祠的"出租""民居博物馆"的建立以及私人空间的多功能改造中可以看出，

---

① 彭兆荣主编：《文化遗产学十讲》，云南教育出版社2012年版，第10页。

结 论

乡民并非是完全的被动者。他们通过宗族、跨国网络以及村民身份充分利用乡土资源，分享景观在资本置换过程中带来的经济回报。这一过程反映了宗族在传统与现代间的抉择中的利益考量、权力结构和社会网络，以及乡民在旅游开发之后的生产生活、情感态度。

具体而言，由于文化传统、历史机缘和经济环境不同，和顺的宗族与华南地区的宗族相比，在结构和功能上呈现出不同的特征。和顺是一个历史上由军屯而形成的多宗族村落，以姓氏为主形成的八大宗族延续至今。在地方社区的现代化进程中，这些宗族从"乡土社会的权力秩序"到"封建的家族组织"，再到"转型中的现代宗族"，宗族的旧有形态在当今的社会生活中表现出崭新的样态。和顺古镇的八大宗族在遵循国家政策和意识形态的基础上，在仪式实践、权力结构和内在机制上自觉地进行观念与规则的调整，通过灵活多样的方式实现传统与现代的对接，但是和顺人仍然很注重宗族观念。"认祖归宗""尊祖敬宗""传承祖训""弘扬家风"等传统观念深入人心，即使是移居外地或海外的族人也深受这些传统观念的影响。和顺的宗族实践并非停留在观念和文化意义上，而是当地人普遍认可的一种社会关系。以和顺为中心，涵盖"内、外五县"的在地乃至跨地域的宗族组织表明，宗族承载着特定的社会意义和功能。宗族理事会才能作为地方社会的一股独立力量参与公共事务。因此，当宗祠成为旅游开发的对象时，宗族理事会有能力代表族人行使权力。旅游是现代社会发展的全球性产物，当作为宗族观念和仪式实践的重要场所将被纳入旅游景观时，宗祠的"租"与"不租"反映出不同宗族的立场和行动策略。这一问题除了租金的考量，还与经济实力、理事会的执行力、跨国网络以及宗族在当地的影响力等诸多因素相关。

和顺的人文景观，承载着乡民的集体记忆和情感归属，凝结着乡民的历史心性和"亦商亦儒亦农"的群体精神，在伴随着现代语境而产生的"遗产运动"中，却成为"主—客"分离的文化遗产保护。很多乡土景观成为开发商收取门票的旅游景观，满足了城市人的文化消费。和顺小巷及酒吧一条街是资本和权力共同推动下的"人造景观"，开发商将突出地方历史文化元素进行重组、包装、展演，打造

景观重塑：一个西南边陲侨乡的社会文化重构

出一个传统与现代并置的消费场所。洗衣亭、月台、图书馆等乡民的公共空间在旅游场景中逐渐丧失了原来的功能。这些乡土景观在前台化的过程中，从乡民的日常生活中"抽离"出来，成了缺失社区感的旅游景观。由此可见，新一轮的景观营造实际上是由乡民、游客、外来商、开发商、地方政府共同推动的。民居的公共化（博物馆）和半公共化（民居的多功能使用）、新景观的建设以及原生景观的"前台化"，使原来单一的空间结构，与消费、资本、权力、信息、人流等现代要素相结合，重塑着古镇的聚落空间、巷道空间与私人空间。

二 作为方法的景观

现代社会一个最为突出的特征就是"流动—移动"，包括人群、资本、物资、信息、工作、观念、社会关系、权力关系呈现出空前的"流动性"，这种变化不只表现在"流动"的速度上，更重要的是，"流动—移动"本身成了一种现代社会的属性，而现代旅游和旅游产业正是这一属性的社会表现。[①] 现代旅游现象与"流动性"的紧密结合，使其具有了全球化的力量，加速了当地社会的变迁与发展。随着全球化加速，旅游目的地的社会文化呈现出急剧变化的动态图景。旅游人类学的研究从最初旅游对地方社会负面影响的关切，逐步转向更为广阔的研究议题，比如开发与保护、身份与认同、想象与建构、历史与记忆、全球与地方等[②]。这些研究证明，旅游已经不是影响地方文化的外部因素，而是整合地方社会文化的重要组成部分，影响着地方的文化遗产保护和民众的文化自觉。大部旅游地的景观，尤其是人文景观，经过书籍、杂志、电视、互联网等媒体对景观符号价值的大力宣传，构成了地方社会重要的旅游吸引物。旅游人类学对景观的研究大多关注的是景观在旅游消费中的符号效应，以及景观在文化展演中所建构的怀旧和真实性体验。实际上，景观的符号价值并非固定

---

① 彭兆荣：《旅游人类学》，民族出版社2004年版，第38页。
② 杨慧主编：《旅游·少数民族与多元文化》，云南大学出版社2011年版。

结 论

不变，它与不同时代的政治经济变化有关，也与不同主体对地方文化的再建构紧密相连。与此同时，伴随景观符号价值的变化，景观的外观也经历着某种程度上的重塑。这一过程还包括人们的观念、认知以及社会关系的变化。

将景观置于区域生态、社会化进程及全球化中加以考量，可以发现人们对景观的认知和理解并非由单一的动因促成，而是受到文化传统、历史机缘、经济环境、旅游活动以及权力与资本等诸多内、外因素的作用及影响。人们对景观的认知和赋值与当下具体的社会情境有关。当和顺进入旅游开发以后，旅游业对当地人的文化表述影响着他们自己的表述，他们从历史记忆中发现可作为旅游资源的人文景观，并通过附着于景观之上的跨国流动、马帮文化、玉石贸易、海外关系等文化因素组合成叙事文本。这一过程激发了地方民众的文化自觉，并重构了乡民新一轮的地方认同，最终导致地方文化的再建构。此外，当地人对景观的表述，并非是景观重塑的唯一力量，旅游场域中其余主体也参与到景观的意义化过程以及景观的资本置换之中。由此可见，景观不是被动地承载社会文化意义，而是社会文化发展的决定性因素之一。

旅游的发展使得传统与现代之交锋在较短时间内完全发声并延伸至文化的各个层面，"变迁"由此产生。[①] 玉石商铺和客栈等新型景观的出现源于"老房子"的景观叙事所赋予的价值，推动着原生景观的改造。由于特殊的历史原因以及和顺的房子买卖政策，玉石商铺和客栈的经营主体主要是外地人。他们尽管在古镇生活和消费，却是地方世界的另一群主体，在社会交往、文化心理上与本地人保持着一定的距离。这群作为"客人"的"主人"，很少进入地方民众的生活，但是先进的管理理念、营销手段、服务水平以及生活方式、价值观念等现代化元素已"嵌入"到当地的社会文化脉络之中。因而，传统文化的复兴与进入地方社会的现代性、全球化、消费主义，展现

---

① 杨慧、陈志明、张展鸿主编：《旅游、人类学与中国社会》，云南大学出版社2001年版，第2页。

景观重塑：一个西南边陲侨乡的社会文化重构

出传统与现代并置的文化场景，共同促进了地方的社会文化再生产。

景观原本代表的是人地关系，但其变化的背后所揭示的是社会中人与人之间的交往。Mitchell指出，"景观是在社会进程中被创造、被再造和被争夺的产物"[1]。在旅游活动中，景观的争夺既是权力持有者展开斗争的场域，又是一个力量关系的空间，不同行动者各自掌握不同的资本，支配着相应的场域。在这个权力场域中，地方政府作为国家的代言人，拥有象征或实质的行政话语权，甚至可以通过行政和法律的介入改变场域中的结构与功能，而开发商作为经济资本的持有者，随时计算资本投入与经济回报。乡民则通过跨国网络、宗族、侨乡等社会资本在权力场域中占据特殊位置[2]。外来商的涌入打破了乡民、开发商和地方政府所形成的社会结构，使乡民面临激烈的竞争。在这样的竞争背后，乡民与玉石商和客栈老板之间又因为租赁关系、雇用关系和生意伙伴关系而紧密联系。游客最初通过对地方异文化的体验，与东道主发生频繁接触，使乡民在经营民宿过程中与游客建立互惠与信任，从而实现了玉石交易"中间人"的角色。由此可见，不同力量之间的竞争与妥协、牵制与交换造成不同主体之间社会关系的重组。

人类学对景观的研究强调没有绝对意义上的景观，景观并非是固定、静态的研究对象，而是随着日常生活与社会潜能、记忆机制而不断变动。一些人类学家指出，景观不应是日常生活中的社会背景，而应关注到这些景观如何生成？又怎样被建构？景观在旅游开发后的重塑过程实际上反映了一个社区的社会文化重构，这为人类学对东道主社会的观察提供了一种新的研究路径。本书将旅游人类学与景观人类学相结合，意在强调将景观作为一种研究方法，阐释旅游开发中不同主体对景观的表达与实践，以及嵌入其中的观念、情感与能动性如何相互交织，重构了地方世界的历史记忆、社区关系、权力网络、现代生活，最终推动了地方社会文化的再生产。

---

[1] Mitchell, D., "The Lure of the Local: Landscape Studies at the End of a Trouble Century", in *Progress* 25 (2): 269–281, 2001.

[2] 段颖：《谁的古镇？谁的侨乡？——腾冲和顺旅游开发与社会发展的个案研究》，载杨慧主编《旅游·少数民族与多元文化》，云南大学出版社2011年版。

参考文献

一 中文部分（按拼音顺序）

常建华：《20世纪的中国宗族研究》，《历史研究》1999年第5期。

常建华：《近十年晚清民国以来宗族研究综述》，《安徽史学》2009年第3期。

常建华：《宗族志》，上海人民出版社1998年版。

陈丙先：《中缅经济文化交流史中的和顺人》，《东南亚纵横》2009年第8期。

陈岗、黄震方：《旅游景观形成与演变机制的符号学解释——兼议符号学视角下的旅游城市化与旅游商业化现象》，《人文地理》2010年第5期。

陈其南：《传统制度与社会意识的结构——历史与人类学的探索》，允晨文化事业股份有限公司1998年版。

陈其南：《房与传统中国家族制度》，《汉学研究》第3卷第一期，1985年。

陈其南：《汉人宗族制度的研究——弗里德曼宗族理论的批判》，《国立台湾大学考古人类学刊》第47期，中华民国八十年十二月版。

陈其南：《家族与社会：台湾和中国社会研究的基础理念》，联经出版事业公司1990年版。

褚成芳：《近十年国外景观文化研究综述》，《旅游论坛》2012年第11期。

寸希廉：《忆侨乡和顺和华侨艰辛的创业历程》，《和顺乡》2006—

2008 年合刊，2008 年 7 月。

董平：《和顺风雨六百年》，云南人民出版社 2010 年版。

董平：《腾冲历史上的中外商号研究》，腾冲市委员会编《腾冲历史上的商号》，云南民族出版社 2016 年版。

杜靖：《百年汉人宗族研究的基本范式——兼论汉人宗族生成的文化机制》，《民族研究》2010 年第 1 期。

杜靖：《九族与乡土——一个汉人世界里的喷泉社会》，知识产权出版社 2012 年版。

段颖：《边陲侨乡的历史、记忆与象征：云南腾冲和顺宗族、社会变迁的个案研究》，载陈志明、丁毓玲、王连茂主编《跨国网络与华南侨乡：文化、认同与社会变迁》，香港中文大学香港亚太研究所 2006 年版。

段颖：《跨国网络、公益传统与侨乡社会——以梅州松口德村为例》，《中山大学学报》2013 年第 4 期。

段颖：《谁的古镇？谁的侨乡？——腾冲和顺旅游开发与社会发展的个案研究》，载杨慧主编《旅游·少数民族与多元文化》，云南大学出版社 2011 年版。

范宏伟：《缅甸华人华侨史》，中国华侨出版社 2015 年版。

方国瑜：《明代在云南的军屯制度与汉族移民》，《方国瑜文集》，云南教育出版社 2003 年版。

方怡洁：《云南和顺地景中的国家象征民间化过程》，《中国农业大学学报（社会科学）》2008 年第 2 期。

费孝通：《关于"文化自觉"的一些自白》，载费孝通《费孝通九十新语》，重庆出版社 2005 年版。

费孝通：《乡土中国》，生活·读书·新知三联书店 1986 年版。

冯尔康：《中国宗族社会》，浙江人民出版社 1994 年版。

葛荣玲：《景观的生产：一个西南屯堡村落旅游开发的十年》，北京大学出版社 2014 年版。

葛荣玲：《景观人类学的概念、范畴与意义》，《国外社会科学》2016 年第 4 期。

葛荣玲：《西方人类学视野下的景观与旅游研究》，载刘冰清、徐杰舜、吕志辉主编《旅游与景观：旅游高峰论2010年卷》，黑龙江人民出版社2011年版。

顾诚：《隐匿的疆土：卫所制度与明帝国》，光明日报出版社2012年版。

郭文、黄震方：《基于场域理论的文化遗产旅游地多维空间生产研究——以江南水乡周庄古镇为例》，《人文地理》2013年第2期。

郭文、王丽：《文化遗产旅游地的空间生产与认同研究——以无锡惠山古镇为例》，《地理科学》2015年第6期。

郭文、王丽等：《旅游空间生产及社区乡民体验研究——江南水乡周庄古镇案例》，《旅游学刊》2012年第4期。

郭文：《旅游空间生产：理论探索与古镇实践》，科学出版社2015年版。

郭于华：《农村现代化过程中的传统亲缘关系》，《社会学研究》1994年第6期。

何林：《"下"缅甸与和顺人的家庭》，《昆明大学学报》2016年第1期。

和顺文化生态建设项目组：《创建和顺民居博物馆》，载杨发恩主编《和顺·乡土卷》，云南教育出版社2005年版。

河合洋尚：《关于围龙屋的传统环境知识及其重叠性——从景观人类学的视角重新探讨客家建筑文化研究》，《嘉应学院学报》2012年第9期。

河合洋尚：《景观人类学的动向和视野》，《广西民族大学学报》2015年第4期。

河合洋尚：《景观人类学视角下的客家建筑与文化遗产保护》，《学术研究》2013年第4期。

黄应贵：《空间、力与社会》，"中研院"民族所1995年版。

季富政：《大雅和顺——来自一个古典聚落的报告》，《和顺乡》2006至2008年合刊。

蒋高宸：《乡土中国：和顺》，生活·读书·新知三联书店2003

年版。

景军：《神堂记忆：一个中国乡村的历史、权力与道德》，福建教育出版社 2013 年版。

科大卫、刘志伟：《宗族与地方社会的国家认同——明清华南地区宗族发展的意识形态基础》，《历史研究》2000 年第 3 期。

李栋生：《春秋二祭》，载杨发恩主编《和顺·民俗卷》，云南民族出版社 2014 年版。

李继东：《和顺商帮及其商号略述》，载腾冲市委员会编《腾冲历史上的商号》，云南民族出版社 2016 年版。

李鹏波、雷大朋、张立杰、吴军：《乡土景观构成要素研究》，《生态经济》2016 年第 7 期。

李文治：《明代宗族制的体现形式及基层政权作用》，《中国经济史研究》1988 年第 1 期。

李鑫、张晓萍：《试论旅游地空间商品化与古镇居民生活空间置换的关系及影响》，《旅游研究》2012 年第 4 期。

李秀春、王用刚：《BL 集团：文化产业兴边富民》，《云南日报》2005 年 3 月 28 日。

李致卿：《腾冲旅缅华侨经营玉石概况》，《云南文史资料选辑（第九辑）》，1989 年版。

林广思：《景观词义的演变与辨析》，《中国园林》2006 年第 6—7 期。

刘沛林：《家园的景观与基因：传统聚落景观图谱的深层解读》，商务印书馆 2014 年版。

刘旭临：《"有形"与"无形"：和顺古镇之宗族景观》，《中南民族大学学报》2017 年第 5 期。

刘旭临：《门间之望：和顺古镇的记忆与认同》，《贵州社会科学》2016 年第 3 期。

刘子曦：《故事与讲故事：叙事社会学何以可能——兼论如何讲述中国故事》，《社会学研究》2018 年第 2 期。

楼庆西：《乡土景观十讲》，生活·读书·新知三联书店 2012 年版。

鲁西奇：《中国历史的空间结构》，广西师范大学出版社 2014 年版。

明庆忠、段超：《基于空间生产理论的古镇旅游景观空间重构》，《云南师范大学学报》2014年第1期。

彭兆荣：《后现代与移动性生态环境所面临的挤压——兼论旅游人类学视野中的旅游文化》，《河南社会科学》2007年第6期。

彭兆荣：《景观》，载彭兆荣主编《文化遗产关键词》（第一辑），贵州人民出版社2013年版。

彭兆荣：《旅游人类学》，民族出版社2004年版。

彭兆荣：《现代旅游景观中的"互视结构"》，《广州社会科学》2012年第5期。

彭兆荣：《现代旅游中的符号经济》，《江西社会科学》2005年第10期。

彭兆荣：《重建中国乡土景观》，中国社会科学出版社2018年版。

彭兆荣主编：《文化遗产学十讲》，云南教育出版社2012年版。

钱杭、谢维扬：《传统与转型：江西泰和农村宗族形态——一项社会人类学的研究》，上海社会科学院出版社1995年版。

钱杭：《农村家庭的结构变动与当代宗族的转型——以浙江省平阳县为例》，载《中国家庭及其伦理研讨会论文集》，台湾汉学研究中心，1999年6月。

钱杭：《宗族的传统建构与现代转型》，上海人民出版社2011年版。

钱杭：《宗族建构过程中的血缘与世系》，《历史研究》2009年第4期。

沈福永：《滇缅贸易与腾冲近代跨国商号史略》，载腾冲市委员会编《腾冲历史上的商号》，云南民族出版社2016年版。

宋平：《传统宗族与跨国社会实践》，《文史哲》2005年第5期。

宋秀葵：《段义孚人文主义地理学生态文化思想研究》，博士学位论文，山东大学，2011年。

孙九霞、苏静：《人类学与社会学视野中的旅游：对话与思辨》，《旅游学刊》2011年第11期。

孙九霞：《旅游人类学：理论与经验》，社会科学文献出版社2013年版。

汤芸：《社会记忆·景观·叙事》，载王铭铭编《中国人类学评论（第 2 辑）》，世界图书出版公司北京公司 2007 年版。

王洪波、何真：《百年绝唱——一部早年云南山里人的"出国必读"》，云南大学出版社 2005 年版。

王林：《"原真性"民俗文化之于古镇旅游的价值——以广西大圩古镇为例》，《青海民族研究》2008 年第 1 期。

王明达、张锡禄：《马帮文化》，云南人民出版社 2008 年版。

王铭铭：《村落视野中的文化与权力》，生活·读书·新知三联书店 1997 年版。

王铭铭：《社会人类学与中国研究》，生活·读书·新知三联书店 1997 年版。

王铭铭：《西方人类学思潮十讲》，广西师范大学出版社 2005 年版。

王宁：《旅游、现代性与"好恶交织"》，《社会学研究》1999 年第 6 期。

王宁：《消费全球化：视野分歧与理论重构》，《学术研究》2012 年第 8 期。

文崇一：《早期中缅关系之研究》，《中央研究院民族学研究所集刊》第二十期，中华民国五十四年秋季。

吴必虎、刘筱娟：《中国景观史》，上海人民出版社 2004 年版。

吴骁骁、苏勤、姜辽：《旅游商业化影响下的古镇居住空间变迁研究》，《旅游学刊》2015 年第 7 期。

吴兴南：《云南对外贸易》，云南民族出版社 1997 年版。

吴兴帜：《遗产的抉择——文化旅游情境中的遗产存续》，世界知识出版社 2016 年版。

谢剑、房学嘉：《围不住的围龙屋——记一个客家宗族的复苏》，花城出版社 2002 年版。

许秋芳：《腾冲华侨诗文选》，云南民族出版社 2001 年版。

杨大禹、李正：《和顺·环境和顺》，云南大学出版社 2006 年版。

杨大禹、李正：《和顺·历史和顺》，云南大学出版社 2006 年版。

杨大禹、李正：《和顺·人居和顺》，云南大学出版社 2006 年版。

杨大禹：《和顺村落环境及民居特色》，载杨发恩主编《和顺·乡土卷》，云南教育出版社 2005 年版。

杨发恩：《八大祠堂 文化渊薮》，《和顺乡》2012 年 12 月复四期。

杨发恩：《和顺·华侨卷》，云南教育出版社 2005 年版。

杨发恩：《和顺·民俗卷》，云南民族出版社 2014 年版。

杨发恩：《和顺·人文卷》，云南教育出版社 2005 年版。

杨发恩：《和顺·乡土卷》，云南教育出版社 2005 年版。

杨发恩：《缅北地区腾冲和顺商家社团一览》，载杨发恩主编《和顺·华侨卷》，云南教育出版社 2005 年版。

杨发熹：《百年沧桑说原变》，《和顺乡》1999 年 12 月复刊。

杨福泉：《云南名镇名村的保护和发展研究》，中国书籍出版社 2010 年。

杨慧、陈志明、张展鸿主编：《旅游、人类学与中国社会》，云南大学出版社 2001 年版。

杨兴柱、查艳艳、陆林：《旅游地居聚空间演化过程、驱动机制和社会效应研究进展》，《旅游学刊》2016 年第 8 期。

杨振之，邹积艺：《旅游的"符号化"与符号化旅游——对旅游及旅游开发的符号学审视》，《旅游学刊》2006 年第 5 期。

叶超：《作为中国人文地理学鉴镜的段义孚思想》，《人文地理》2014 年第 4 期。

叶春荣：《再思考 Lineage theory：一个土著论述的批评》，《考古人类学学刊》1995 年第 50 期。

尹春晓：《民国时期腾冲马帮驮运业》，《和顺乡》2015 年。

尹文和：《云南和顺侨乡史概述》，云南美术出版社 2003 年版。

余定邦、黄重言：《中国古籍中有关缅甸资料汇编》（上册），中华书局 2002 年版。

余易：《实用建筑风水》，北京科学技术出版 2008 年版。

张宏明：《宗族的再思考——一种人类学的比较视野》，《社会学研究》2004 年第 6 期。

张晓萍、李伟：《旅游人类学》，南开大学出版社 2008 年版。

张月和主编:《古代腾冲日志》,德宏民族出版社2014年版。

赵静蓉:《怀旧:永恒的文化乡愁》,商务印书馆2009年版。

赵武宏:《新说文解字》,大众文艺出版社2009年版。

郑振满:《明清福建家族组织与社会变迁》,中国人民大学出版社2009年版。

周大鸣:《宗族复兴与乡村治理的重建》,载周大鸣等编《当代华南的宗族与社会》,黑龙江人民出版社2003年版。

周建新:《人类学视野中的宗族社会研究》,《民族研究》2006年第1期。

周宪:《现代性与视觉文化中的旅游凝视》,《天津社会科学》2008年。

周智生:《商人与近代中国西南边疆社会:以滇西北为中心》,中国社会科学出版社2006年版。

庄为玑:《缅甸安溪华侨的历史研究》,《旅缅安溪会馆四十二周年纪念特刊》。(出版不详)

庄英章:《台湾汉人宗族发展的若干问题》,《中央研究院民族学研究所集刊》总第36期,1974年。

宗晓莲:《旅游地空间商品化的形势与影响研究——以云南省丽江古镇为例》,《旅游学刊》2005年第4期。

左晓斯、李钰等:《现代性、逃避主义与后现代旅游》,《思想战线》2009年第5期。

左云鹏:《祠堂族长族权的形成及其作用试说》,《历史研究》1964年第5、6期。

二　外文汉译(按字母顺序)

[法]戴维·J.格林伍德:《文化能用金钱来衡量吗?——从人类学的角度探讨旅游作为文化商品化问题》,载[美]瓦伦·L.史密斯主编《东道主与游客》,张晓萍等译,云南大学出版社2002年第二版。

参考文献

［法］米歇尔·福柯：《权力与话语》，陈怡含编译，华中科技大学出版社 2017 年版。

［法］米歇尔·福柯：《临床医学的诞生》，刘北成译，译林出版社 2011 年版。

［法］莫里斯·哈布瓦赫：《论集体记忆》，毕然、郭金华译，上海人民出版社 2002 年版。

［法］皮埃尔·布尔迪厄：《实践理论大纲》，高振华、李思宇译，中国人民大学出版社 2017 年版。

［美］W. J. T. 米切尔：《风景与权力》，杨丽、万信琼译，译林出版社 2014 年版。

［美］保罗·康纳顿：《社会如何记忆》，纳日碧力戈译，上海人民出版社 2000 年版。

［美］丹尼逊·纳什：《旅游人类学》，宗晓莲译，云南大学出版社 2004 年版。

［美］迪恩·麦坎内尔：《游客：休闲阶层新论》，张晓萍等译，广西师范大学出版社 2008 年版。

［美］段义孚：《空间与地方：经验的视角》，王志标译，中国人民大学出版社 2017 年版。

［美］迈克尔·赫兹菲尔德：《什么是人类学常识——社会和文化领域中的人类学理论实践》，刘珩等译，华夏出版社 2005 年版。

［美］纳尔逊·格雷本：《旅游与景观》，葛荣玲译，载刘冰清、徐杰舜、吕志辉主编《旅游与景观：旅游高峰论坛 2010 年卷》，黑龙江人民出版社 2011 年版。

［美］纳尔逊·格雷本：《人类学与旅游时代》，赵红梅等译，广西师范大学出版社 2009 年版。

［美］奈杰尔·拉波特、乔安娜·奥弗林：《社会文化人类学的关键概念》（第二版），鲍雯妍、张亚辉译，华夏出版社 2009 年版。

［美］瓦伦·L. 史密斯主编：《东道主与游客》，张晓萍等译，云南大学出版社 2002 年第二版。

［美］威廉·A. 哈维兰、哈拉尔德·E. L. 普林斯：《文化人类学》

（第十版），陈相超、冯然等译，机械工业出版社 2014 年版。

［美］温迪·J. 达比：《风景与认同》，张建飞、赵红英译，译林出版社 2011 年版。

［美］约翰·布林克霍夫·杰克逊：《发现乡土景观》，俞孔坚等译，商务印书馆 2015 年版。

［英］E. 霍布斯鲍母、T. 兰格：《传统的发明》，顾杭、庞冠群译，译林出版社 2004 年版。

［英］卡尔·波兰尼：《巨变：当代政治与经济的起源》，黄树民译，社会科学文献出版社 2017 年版。

［英］Tim Cresswell：《地方：记忆、想象与认同》，徐苔玲、王志弘译，群学出版社有限公司 2006 年版。

三　地方族谱与方志

《钏氏族谱》，中华民国七年编纂。

《寸氏族谱》，中华民国六年编纂。

《李氏族谱》，2007 年编纂。

《刘氏族谱》，年代不详。

《尹氏族谱》，2001 年编纂。

《贾氏族谱》，年代不详。

《张氏族谱》，2008 年编纂。

（清）德溶，《重修间门记》（出版项不详）。

（清）陈宗海编纂，彭文位点校，《腾越厅志（点校本）》，云南美术出版社 2003 年版。

（清）屠述濂编纂，刘志芳主编：《腾越州志》，云南美术出版社 2007 年版。

（清）寸开泰：《腾越乡土志》（出版项不详）。

（清）薛福成：《出使日记续刻》，清光绪戊戌版。

李根源、刘楚湘编，许秋芳点校：《民国腾冲县志稿》，云南美术出版社 2004 年版。

腾冲县志编纂委员会编:《腾冲县志》,中华书局1995年版。

腾冲县人民政府编:《云南省腾冲县地名志》,内部资料,出版社不详,1982年。

腾冲县政协文史资料委员会编:《腾冲文史资料选集(第三辑)》,出版社不详,1991年。

腾冲市委员会编:《走出去·密支那》,云南人民出版社2017年版。

腾冲市委员会编:《腾冲历史上的海关》,云南人民出版社2018年版。

四 英文文献(按首写字母顺序)

Anomie, D. G., "Ego-enhancement and Tourism", *Annals of Tourism Research*, 1977, (4): 84 – 194.

Baker, H. D. R., *A Chinese Lineage Village: Sheung Shui*, Stanford University Press, 1968.

Baker, H. D. R., *Chinese Family and Kinship*, New York, Columbia University Press, 1979.

Baos, F., *Anthropology and Modern Life*, New York: Norton, 1928.

Barth, F., *Ritual and Knowledge among the Baktaman*, New Haven: Yale University Press, 1975.

Barthes, R., "Introduction to the Structural Analysis of Narratives", in S. Sontag (ed.), *A Barthes Reader*, London: Cape, 1982.

Basso, K. H., "Wisdom Sits in Place: Notes on a Western Apache Landscape", in S. Feld and K. H. Basso (eds.), *Senses of Place*, Santa Fe, New Mexico: School of American Research Press, 1997.

Basso, K. H., *Wisdom Sits in Places: Landscape and Language among the Western Apache*, Albuquerque: the University of New Mexico Press, 2000.

Bender, B., "Introduction: Landscape, Meaning and Action", in B. Bender (ed.), *Landscapes: Politics and Perspectives*, Oxford: Berg,

1993 (a).

Bender, B., "Theorizing Landscape, and the Prehistoric landscape of Stonehenge", in *Man* (17), 1992.

Bender, B., "Time and landscape", *Current Anthropology*, Vol. 43, No. S4, Special Issue Repertoires of Timekeeping in Anthropology, 2002.

Bender, B. and M. Winner (eds.), *Contested Landscapes: Movement, Exile and Place*, Oxford and New York: Berg, 2001.

Bloch, M., "People into Places: Zafimaniry Concepts of Clarity", in E. Hirsch and M. Hanlon (eds.), *The Anthropology of Landscape: Perspectives on Place and Space*, Oxford: Clarendon Press, 1995.

Bourdieu, P., *Outline of a Theory of Practice*, Cambridge: Cambridge University Press, 1997.

Bruner, J. and S. Weisser, "The Invention of Self: Autobiography and Its Forms", in D. Olson and N. Torrance (eds.), *Literacy and Morality*, Cambridge: Cambridge University Press, 1991.

Burner, E. M., "Transformation of Self in Tourism", *Annals of Tourism Research* 18, 1991.

Burns, P. M., *An Introduction to Tourism and Anthropology*, London and New York: Rougtledege, 2003.

Casey, E., *Remembering: A Phenomenological Study*, Bloomington: Indiana University Press. 1993.

Cell, A., "The Language of the Forest: Landscape and Phonological Iconism in Umeda", in E. Hirsch and M. Hanlon (eds), *The Anthropology of Landscape: Perspectives on Place and Space*, Oxford: Clarendon Press, 1995.

Clifford, J., "Traveling Culture", in L. Grossberg, C. Nelson and P. A. Treichler (eds.), *Cultural Studies*, New York: Routledge, 1992.

Clifford, J., *Travel and Translation in the Late Twentieth Century*, Massachusetts, Harvard University Press, 1997.

参考文献

Cohen, E., "A Phenomenology of Tourist Experiences", *Sociology*, 1979 (13).

Cohen, E., "Rethinking the Sociology of Tourism", *Annals of Tourism Research* 6, 1992.

Cooney, G., "Bringing Contemporary Baggage to Neolithic Landscapes", in B. Bender and M. Winner (eds.), *Contested Landscapes: Movement, Exile and Place*, Oxford and New York: Berg, 2001.

Daniels, S. and Cosgrove, D., "Introduction: Iconography and Landscape", in D. Cosgrove, S. Deniels (eds), *The Iconography of Landscapes: Essays on the Symbolic Representation, Design and Use of Past Environments*, Cambridge: Cambridge University Press, 1988.

Dawson, A. and Johnson, M., "Migration, Exile and Landscapes of the Imagination", in B. Bender and M. Winner (eds.), *Contested Landscapes: Movement, Exile and Place*, Oxford and New York: Berg, 2001.

Duncan, J. and Duncan, N., "(Re) reading the landscape", In *Environment and Planning: Society and Space*, 1988.6 (2): 117-126.

Duncan, J., *The City as Text: The Politics of Landscape Interpretation in Kandyan Kingdom*, New York: Cambridge University Press, 1990.

Feld, S. and K. H. Basso (eds.), *Sense of Place, In Santa Fe*, New Mexico: School of American Research Press, 1997.

Fisher, C. T. and Feinman, G. M., *Introduction to Landscape over Time*, American Research Press, 2005.

Foucault, M., "On Power", in M. Foucalt (ed.), *Politics, Philosophy, Culture: Interviews and Other Writings 1977-1984*, London: Routledge, Champan & Hall, 1984.

Fox, J. J., "Place and Landscape in Comparative Austronesian Perspective", in J. J. Fox (ed.), *The Poetic Power of Place: Comparative Perspectives on Austronesian Ideas of Locality*, Canberra: Australian National University Press, 1997.

Fried, M., "Some Political Aspects of Clanship in a Modern Chinese City", in Suartz, Turner and Tuden (eds.), *Political Anthropology*, Aldine, 1966.

Geertz, C., *The Interpretation of Culture*, New York: Basic Books, 1973.

Giddens, A., *Central Problems in Social Theory: Action, Structure and Contradiction in Social Analysis*, Berkeley: University of California Press, 1979.

Goffman, E., *The Presentation of Self in Everyday Life*, Hamondsworth, 1959.

Gow, P., "Land, People and Paper in Western Amazonia", in E. Hirsch and M. Hanlon (eds.), *The Anthropology of Landscape: Perspectives on Place and Space*, Oxford: Clarendon Press, 1995.

Graburn, N., "The Anthropology of Tourism", *Annals of Tourism Research* 10, 1983.

Graburn, N., "Tourism, Modernity and Nostalgia", in A. Ahmed and C. Shore (eds.), *The Future of Anthropology: Its Relevance to the Contemporary World*, London, Athlone Press: University of London, 1995.

Green, T., "Looking at the Landscape: Class Formation and the Visual", in E. Hirsch and M. Hanlon (eds.), *The Anthropology of Landscape: Perspectives on Place and Space*, Oxford: Clarendon Press, 1995.

Guo Pei-yi, "Island Builders: Landscape and Historicity Among the Langalanga, Solomon Islands", in P. J. Stewart and A. Strathern (eds.), *Landscape, Memory and History: Anthropological Perspectives*, London: Pluto Press, 2003.

Hallgern, C., "The Code of Chinese Kinship: A Critique of the Work of Maurice Freedman", *Ethnos* 1979 (1 – 2): 7 – 13.

Han Min, "Representing Local Culture and Heritage in Heshun, Hometown of the Overseas Chinese in Yunnan", in Han Min and N. Graburn (eds.), *Tourism and Globalization: Perspective on East Asian Societies*, Japan: National Museum of Ethnology, 2010.

Hanlon, M. and Frankland, L., "Co-present Landscapes: Routes and Rootedness as Sources of Identity in Highlands New Guinea", in P. J. Stewart and A. Strathern (eds.), *Landscape, Memory and History: Anthropological Perspectives*, London: Pluto Press, 2003.

Hirsch E., "Introduction: Landscape-between Place and Space", in E. Hirsch and M. Hanlon (eds.), *The Anthropology of Landscape: Perspectives on Place and Space*, Oxford: Clarendon Press, 1995.

Hirsch, E. and Hanlon, M. (eds.), *The Anthropology of Landscape: Perspectives on Place and Space*, Oxford: Clarendon Press, 1995.

Humphrey C., "Chiefly and Shamanist Landscapes in Mongolia", in E. Hirsch and M. Hanlon (eds.), *The Anthropology of Landscape: Perspectives on Place and Space*, Oxford: Clarendon Press, 1995.

Ingold, T., "Introduction to Social Life", in T. Ingold (ed.), *Companion Encyclopedia of Anthropology: Humanity, Culture and Social Life*, London: Routledge, 1994.

Jackson, J. B., "Landscape in Sight: Looking at America", in H. Horowitz (ed.), *New Haven*, Conn: Yale University Press, 2000.

Jackson, J. B., "The Vernacular Landscape", in E. C. Penning-Rowsell and D. Lowenthal (eds.), *Landscape Meanings and Values*, London: Allen & Unwin, 1986.

Knapp, R. G., "Village Landscape, Chinese Landscapes: The Village as Place", in Ronald (ed.), Honolulu: University of Hawaii Pressw, 1992.

Knudsen, D. C., Metro-Roland, M. M., Soper, A. K. and Greer, C. E. (eds.), *Landscape, Tourism and Meaning*, Burlington: Ashgate, 2008.

Kuah, K. E., "Moralizing Ancestors as Socio-moral Capital: A Study of a Transnational Chinese Lineage", *Asian Journal of Social Science*, Vol. 34, Issue 2, 2006.

Kuchler S., "Landscape as Memory: The Mapping of Process and its Representation in a Melanesian Society", in B. Bender (ed.), *Landscape:*

Politics and Perspectives, Oxford: Berg Publishers, 1993.

Kulp, D. H., Country Life in South China: The Sociology of Familism, Columbia University Press, 1925.

Land, R., "History, Mobility and Land Use Interests of Aborigines and Farmers in the East Kimberly in North-West Australia", in P. J. Stewart and A. Strathern (eds.), Landscape, Memory and History: Anthropological Perspectives, London: Pluto Press, 2003.

Layton, R. (eds.), The Archaeology and Anthropology of Landscape: Shaping Your Landscape, London: Routedge, 1999.

Lefebver, H., The Production of Space, translated by D. N. Smith, Maiden: Blackwell Publishing, 1991.

Liu Xin, The Otherness of Self: A Genealogy of Self in Contemporary China, Ann Arbor: University of Michigan Press, 2002.

Lowenthal, D. and Prince, H. C., English Landscape Tastes, New York: American Geographical Society, 1965.

MacCannel, D., "Staged Authenticity: Arrangements of Social Space in Tourism Settings", American Journal of Sociology, Vol. 79, No. 3, 1973.

MacCannel, D., "The Tourist Agency", Tourist Studies, Vol. 1, 2001.

MacCannell, D., The Tourist: A New Theory of the Leisure Class, Berkeley: University of California Press, 1999.

Mair, M., "Psychology as Storytelling", International Journal of Personal Construct Psychology 1 (2), 1988.

Melissa, M. B., "Unconscious Landscape: Identifying with a Changing Vernacular in Kinnaur Himachal Pradesh", India in Material Culture, Vol. 45, No. 2, 2012.

Mitchell, D., "The Lure of the Local: Landscape Studies at the End of a Trouble Century", in Progress 25 (2): 269 - 281, 2001.

Mintz, S., Sweetness and Power: The Place of Sugar in Modern History, New York: Penguin, 1985.

Mitchell, W. J. T. (ed.), Landscape and Power, Chicago and London:

The University of Chicago Press, 2002.

Mueggler, E., *The Age of Wild Ghosts: Memory, Violence and Place in Southwest China*, Berkeley: University of California Press, 2001.

Nash, D., "Tourism as an Anthropological Subject", *Current Anthropology* 22 (5), 1981.

Nash, D., *Anthropology of Tourism*, Oxford: Pergamon, 1996.

Needham, R. (ed.), *Rethinking Kinship and Marriage*, London: Tavistock, 1971.

Nora, P. "Between Memory and History: Les Lieux de Mémoire", *Representations*, No. 26, Special Issue: Memory and Counter-Memory, 1989.

Oakes, T., *Tourism and Modernity in China*, London: Routledge, 2014.

Ohuki-Tierney Emiko, "Introduction: The Historicization of Anthropology", in *Culture through Time: Anthropological Approaches*, Stanford: Stanford University Press, 1990.

Ong, A. and Nonini, D. (eds), *Ungrounded Empires: The Cultural Politics of Modern Chinese Transnationalism*, New York: Routledge, 1997.

Ortner, S., "Theory in Anthropology Since the Sixties", *Comparative Studies in Society and History* 26, No. 1, 1984.

Pasternak, B., "The Role of the Frontier in Chinese Lineage Development", *The Journal of Asian Studies*, 28 (3), 1969.

Pasternak, B., *Kinship and Community in Two Chinese Village*, Stanford: Stanford University Press, 1972.

Rappaport, J., "Geography and Historical Understanding in Indigenous Colombia", in R. Layton (ed.), *Who Needs the Past: Indigenous Values and Archaeology*, London: Unwin Hyman, 1989.

Richardson, M., "Being-In-The-Market Versus Being-in-Plaza: Material Culture and the Construction of Social Reality in Spanish American", *American Ethnologist* 9 (2): 421–436, 1982.

Ricoeur, P., *Time and Narrative* (Vol. 1), Chicago: The University of Chicago Press, 1984.

Rodman, M., "Empowering Place: Multilocality and Multivocality", *American Anthropologist* (94 - 3), 1992.

Rojek C., *Ways of Escape: Modern Transformations in Leisure and Travel*, London: Maxmillan, 1993.

Rojek, C. and Urry, J. (ed), *Touring Cultures: Transformations of Travel and Theory*, London and New York: Routlege, 1997.

Rowntree, L. and Conkey, M., "Symbolism and the Cultural Landscape", *Annals of the Association of American Geographers*, Vol. 70, No. 4, 1980.

Rutheiser, C., "Making Place in the Nonplace Urban Realm: Notes on the Revitalization of Downtown Atlanta", in S. M. Low (ed.), *Theorizing the City: The New Urban Anthropology Reader*, New Jersey and London: Rutgers University, 1999.

Sahlins, M., *Culture and Practical Reason*, Chicago: University of Chicago Press, 1976.

Santos-Granero, F., "Writing History into the Landscape: Space, Myth and Ritual in Contemporary Amazonia", *American Ethnologist* 25, 1998.

Sauer, C., "The Morphology of Landscape", in J. Leighly (ed.), *Land and Life: A Selection of the Writing of Carl Sauer*, Berkeley: University of California Press, 1963.

Sibley, D., *Geographies of Exclusion: Society and Difference in the West*, London: Routledge, 1995.

Sopher, D. E., "The Landscape of Home: Myth, Experience, Social Meaning", in D. W. Meinin (ed.), *The Interpretation of Ordinary Landscapes: Geographical Essays*, New York: Oxford University Press, 1979.

Stewart, P. J. and Strathern, A. (eds.), *Landscape, Memory and History: Anthropological Perspectives*, London: Pluto Press, 2003.

Strang, V., "Moon Shadows: Aboriginal and European Heroes in an Australian Landscape", in P. J. Stewart and A. Strathern (eds.), *Land-*

scape, *Memory and History*: *Anthropological Perspectives*, London: Pluto Press, 2003.

Tilley, C. , *A Phenomenology of Landscape*: *Places, Paths and Monuments*, Oxford: Berg, 1994.

Tokin, E. , *Narrating Our Past*: *The Social Construction of Oral History*, Cambridge: Cambridge University Press, 1994.

Tuan Yi-fu, "Humanistic Geography", *Annals of the Association of American Geographers*, Vol. 66, No. 2, 1976.

Turnbull, C. , *The Forest People*, London: Jonathan Cape, 1961.

Turner L. and Ash J. , *The Golden Hordes*: *International Tourism and the Pleasure Periphery*, London: Constable, 1975.

Ucko, P. J. and Layton, R. , *The Archaeology and Anthropology of Landscape*: *Shaping your landscape*, London: Routledge, 1999.

Urry, J. , *Consuming Places*, London and New Yok: Routledge, 1995.

Urry, J. , *Tourist Gaze*: *Leisure and Travel in Contemporary Societies*, London: Sage, 1990.

Watson, J. , *Emigration and Chinese Lineage*, California: University of California Press, 1975.

Watson, R. , "The Creation of Chinese Lineage: The Teng of Ha Tsuen", *Modern Asian Studies* 16 (1) 69 – 1001, 982.

后　记

　　和顺八大宗族的形成与明朝戍边腾冲的屯军有关,历史上以宗族为纽带的社会网络也在滇缅商贸中扮演着极为重要的角色。至今,每年清明节,和顺古镇仍然可见宗族祭祀的盛大场面,周围很多村寨的少数民族以及缅甸的华人华侨是宗族成员的重要组成部分。和顺宗族的特点激发了我的研究兴趣,最初的田野调查也是以其宗族在当下民众日常生活中发挥的作用以及产生的影响为主线。但在调查过程中,宏大的研究期许以及宗族在当下社会环境中具有的共性,令我对此话题的研究一度陷入困境。一筹莫展之时,我尝试放下研究包袱,反思宗族研究之可能,又有了一些有趣的发现。田野中,我住在一间修建于清光绪年间的"老房子"里。很多时候,只要围坐在堂屋,住家都会讲述"走夷方"的故事。每次故事的内容虽不尽相同,然皆围绕滇缅商贸、马帮、玉石以及早年开办民居旅社的经历展开。每遇陌生的报道人,他们喜欢谈论的也是和顺故事。之后,亲戚朋友的到访,使我有机会进入客栈和玉石商铺,我惊讶地发现这些商铺也在利用故事"大做文章",而这些故事的开场白从来没有离开过和顺古镇独具特色的建筑景观。这一发现让我开始关注旅游场景中的景观之于当地人的意义,我的研究重点也从宗族转移到景观上来。在随后的田野调查中,我入住了一家正在经营民宿的客栈,得以近距离观察乡民、游客、玉石商、客栈老板之间的互动。他们之间构建的社会关系诠释了当下和顺古镇的社会文化变迁,这与景观故事一起构成了本书的研究线索。

　　本书内容的基础是我的博士论文,虽几经修改,仍倍感学浅识

后 记

薄。今将付梓，未免忐忑不安。如视之为一次学术训练，诚意正心地去完成田野调查，并尝试理解地方世界的日常生活，则惶恐之情绪又有些许平静。拙作得以顺利完成，离不开恩师彭兆荣教授的谆谆教诲。在厦门大学就读期间，恩师不辞辛劳在课外给我们补课，带领我们奔走他乡做田野调查，正是在这段时间，我从一个对人类学一知半解的初学者逐渐爱上了人类学，开始从焦灼的状态步入正轨的学习。"教"与"学"薪火相传，恩师的治学态度和学科素养给我留下了深刻印象。之后的学术道路上，只要稍有懈怠，一想到恩师，心中就会"拨乱反正"，唯恐背离"为学之道"。感谢我们敬爱的师母李哲女士，她时常关心我的生活，给予我鼓励和帮助。让我的生活多了一份母亲般的慈爱。

如果说人类学的田野是一场"与他者的遭遇战"，我宁愿将之理解为是一场美丽的邂逅。尽管也曾遭遇奈吉尔·巴利在《天真的人类学家》中描述的不适、困惑、乏味……但当自己真正走进他者，浸润在他们的日常生活和情感世界之中，这些人和事所带入的不只是所谓"科学研究"呈现的场景，更多的是学科之外的人心、人性。他们的友善、帮助和支持陪伴我度过了将近一年的田野时光，渐渐地，他们已经不是纯粹的研究对象，而是日常生活中一群能够互相交流的朋友。感谢我的关键报道人，是他们让我真正能够体验"田野即生活"，也让我去思考人类学之于我的意义。

幸运的是，在人类学的学习生涯中，我遇到很多前辈和志同道合的朋友。在2017年的田野调查中，我有幸遇到中山大学的陈志明教授和段颖副教授，他们对我的田野调查提出许多建设性的意见。特别感谢段颖副教授，著作中的一些观点正是与他多次交流中收获的启发，他曾仔细阅读我的论文初稿，并提出很多宝贵意见，激发了我对论述过程的再思考。感谢张颖师姐、葛荣玲师姐、尤明慧师姐、吴兴帜师兄、黄玲师姐在学业和生活上对我的帮助，感谢一起度过愉快学习时光的同窗李蕊、段云兰、罗振宇和郭仙芝诸君。当然，在我学习成长中对我影响较大的还有厦门大学人类学系的老师们，张先清老师、余光弘老师、邓晓华老师、宋平老师、黄向春老师、杜树海老师、董建辉老师的课程让我受益匪浅。尤其感谢石奕龙老师作为论文答辩专家，认真评审我的博士论文，并对论文的每一页都做了批注，这对我后期修改提供了宝贵借鉴。在此，还要感谢云南师范大学外国语学院的领导及同事的支持。最后，感谢我的父母，在我求学期间帮我照顾孩子，他们的付出使我有更多的时间和精力投入学习。同时，也感谢我乖巧体贴的女儿，因外出求学和田野调查，无法时常陪伴，没有她的理解，我无法顺利完成书稿。

2020 年 5 月于雨花毓秀